北京奇太总裁陈永祁博士（左一）与泰勒公司总裁 Douglas P. Taylor 合影

北京奇太总裁陈永祁博士（左一）与纽约州立大学布法罗分校
M. C. Constantinou 教授合影

北京奇太总裁陈永祁博士（右一）与美国泰勒公司副总裁 Alan Klembczyk 合影

北京奇太总裁陈永祁博士（右二）、中国专家和泰勒公司工作人员合影

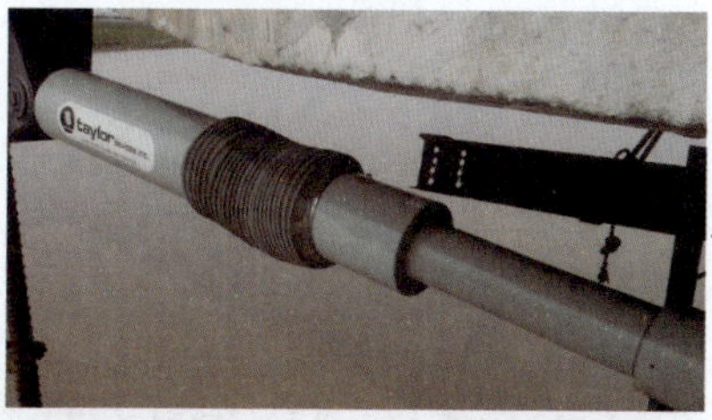

**天津至秦皇岛高速铁路桥**

我国高烈度地震区超大减震工程，共安置 50 个泰勒锁定装置。

**内蒙古乌锡铁路黄河特大桥**

国内跨越黄河最长单线铁路桥，共安置 48 套阻尼器。

**甘肃天水社棠渭河特大桥**

首次采用 45°放置控制纵横两方向减震作用，共安置 32 套黏滞阻尼器。

| | |
|---|---|
| 额定力（kN） | 4000 |
| 数量（个） | 12 |
| 冲程（mm） | ±150 |
| 锁定速度（mm/s） | 0.25 |
| 安全系数 | 1.8 |
| 长度（mm） | 2005 |
| 最大直径（mm） | 425.25 |
| 锁定位移（mm） | ±12 |
| 使用年限（年） | 75/50 |
| 保修年限（年） | 35 |

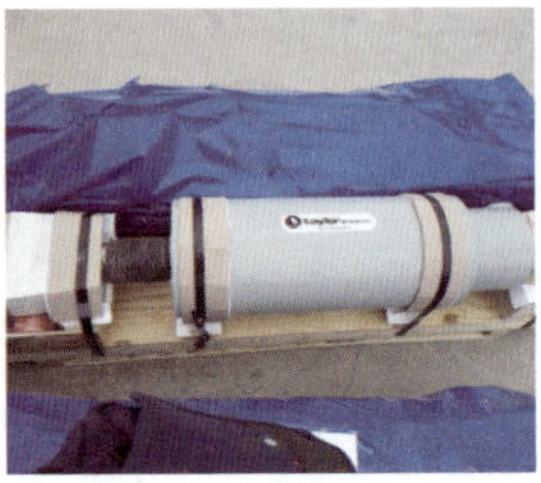

## 跨京沈高速公路匝道特大桥

石济铁路客运专线跨越黄河段为公铁两用四线特大桥，大桥长度为 1792km，主跨为 180m 的连续钢桁梁。

## 颍上矮塔斜拉桥

颍上特大桥新建铁路工程商丘至阜阳段上的一座混凝土双塔矮塔斜拉桥，安置 8 套泰勒液体黏滞阻尼器。（建设中）

阻尼器参数：

$F$=3500kN　$D$=±250mm　$C$=4000kN/(m/s)$^{0.3}$

## 东平水道特大桥

首次放置带（PVR）熔断的锁定装置控制日常通行荷载，安置 12 套黏滞阻尼器，4 套带熔断的锁定装置。

阻尼器参数：

① $F$=3600kN　$D$=±150mm　$C$=7500kN/(m/s)$^{0.5}$

② $F$=1800kN　$D$=±100mm　$C$=3750kN/(m/s)$^{0.5}$

带泄压阀锁定装置参数：

$F$=2500kN　$D$=±150mm　E.S=225kN/mm

## 云南玉溪至磨憨铁路项目景洪澜沧江大桥

## 橄榄坝澜沧江大桥

新建玉磨铁路是泛亚铁路中线中的重要组成部分，起于云南玉溪，途经普洱、景洪，止于磨憨口岸的铁路项目。澜沧江上的景洪大桥、橄榄坝大桥和南溪河大桥共安置 8 套液体黏滞阻尼器，8 套锁定装置。

# 铁路桥梁减震设计与应用

［美］陈永祁　赵前进　马良喆　编著

中国铁道出版社

2018年·北京

北京市版权局著作权合同登记　图字 01-2018-2683 号

## 内容简介

本书共五篇 16 章，首先概述了铁路桥梁减隔震现状、基本理论，基于性能的抗震设计方法以及阻尼器的选用分析等，然后采用多个工程案例介绍并分析了铁路桥梁用减震器的抗震设计、铁路桥梁刹车减震设计以及铁路桥梁横向振动控制，最后介绍了铁路桥梁用阻尼器的测试。全书工程案例丰富，分析数据翔实，对铁路桥梁抗震和减隔震的研究与设计具有很好的借鉴作用。书中介绍的关于消能减震装置的测试等相关内容，同样适用于建筑工程领域。

**图书在版编目(CIP)数据**

铁路桥梁减震设计与应用/(美)陈永祁，赵前进，马良喆编著．—北京：中国铁道出版社，2018.5

ISBN 978-7-113-24480-4

Ⅰ.①铁… Ⅱ.①陈…②赵…③马… Ⅲ.①铁路桥-防震设计 Ⅳ.①U448.132.5

中国版本图书馆 CIP 数据核字(2018)第 088481 号

**书　　名**：**铁路桥梁减震设计与应用**
**作　　者**：［美］陈永祁　赵前进　马良喆

---

**策　　划**：陈小刚
**责任编辑**：陈小刚　　**编辑部电话**：010-51873193
**封面设计**：王镜夷
**责任校对**：胡明锋
**责任印制**：高春晓

---

**出版发行**：中国铁道出版社(100054，北京市西城区右安门西街 8 号)
**网　　址**：http://www.tdpress.com
**印　　刷**：中国铁道出版社印刷厂
**版　　次**：2018 年 5 月第 1 版　2018 年 5 月第 1 次印刷
**开　　本**：787 mm×1 092 mm　1/16　印张：13　字数：311 千
**书　　号**：ISBN 978-7-113-24480-4
**定　　价**：58.00 元

---

# 作者简介

**陈永祁** 男，美国国籍。1966年毕业于北京工业大学土木建筑系结构专业。1968年～1978年先后就职于第一机械工业部陕西三线工厂和纺织工业部设计院，从事设计、施工工作八年，担任设计工程师两年。1978年进入中国建筑科学研究院研究生院学习，1981年毕业并获得硕士学位后开始在建研院抗震所工作。1986年在美国纽约州立大学布法罗分校土木建筑系攻读博士学位。1989年～1993年在美国设计核电站公司先后担任工程师、高级工程师。1991年创办美国蓝湖国际公司，1998年任美国Taylor公司中国代理、高级工程师，2005年创办北京奇太振控科技发展有限公司。自1998年以来，完成了北京银泰中心、北京盘古大观、天津国贸中心等20多个建筑阻尼器工程，苏通长江大桥、西堠门跨海大桥、印度尼西亚马都拉跨海大桥、云南龙江特大桥等48个桥梁阻尼器工程，并获得四项相关专利。截至目前，已出版《桥梁工程液体黏滞阻尼器设计与施工》《结构保护系统的应用与发展》《桥梁地震保护系统》等专著，发表土木工程领域的论文60余篇。

**赵前进** 男，1974年出生。1997年毕业于长沙铁道学院土木工程系桥梁工程专业，大学本科，获工学学士学位。2013年获西南交通大学工程硕士学位。1997年～2005年，就职于中铁二院昆明公司担任设计工程师。2005年进入昆明铁路局项目管理中心工作，高级工程师职称，现任昆明铁路局滇南铁路建设指挥部总工程师兼铁路总公司建设工程专家、昆明铁路局建设工程专家。曾获得中国铁道学会铁道科技奖二等奖两项，在省部级及以上刊物公开发表过多篇论文。

**马良喆** 男，1973年出生。1996年毕业于吉林建筑工程学院土木工程系土木工程专业。2001年进入哈尔滨工业大学土木工程学院攻读硕士学位，从事结构耗能减震方面的研究工作。2005年前，先后就职于北京市建筑工程研究院检测所和中国电子工程设计院，分别从事建筑材料检测、结构构件桩基检测以及工业建筑结构设计等工作。2005年进入北京奇太振控科技发展有限公司，负责耗能减振技术的应用开发，陆续参与了多项高层建筑、大跨桥梁结构的抗震抗风计算分析及现场工作。截至目前，在土木工程领域发表论文20余篇。

# 前　言

作为中国经济高速发展的一张名片,高速铁路已经成为我国国力和科技发展的重要标志。随着高速铁路建设的快速发展,采用阻尼器对高速铁路桥梁进行减震控制正成为一项重要的工程技术手段。一方面,阻尼器减震技术对铁路桥梁地震作用下的位移、受力控制作用显著,由于阻尼器的应用,从根本上已经提高和改善了铁路桥梁的抗震能力,可以说这是铁路桥梁建设史上的一次重大飞跃;另一方面,阻尼器极大地减轻了桥梁在高铁运行过程中的受到的冲击作用,提高了铁路桥梁的整体耐久性和桥梁附属结构的使用寿命。当前,如何把我国这项技术提高到世界最先进的技术水平上并有效地广泛应用于铁路工程领域,是我们铁路工程建设者们应该给予重视和解决的问题。

位于美国纽约州布法罗城的泰勒公司是世界上专业生产阻尼器的佼佼者。从 1955 年成立以来,公司就引领了美国吸能减震领域的先进技术,为航天飞机、航天飞船(如阿波罗号登月飞船)、导弹、大炮、枪弹等军工产品设计并生产了减震装置。泰勒公司在世界上也首次成功地把其先进的液体黏滞阻尼器应用到工程中,如在美国、加拿大、英国、日本等国家均有成功的工程案例。1998 年,泰勒阻尼器进入中国市场,并成功应用于北京站加固工程中,随后又陆陆续续安置在一些国家重点工程中,如苏通大桥、北京银泰中心等。

泰勒公司有着非常不同的经营理念。公司将撰写的论文和试验报告完整地公开于门户网站上,供工程技术人员、在校师生下载参考。论文内容主要包括产品特色、产品内部的基本构造,以及产品在加工制造过程中的细节处理,如:采用性能稳定的二甲基硅油,而不采用温度稳定性差的胶泥作为介质;采用小孔射流技术代替性能不稳定的阀门产品;提示阻尼器需要足够的功率来消耗所产生的热量,从而避免漏油。其中,泰勒阻尼器的几张小孔激流图片甚至成为了结构工程研究生教材的范本。

泰勒公司凭借着技术优势,获得了国际工程界的认可。2015 年 5 月 19 日,在世界高层都市建筑学会(CTBUH)召开的阻尼专家组会议上,泰勒公司成为唯一被邀请的减震装置厂家代表,并被委托撰写学会专题论文,以及提供北京银泰中心、北京盘古大观、天津国际贸易中心、武汉保利大厦、重庆朝天门工程等多个座超高层建筑的案例研究。

自1998年以来，随着泰勒公司进入中国市场，我国阻尼器行业也获得了极大的发展，目前我国已经发布了《桥梁用黏滞流体阻尼器》(JT/T 926)、《建筑消能减震技术规范》(JGJ 297)两项行业标准。如果阻尼器完全按照行业标准进行认真严格测试(特别是《桥梁用黏滞流体阻尼器》中阻尼器的内压测试)，那么阻尼器的质量应该是可以得到保证的。作为承担铁路桥梁重要保护作用的阻尼器，其重要性不言而喻，必须有经得起时间考验的、严格的产品质量判别标准。笔者认为，从应用和耐久性等方面来看，适用于铁路桥梁的阻尼器应具有如下几点特征：

其一，参数可以准确地定量。铁路桥梁上经优化并准确定量计算得到的阻尼器参数，必须在真实环境(即各种复杂条件)下都能满足理论计算所用到的本构关系。参数中所要求的速度指数在0.2～2.0之间，是由设计者优化结果指定的速度指数。

其二，不设阀门和油库。三十年前，世界很多阻尼器厂家都在设备外(或内)设置储能器、储油库以及控制阀门，设有这种阀门、油库的阻尼器存在耐久性较差、过载后引起副作用、具有频率相关性以及不能进行缩尺试验、由于连接间隙造成微小振动盲区等诸多问题。这种技术落后的产品，容易在振动时损坏。此类阻尼器的缺陷，可以通过严格检测，特别是大量试件的超载测试、本构关系测试和长期使用的观测后被发现。

其三，需要实现不漏油。不可否认，液体阻尼器的漏油问题一直存在，这一问题有时甚至影响到设计人员对是否使用减震技术的最终决定。一些厂家仅仅以普通的液压技术处理阻尼器的密封问题，而实质上阻尼器和各种油泵的技术完全不同。真正解决漏油问题，需要采用先进的设计理念，以及精密的加工、检验。采用上百万次以上的循环试验可以较为快速地模拟阻尼器在真实情况下的运行情况，同时通过测试阻尼器腔体的内压以量化阻尼器漏油情况，进而评估其密封性能，分辨出漏油产品。

其四，低速性能表现良好。铁路桥梁日常主要承受车辆动力荷载和风荷载，阻尼器安置于桥梁后一般情况下以很低的速度持续地工作，应始终按本构关系正常发挥其减震功效。阻尼器的摩阻力在一般设计计算中可能没有涉及，但如果过大会影响到阻尼器的基本性能。实现较小的阻尼器内摩擦是阻尼器的关键技术。总之，在大荷载、大冲程、短时间或小荷载、小冲程、长时间的情况下，阻尼器应该都能有效地工作。

其五，具有足够高的安全系数。在超大地震发生时，阻尼器不应被破坏，能否起到抗震作用至关重要。近几年来,在汶川、智利等超出设计范围的大震对结构造成了严重破坏。因此,具有足够高的安全系数是阻尼器耗能抗震、能抵御超强地震的必要条件。

一个好的阻尼器产品,应该能够满足工程需求,保护结构安全。因此,针对桥梁工程的不同需求,需要研发生产多种类型的阻尼器,如:可用于连续工作的金属密封的阻尼器,带限位的大型阻尼器,悬索桥应用的大运动量的阻尼器,特大受力、特大冲程的阻尼器等。

能合格应用75年以上的阻尼器产品在安装前一定要经过严格的检测。我们一直期望我国能实现像美国土木工程学会20世纪90年代组织进行的联合预检测,只可惜至今仍未实现。目前我国工程已经安置的阻尼器中,很多都没有经过预检测;一些国际上已被证实不适用于铁路工程的产品,在我国仍被使用。

时代在发展,社会在进步。阻尼器新技术的出现并获得成功,绝不能一蹴而就,新技术从研发到产品商业化,绝不是边研制、边生产的过程。如果仅靠新产品专家鉴定会评审意见,没有经过实际工程考验和多次、多方测试鉴定,就将产品广为推广和使用,既是一种不科学的态度,也是不负责任的行为。当前,在我国高铁快速发展的阶段,铁路桥梁正处于广泛应用阻尼器的初期,阻尼器用量庞大,因此必须严格把控产品质量。看到国家对结构减隔震技术的支持和鼓励,阻尼器行业在不断发展壮大,笔者甚感欣慰。

本书的出版,旨在向读者介绍阻尼器的特征和性能,向工程设计人员提供一些典型工程案例供参考。同时,也希望本书的出版能够进一步引导和鼓励阻尼器行业朝着健康有序的方向发展,造福人类,服务社会。在此,我要特别提及如下诸位同仁:

首先,我要感谢美国泰勒公司的Douglas Taylor总裁、Mr Alan副总裁、Mr Robert Schneider和Mr Craig Winter销售工程师,以及美国纽约州立大学布法罗分校M. C. Constantinou教授一直以来对我们工作的指导和帮助!

其次,本书的顺利出版与铁道部退休教授张红旭和李吉林处长的鼓励和支持密不可分。本书收集的实际工程算例大多取自我们参与的项目,没有铁一院、铁二院、铁三院和中铁工程设计咨询公司的陈克坚、杨正武、李凤琴、刘伟、陈频志、曾永平、陈思孝、颜志华、欧阳辉来、许振东、周岳武、雷小峰、鄢玉胜、艾智能、戴晓春、胡玉珠、杨熹文等领导和工程师们的合作帮助,我们是不能完成这些工作的,在此向他们表示感谢!本书部分内容是在燕山大学土木工程系郑久建教授的指导以及蒋超、申现龙、雷大根、张朋宇、刘晓丰的参与下完成的,再次向郑教授团队表示感谢！

再次，美国阿拉斯加大学刘荷教授退休后来我公司工作，她严谨和精益求精的学术精神令人钦佩，她多次对本书各章节提出了宝贵的修改意见，在此对刘荷教授表示感谢！

最后，我还要介绍一些现在和过去的同僚，他们是吴福春、崔禹成、郑铭、楚志坚、曹铁柱等，本书的出版离不开他们出色的工作，在此向他们表示感谢！

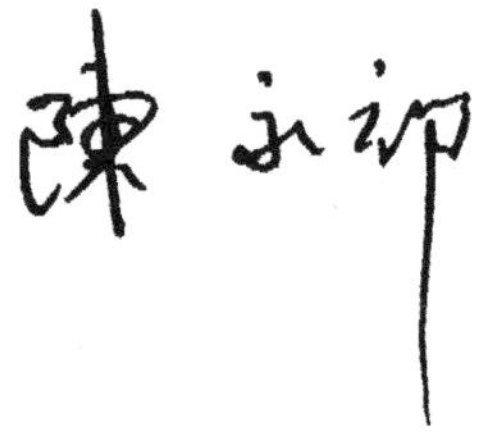

# 目　录

# 第一篇

# 综　述

# 1 概　　述

近几十年来，全球发生了多次大地震，这几次地震，桥梁工程都遭到严重破坏，震区交通生命线被切断，造成救灾工作的巨大困难，使次生灾害加重，导致了巨大的经济损失。几次大地震一再显示了桥梁工程破坏的严重后果，也一再显示了提高桥梁工程抗震性能的重要性。

2004 年制定的《中长期铁路网规划》和 2008 年的《中长期铁路网规划(2008 年调整)》及随后出台的"十三五规划"，构建了中国高速铁路发展的宏伟蓝图。在短短几年时间内，中国已经成为世界上高速铁路系统技术最全、集成能力最强、运营里程最长、运行速度最高、在建规模最大的国家。中国高速铁路的快速发展，为世界高速铁路发展注入了强大动力，对其他国家产生了强大的示范作用，形成了中国高铁发展的世界效应，美国、波兰、俄罗斯、土耳其等国家纷纷加快实施本国的高速铁路发展规划，南美洲、亚洲的一些发展中国家，如阿根廷、巴西、伊朗、越南等，也纷纷加入高速铁路发展行列。

高速铁路桥梁是构成高速铁路的重要工程结构。由于对高速铁路桥梁在设计、施工及监理方面的要求远远高于普通传统铁路桥梁，高速铁路桥梁与普通铁路和高速公路桥梁不同，高速铁路桥梁的设计速度均在 250 km/h 以上，有的高达 350 km/h，当行车速度达到 250 km/h 时，由于动力学问题产生的影响将控制整个桥梁的设计，直接影响行车的安全性和舒适性。在高速铁路桥梁建设中，如何保证桥梁达到设计速度目标值响应的安全性和舒适性，是桥梁建设者必须要重点考虑的核心问题，随着我国高速铁路的建设和发展以及设计计算水平和施工工艺的提高，它极大地考验着工程师们的智慧和水平，也标志着我国高速铁路建设达到了一个新的水平，同时必将促进高速铁路的进一步发展。

## 1.1 铁路桥梁抗震和减隔震现状

我国在 2008 年颁布实施的《公路桥梁抗震设计细则》(JTG/T B02-01—2008)中增加了桥梁延性抗震设计和能力保护原则的有关规定；日本在 2002 年颁布的桥梁设计规范采用了基于性能的设计概念，明确规定了设计要求和详细设计方法。

美国加利福尼亚州是一个多地震地区，Caltrans(California Department of Transportation)规范是加利福尼亚州公路运输部组织编写的桥梁抗震设计规范，其设计理念先进，是美国桥梁抗震规范发展的领跑者。AASHTOLRFD 是美国州公路与运输管理协会管理的以可靠度理论为基础的桥梁设计规范，2007 年之前与同名的标准规范并行，2007 年标准规范退出，AASHTO LRFD 2007 成为美国桥梁的主要设计规范，抗震设计是其中的一部分。欧洲规范 EN19982-2:2005 是欧洲标准化协会编写的系列欧洲结构规范抗震设计中的桥梁部分，对于抗震设计中的一些基本规定，如反应谱等需要采用欧洲规范 EN19982-1:2004，地基和土的规定需要采用欧洲规范 EN19982-5:2004。新西兰桥梁设计采用的是桥梁手册，其中的桥梁抗震设计方法来自于新西兰地震工程协会的建议。新西兰也是一个地震多发国，地震和抗震研究处于国际领先水平，因此桥梁手册具有一定的代表性。

现阶段在我国，虽然铁路桥梁与公路桥梁的抗震设计规范有一些不同，但铁路桥梁和公路桥梁的抗震设计的基本理论是相同的，目前采用的是《铁路工程抗震设计规范》(GB 50111—2006)(2009 年版)。京津、武广、郑西等首批客运专线同时执行铁道部铁建设函〔2006〕338 号“关于发布客运专线铁路加强抗震设计技术要求的通知”的要求，目前铁路桥梁设计仍然执行这些规定和要求。

中国铁道学会于 2008 年在成都召开了“地震灾害对铁路的影响及对策学术研讨会”，与会专家普遍认为：铁路桥梁应加强“减隔震技术”的应用，用“减隔震”的设计理念代替传统的“抗震”设计理念。根据最近制定的 AASHTO 隔震设计指南规范，隔震系统的定义为提供竖向刚度、横向柔度以及在系统隔离面的阻尼的所有的结构元素。它包括隔震单元和一些弹性约束系统的使用。隔震装置是一个横向弹性和竖向刚性的支座，它允许在地震荷载下有大的变形。弹性约束系统是隔震系统对非地震横向荷载提供的约束限制。弹性约束系统既可以是隔震系统的一部分也可以是一个独立的装置。一些系统还包括极端的限制或“自动防故障装置”的机制，用来防止发生很大的位移，以防止系统失效。

因此，实际的隔震系统需要一个弯曲的元件提供移动周期和阻尼元件以减少位移响应。当两者相结合，这两个元件限制了地震诱发的可以破坏桥梁的力。弹性和滑动支座已经为桥梁提供了很多的柔性。但是，这些支座的主要应用是调节热膨胀而不是提供地震的保护。隔震支座是保护桥梁的更先进的办法，提供变形能力，用来耗能和恢复力。

在实际工程应用中，大跨度柔性结构往往采用提供适当阻尼的方法，如采用具有减震耗能的黏滞液体阻尼器、金属摆动摩擦支座、弹塑性软钢阻尼支座等装置来实现减小结构的地震响应的目的；而对于普通的小跨度梁式结构，则是采用增加系统的柔性的方法，如采用叠层橡胶支座、铅芯橡胶支座等装置实现隔震，从而减小结构地震响应的目的。

在大跨度桥梁中主要应用的阻尼器有：液体黏滞阻尼器、锁定装置、限位阻尼器等。在新西兰、日本和意大利，隔震装置已经成功地应用于大跨度桥梁中。最近，美国也已经在桥梁上实行隔震技术的普及应用。板式橡胶支座、铅芯橡胶支座等，通过延长结构周期、增加结构阻尼，能够有效地减小结构的地震反应，上述几种减隔震支座的竖向承载力不高，因而仅在中小跨度的铁路和公路连续梁桥中得到应用。金属摆动摩擦支座由于其竖向承载力高，在大跨度铁路和公路连续梁桥中得到广泛应用。目前金属摆动摩擦支座技术呈现出了快速的发展。与铅芯橡胶垫相比，可以在更广泛的环境下承受更大的垂直荷载、允许更大的水平位移，并能在更长的时间内可靠稳定地工作。目前国内有关摩擦摆动支座的研究和应用还很少，在苏通大桥引桥的隔震设计中采用了双曲面球形摩擦摆动支座。表 1-1 为部分国内采用隔震支座的桥梁。

**表 1-1 国内外采用隔震支座的部分桥梁**

| 桥　　名 | 桥　　型 | 跨径布置(m) | 支座类型 |
|---|---|---|---|
| 珠海横琴大桥 | 单塔双索面斜拉桥 | 2×120 | 球形抗震钢支座 |
| 宜昌铁路宜昌长江大桥 | 连续刚构柔性拱结构 | 130＋2×275＋130 | EBP 隔震支座 |
| 南京长江二桥南汊主桥 | 双索面斜拉桥 | 305＋628＋305 | 球形抗震钢支座 |

续上表

| 桥　　名 | 桥　　型 | 跨径布置(m) | 支座类型 |
|---|---|---|---|
| 贝尼西亚马第尼斯桥<br>(Benicia-Martinez bridge) | 10 跨钢桁梁 | 最大跨度 200 | 摩擦摆动支座 |
| 美国河桥<br>(American River bridge) | 桁架拱桥 | 最大跨度 344 | 摩擦摆动支座 |

## 1.2 桥梁减隔震基本理论

按常规方法建造的桥梁，其抗震设计是通过结构中某些选定的构件产生非弹性(非线性)响应对地震产生的能量进行耗散来实现的。这样的非弹性响应以结构的破坏为代价，造成直接的维修损失(主要损失)、间接的损失(可能性的建筑物封闭、变更交通路线或住址以及商业贸易的中断)和可能性的事故(受伤、死亡)。更为重要的一点是，传统的抗震分析和设计方法并没有对结构的变形和破坏进行精确地评估，因此更不会对可能造成的直接和间接的损失和伤亡进行预测。

抗震保护系统，在此认为包括地震(基础)隔震支座和阻尼器(能量耗散)装置，其作用在于减轻地震给桥梁和建筑物带来的振动反应。通常隔震支座安装在桥梁的梁和墩之间以及建筑物的基础和第一个承重层之间。对于桥梁构造来说，一般采用隔震装置的目的是：①减小上部结构和基础结构的受力(加速度)；②在桥墩和相邻墩之间实现力的重分配。

目前应用到桥梁中的隔震系统都具有的特征包括：①能够隔离水平向地震的振动效应；②利用本身的消能机理来减少位移量。在大多数情况下，桥梁的基本振动周期可以延长超过3倍，周期的延长可以显著地减小桥梁上层结构的加速度响应[周期的变化情况如图 1-1(a)所示]。结构受力(加速度)的减小显著降低了桥梁的修建成本，并且在设计地震动作用下，这些桥梁仍处于弹性阶段(不会造成损坏)。图 1-1(b)为安装有隔震系统的桥梁的位移响应情况。需要指出的是，几乎所有的位移都发生在隔震装置上，而没有发生在上部结构、桥墩或相邻墩上。

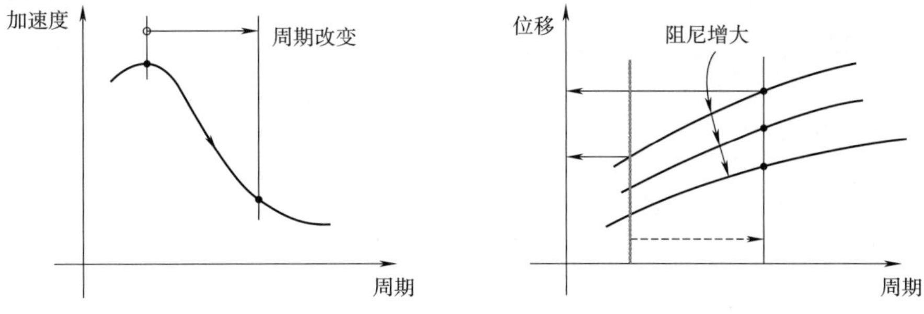


(a) 在加速度谱上的减小　　(b) 在位移谱上的增加

图 1-1　隔震装置原理

由于采用隔震系统，引起上部结构位移增大，并对桥梁的伸缩缝产生不良影响。为了控制位移量，降低对伸缩缝的要求和隔震支座的花费，通常在隔震装置中加设阻尼(能量耗散)。在美国西部应用较多的两类桥梁隔震支座为：铅芯橡胶支座(LR)和摩擦摆支座(FP)，它们是通过滞回的能量耗散来实现其功能的。图 1-2 为 LR 和 FP 支座的侧向剪力与侧向位移的关系曲线。

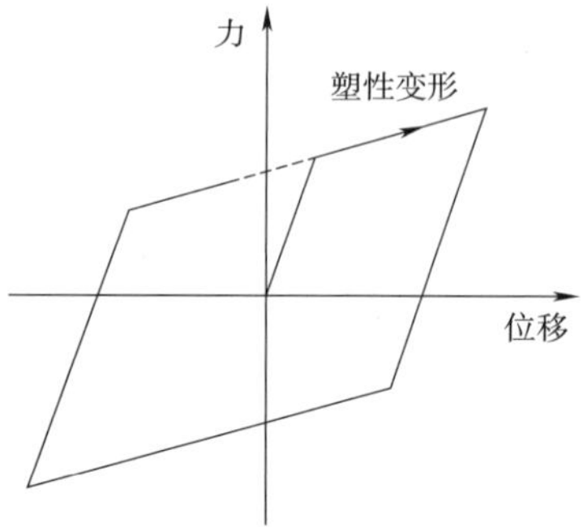


图 1-2　在 LR 和 FP 支座中的滞回衰减

采用能量耗散装置(阻尼器)减少了桥体变形量并减轻了地震灾害，保护了桥梁的结构部件。通过特定功能构件的滞回作用或黏滞阻尼特性来实现能量的消耗。阻尼器并不是桥梁中抵抗重力荷载装置的一部分。阻尼器想要发挥作用，需要获得一定的相对位移或相对速度来耗散能量。在桥梁结构中，仅有几处可以产生这样较大的相对位移，如：①作为混合装置的一部分；②在斜拉桥和悬索桥的构造中。图 1-3 显示了斜拉桥中安装在桥面和桥塔间的液体黏滞阻尼器。

(a) 桥面和桥塔之间　(b) 阻尼器的安装

图 1-3　在斜拉桥中阻尼器的典型安装

## 1.3　桥梁用减隔震装置

### 1.3.1　隔震装置介绍

目前在美国应用的隔震支座主要有两种，即合成橡胶支座(低阻尼和高阻尼的橡胶、铅芯橡胶支座)以及滑动支座(球面滑动或摩擦摆支座、平面滑动或是 EradiQuake 支座)。

合成橡胶、无铅橡胶既可以用于低阻尼天然橡胶支座[主要由 Andre、Bridgestone、Dynamic Isolation System(DIS：www.dis-inc.com)、Scougal Rubber(www.scougalrubber.com)制造]，也可以用于高阻尼支座(主要由 Andre 和 Bridgestone 制造)。图 1-4 为由 20 世纪 80 年代制作的合成橡胶支座的剖面图。最大的剪应变范围随着其复合程度以及制造商的不同而变化，但通常是在 200%和 350%之间。由于这些支座的弹性刚度较低，对于正常的工作荷载(如刹车和风荷载)几乎不能提供抵抗力，因此没有被运用在美国的桥梁工程中。

图 1-4 人造橡胶支座的剖面图

高阻尼橡胶支座中的能量耗散是通过弹性体的特殊叠合来实现的。临界阻尼比通常在7%到14%之间。高阻尼合成橡胶的剪切模量通常在0.35 MPa(50psi)和1.4MPa(200psi)之间。支座加工技术及内部力学特性控制技术通常具有专利。橡胶支座的有效刚度(模量函数、黏合面积和整个橡胶厚度)和阻尼由以下因素决定:合成橡胶(包括填充物)和硫化程度、接触压力(能承受的荷载除以黏合面积)、加载速度、加载历史、应变历史以及温度(尤其是在−7℃以下)。

图 1-5 为铅芯橡胶支座(LR)的切面图,图中所示的为合成橡胶和钢垫片的叠合层以及铅芯部分。

图 1-5 含铅橡胶支座的构造细部

铅芯橡胶支座通常由低阻尼的(无填充物)合成橡胶(100%的剪切应变情况下剪切模量的范围在65到100psi)和直径约为支座黏合直径15%到33%范围内的铅芯部分组成。其中合成橡胶部分起到隔震作用,铅芯部分起到能量耗散或者阻尼的作用。根据制造商的不同,LR支座最大的剪应变范围有所不同,但通常在125%和200%之间变化。

摩擦摆支座(FP)由美国地震保护系统公司(www.earthquakeprotection.com)制造。FP支座的主要构造如图1-6所示,包括:凹面盘和滑块容腔(可锻铸铁、钢或是铸钢件)、滑块(通用304奥氏体不锈钢)、支座材料(高荷载、低摩擦合成体)、不锈钢覆盖板(通用316奥氏体不锈钢)。摩擦摆支座通过滑块在凹面盘上的滑动实现隔震的功能,通过滑块与复合支座材料和不锈钢覆盖层之间的摩擦实现能量耗散(阻尼)。在图中没有给出不锈钢覆盖层,其附着在凹面盘上。滑动面是 FP 支座至关重要的部分，直接关系到支座的性能。双凹槽的摩擦摆支座是由 FP 支座派生而来的，FP 支座在较大的侧向位移时也可以承受较高的竖向荷载。

图 1-6 摩擦摆支座

### 1.3.2 能量耗散装置介绍

能量耗散装置在机械系统上的应用已经有一百多年的历史了。19 世纪 90 年代，法国人 Army 第一次运用液体黏滞阻尼器来减少大炮的振动荷载。当时阻尼器的很多部件在今天的液体黏滞阻尼器中仍能找到。

能量耗散系统在地震工程方面的首次应用是在 20 世纪 70 年代的新西兰，采用的是低屈服钢装置。直到 20 世纪 80 年代晚期，抗震能量耗散装置才在北美地区首次应用，包括屈服钢和液体黏滞阻尼器。然而，对于隔离冲击和振动的液体黏滞阻尼装置的应用则可以追溯到 20 世纪初期。

能量耗散或阻尼装置基本上可以分为三类：位移相关型、速度相关型以及其他类型。位移相关型的实例包括以金属屈服和摩擦耗能为基础的相关装置。图 1-7(a)为阻尼器的力-位移滞回曲线。速度相关型的实例包括由弹黏性的固体材料组成的阻尼器、由弹黏性液体变形来运作的阻尼器(如黏滞阻尼墙)以及迫使液体通过小孔达到耗能目的的阻尼器(如黏滞液体阻尼器)。图 1-7(b)为速度相关系统的特性。其他类的系统特征不能通过图 1-7 中所示的任一基本类型来进行分类，包括由形状记忆合金制成的阻尼器、由摩擦弹簧组成的具有自复位功能的装置以及液体恢复力/阻尼的阻尼器。

在市场上出售的所有能量耗散装置中，仅有两种适合于桥梁应用，即位移相关的无约束(屈曲约束)支撑和液体黏滞阻尼器。应该注意到，防屈曲支撑并不适宜安装在桥梁的膨胀缝和伸缩缝内，因为这种阻尼器通常：①没有足够的位移能力；②阻止了温度变形。防屈曲支撑适合装在桥梁的基础结构中，以此来增大基础结构的刚度、强度和能量耗散能力。

防屈曲(屈曲约束)支撑示意图如图 1-8 所示。这种支撑型阻尼器是日本在 20 世纪 80 年代研制出来的(Watanabe 等，1988)，并已在美国数个建筑工程中应用。图 1-8 显示了 Nippon Steel 支撑的主要构造，即具有拉压双向屈服特点的十字形截面的焊接钢板(通常为低屈服钢)和外部可采用圆形或方形截面的钢筒。外部钢筒的抗屈曲能力应超过内部十字截面的压屈荷载。在十字形横截面和钢管之间填充一种类似混凝土的材料来延迟十字形横截面的局部压曲。在类似混凝土类材料和十字形截面间采用某种专利材料减小或消除剪力作用。无黏结支撑具有拉压双向等强度特性,其性能在理念上优于中心支撑结构。

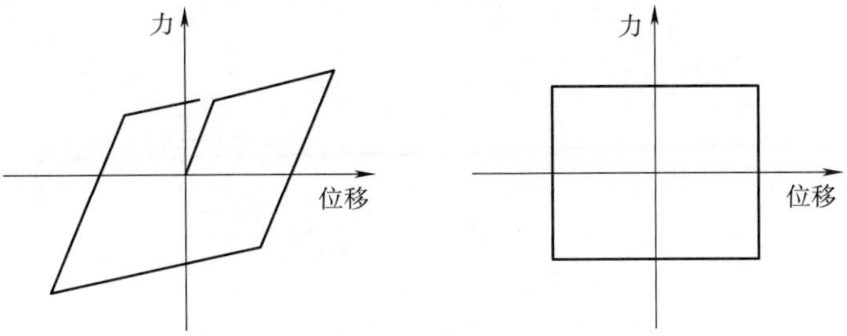


(a) 位移相关阻尼器的滞回曲线

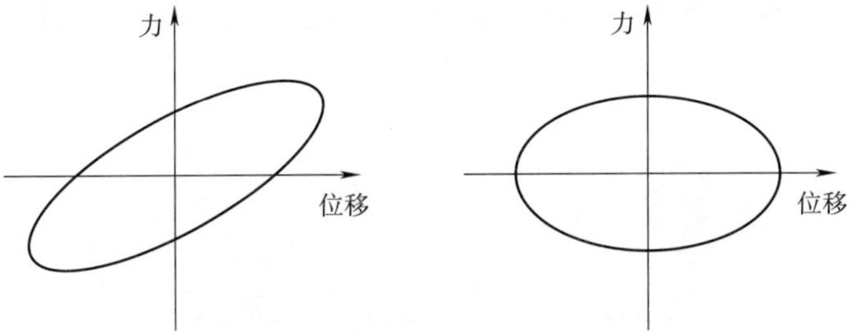


(b) 速度相关阻尼器的滞回曲线

图 1-7　能量耗散装置的力-位移滞回曲线

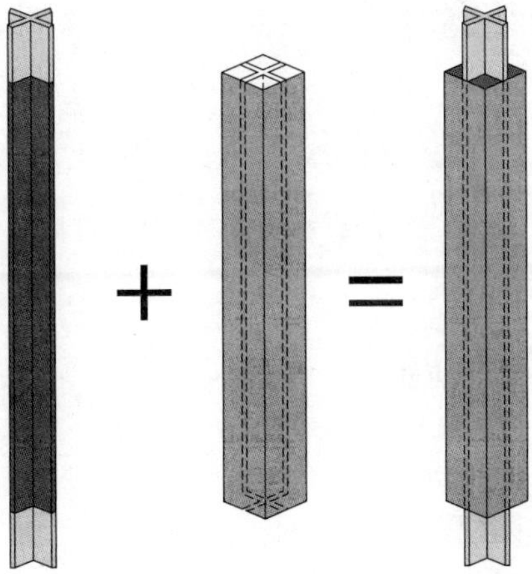

图 1-8　屈曲约束支撑结构示意图

在美国,屈曲约束支撑可由 Corebrace、StarSeismic 和 Nippon Steel 提供。

在美国,目前液态黏滞阻尼器被广泛地应用于桥梁和建筑物结构中。这类阻尼器的很多技术最初应用于军事、航空和能源应用领域。

通过迫使液体流过小孔可以获得纯黏滞特性(Constantinou 和 Symans,1992;Soong 和 Constantinou,1994;Hanson 和 Soong,2001),这个原理被美国生产抗震液体黏滞阻尼器的制造商所采用。如图 1-9 所示，液体从活塞头一侧通过环形小孔以及活塞头上的小孔流向活塞头另一侧。这些小孔的设计拥有专利权。阻尼器包括通长的活塞杆以及两套密封组成。由于这种设计通常十分稳定而且不产生恢复力，所以这个设计目前在隔震和阻尼系统中被广泛采用。

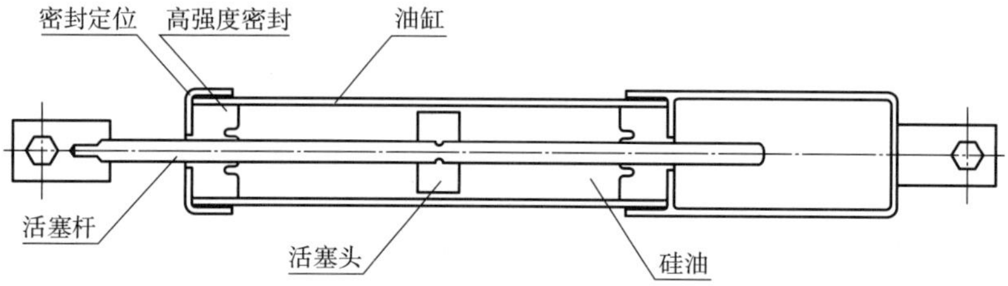


图 1-9 液体黏滞阻尼器的内部构造

图 1-10 为用作混合隔震系统一部分的液体黏滞阻尼器。在这样的体系中，液体黏滞阻尼器用于增加隔震支座的阻尼。阻尼器的冲程必须超过隔震装置在最大地震(maximum considered earthquake)下所能达到的位移量。

图 1-10 混合隔震系统中的液体黏滞阻尼器

## 1.4 国际减隔震装置生产商

下列所示为制造商网站：

- www. corebrace. com(BRB)
- www. dis-inc. com(RB)
- www. earthquakeprotection. com(FPB)
- www. jarretstructures. com(FVD，2008-6 破产)
- www. scougalrubber. com(RB)
- www. starseismic. eu(BRB)
- www. taylordevices. com(FVD)

在国际制造商生产的隔震及耗能减震装置，包括：

- Alga(BEAR,FVD)
- Andre Rubber(RB)
- Bridgestone(RB)
- FIPIndustriale(BEAR,FVD)
- Nippon Steel(UBB)
- Oiles Corporation(FVD)
- Skellerup(RB)

有兴趣的读者可以访问这些海外供应商的网站来获取他们产品的相关信息。

# 2 基于性能的抗震设计方法

## 2.1 基于性能的地震工程第一代工具

从 20 世纪 20 年代末期发展起来的美国桥梁以及建筑设计规范中，包含了一些传统的抗震设计条文细则。由于这些细则是为了获得某种特定的性能表现，即避免倒塌以及保护生命安全等，它们可以视为基于性能表现设计的雏形。制定建筑规范的工程师们，希望采用这些条文设计的建造物能够做到：(1)大震不倒；(2)保证在大震中人的生命安全；(3)中震可修；(4)小震不坏。对于桥梁构造也有类似的期望。这些规范的缺点在于，对于性能表现和灾害程度的定义比较模糊。实际上，这些规范没有针对实现某一个表现指标而设立明确的性能评估方法。同时，过去多年所记录的小型地震、中级地震和特大地震对建筑物和桥梁的破坏情况，也表明上述四种性能目标均未真正实现。为了真正实现四种性能目标，人们在每场大地震后找出细则中的不足之处，并加以修正。

由于 1971 年圣费尔南多(San Fernando)地震对一些重要桥梁和建筑造成了巨大破坏，人们从 20 世纪 70 年代中期开始，对重要的桥梁和建筑物的抗震性能提出了更高的要求。从那以后，该细则发展缓慢，但仍然有所发展，如添加了少数可直接采用的步骤，从而能够预估某个特定桥梁或建筑物的性能表现或是能够用来调整设计方法来改善结构性能，而不是通过调整影响结构强度的任意重要参数来实现。

1989 年洛马普列塔(Loma Prieta)地震和 1994 年北岭(Northridge)地震造成的巨大经济损失和重要桥梁及建筑物失效促进了基于性能的地震设计规范的发展。在 20 世纪 90 年代初期，设计方面的专业人士、学术界成员以及结构工程师和岩土工程师们意识到，那些基于受力的规范错综复杂甚至自相矛盾，与设计者期望的结构性能无直接关系，在实现社会所需的基本保障方面不够可靠，并在有时候实施起来费用昂贵，且在大部分情况下不能实现既定的性能目标，因此需要一个和以前的规范截然不同的新设计方法。

从 20 世纪 90 年代早期到中期，来自联邦应急管理局(FEMA)、应用技术委员会(ATC)以及建筑地震安全委员会(BSSC)的资助，促进了 NEHRP 房屋抗震加固指导指南和注释(FEMA 273/274，应用技术委员会 ATC，1997)的改进，这也就是基于性能的建筑地震工程第一代工具。这个成就是基于性能的地震设计规范发展过程中一个重要的里程碑，并且其明确表述了一些对于基于性能规范十分重要的与地震相关的概念。其中一个关键概念是性能目标，这包括所设计建筑物需要抵御的地震危险程度以及设计地震发生时建筑物损害的许可范围的详细说明。NEHRP《房屋抗震加固指导指南》(FEMA 273/274)另外一个重要特点是引入了标准性能水平。它以标准结构反应参数的数值为基础，以此来量化结构物和非结构物的破坏水平，NEHRP 指南也规定了总共四种线性和非线性的分析方法，每一种分析方法可以用来估计在所给定级数地震下的预计响应参数值，通过参照性能目标内不同目标性能水平，来评估该建筑的预期性能。图 2-1 给出了 FEMA 273/274 规程中所定义的定性的性能水平，其与某一简单建筑物的整体力-位移关系相对应。图中也给出相应的破坏示意图。

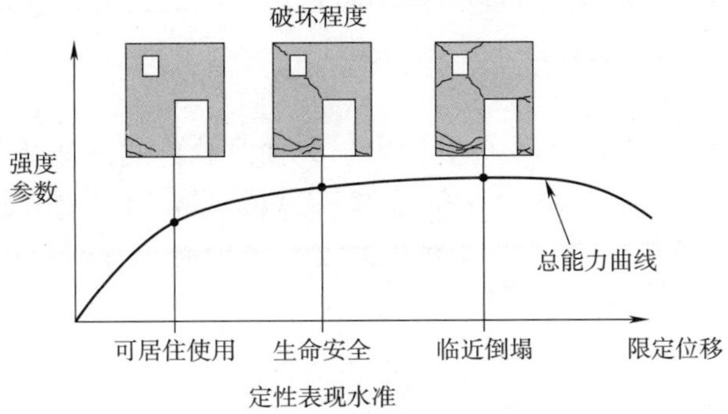


图 2-1　FEMA 273/274 规程给出的表现水平曲线

其他规程规范(如 ATC-40、Vision 2000 等)进一步发展了 FEMA 273/274 的研究成果。美国土木工程协会在 FEMA 273/274 报告的基础上将成果进一步精炼提高，编入房屋抗震加固暂行标准 FEMA 356 中(联邦应急管理局 2000)。现在，由 FEMA 356、ATC-40 和 Vision 2000 共同构成了基于性能的建筑结构地震工程发展现状。

Hamburger 等(2004)指出了目前以 FEMA 273/356 为代表的性能设计方法在实际应用中的一些主要的缺陷。这些缺陷包括：

(1)目前预测结构响应和需求的方法基于的是结构的整体响应，而结构性能评估则基于个别部件的破坏，这样往往会导致性能最差的构件控制了整个结构最终性能预期。

(2)目前规程中被工程师们用来评估结构性能是否满足要求的许多判定准则都建立在主观判断基础上，而不是依靠试验数据或者其他的直接证据，这会导致规范可靠性的问题。

(3)许多结构工程师觉得，与采用传统的规范细则的设计方法相比，这个指导条例过于保守。而且，这个指导条例的可靠性以及是否能够获得所期待的性能表现仍旧是个未知数。

(4)FEMA 273/356 中阐述的结构性能表现水准没有与主要的风险承担者本身利益挂钩。风险承担者需要承担由地震损坏带来的潜在维修费用和在建筑物修复过程中的时间损失。

## 2.2　基于性能的地震工程第二代工具

联邦应急管理局(FEMA)已经与通用技术委员会(ATC)协定发展下一代的基于性能的建筑抗震设计指导条例，也就是众所周知的 ATC-58 项目。这个指导条例将适用于所有新建及改建项目，同时也将涵盖结构及非结构构件。下一代的性能表现指导条例的首要目的在于设计抵御地震作用，同时也推广应用到其他灾害领域，如火灾和爆炸等。当前开发的这个规范框架在原则上也将适用于桥梁建造领域。

对于专业设计人员来说可以利用 ATC-58 对建筑结构性能表现进行预期，对于决策者来说也将具有重要意义。这些决策者(或股东)是互相独立的群体，代表许多阶层并且思维方式迥异(Hamburger，2004)。决策者的群体包括房地产开发商、公司经理、风险控制经理、公共事业结构的领导、贷款人、保险业者、国家机关工作人员以及管理者。不同的决策人会以不同角度看待建筑物所应具有的性能表现，也就会根据不同的决策过程选择建筑物的性能目标。基于性能的设计方法将包括对设计细节的风险预测的环节，风险既可以是以决定性的(场景或事件)，也可以是建立在可能性基础之上的。风险将通过详细的损失程度来表现(例如：当某个设备损坏时重修的花费，以及死亡和停工造成的损失)，而不是通过传统的度量标准(例如：在以设计地震基础上的生命安全)。

性能表现预测过程和运用与 HAZUS 国家损失预测软件的算法相似，但在不同环节中的个别步骤有所不同。图 2-2(Hamburger 等，2004)为 ATC-58 性能预测方法的流程图。这个方法的大部分内容以美国科学基金会出资并由太平洋地震工程研究中心(PEER)(Moehle，2003)提出的过程为基础。

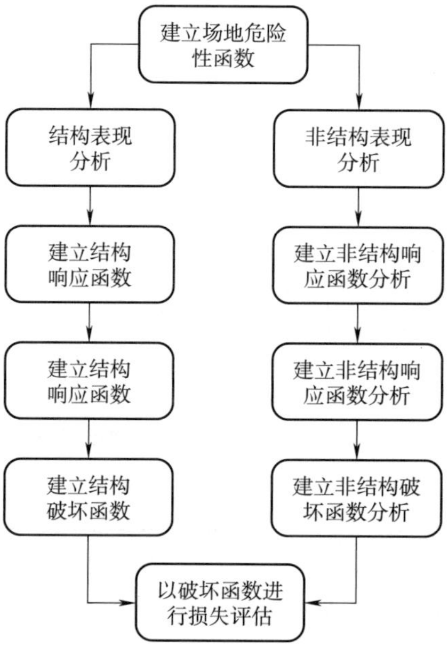


图 2-2 性能预测流程图(Hamburger 等，2004)

PEER 提出的性能表现以概率论的形式为基础，包括如下四个相关的步骤：危险性评估、结构/非结构的构件分析、损害评估以及损失分析或者风险评估。四个步骤中的每一步都各自以一个广义变量为标志：紧测度(IM)、工程需求参数(EDP)，损害量度(DM)以及决策变量(DV)。

## 2.3 基于性能抗震设计的主要内容

基于性能的抗震设计基本思想是保证抗震结构在一定地震动作用水平下同时应具有可靠的预期性能水平，其设计本质采用多级设防的思想，即可根据要求的不同设计目标设计结构，使其具有不同的抗震性能。性能设计的水平是一个具体的量值，能够准确反映结构破坏情况，便于设计人员评估，业主可以根据结构重要性及在地震作用下可以接受的预期经济损失，自主选择性能目标。概括地讲，这些研究工作主要包括地震设防水准的研究、性能目标的研究、结构地震反应预测方法的研究，以及设计方法的研究等四个方面，它们构成了基于性能抗震设计思想的基本框架。

### 2.3.1 地震设防水准的确定

设防水准是指在工程设计中如何根据客观的设防环境和已定的设防目标，并考虑具体的社会经济条件来确定采用多大的设防参数。美国 Vision 2000 提出了表 2-1 所示的多级地震设防水准。

**表 2-1 Vision 2000 定义的地震设防水准**

| 设防水准 | 重现期(年) | 超越概率 |
|---|---|---|
| 水准一 | 43 | 30 年 50% |
| 水准二 | 72 | 50 年 50% |
| 水准三 | 475 | 50 年 10% |
| 水准四 | 970 | 50 年 5%或 100 年 10% |
| 水准五 | 2 475 | 50 年 2% |

我国地震设防分为三个水准：小震不坏、中震可修、大震不倒。对于基于性能抗震设计，为了实现多级设防标准，控制不同水平地震作用下结构的破坏状态，则需在传统设防划分的基础上，细化地震设防水准。由表 2-1 可知，水准一相当于我国目前的"小震"设防水准；水准三相当于我国目前的"中震"设防水准；而水准五相当于我国目前的"大震"设防水准。基于性能抗震设计实际上是对人们早已认识的"多级抗震设防"思想的进一步细化，设计者可以更准确地把握结构在不同的地震动水平下的实际性能，使所设计的结构更经济合理。

汶川地震后，我国对 1989 年版的《公路工程抗震设计规范》(JTJ 044)采用的单一水准抗震设防思想修改为两水准设防。两阶段设计的抗震设计思想，对于我国向基于性能抗震设计发展作了些许贡献，而《城市桥梁抗震设计规范》(CJJ 166)则采用了三级设防思想，根据桥梁在交通网络上位置的重要性以及承担交通量的多少采用不同的抗震设防标准。可见，基于性能抗震设计是一种抗震设计的发展趋势。

为了防止在地震中结构破坏带来直接或间接财产损失，就要求以后设计的结构不仅要保证生命的安全，同时也要控制结构的破坏程度，使财产的损失控制在可以接受的范围内，这就需要在实际设计中，结构在针对不同设防水准的地震时应该具有明确的性能水准。性能水准有两种表示方式：一种是定性的描述，另一种是定量的描述。定性描述本文不再叙述；定量描述的指标通常为位移、延性系数、损伤指标、材料应变等，见表 2-2。

**表 2-2 Caltrans 建议的桥梁抗震性能指标**

| 破坏水平 | 应变 | | 延性 | |
|---|---|---|---|---|
| | 混凝土 | 钢筋 | 曲率延性 | 位移延性 |
| 严重破坏 | $\varepsilon_{cu}$ | $\varepsilon_{sh}$ | 8～10 | 4～6 |
| 可修复破坏 | $\begin{cases}0.005\\ \dfrac{2\varepsilon_{cu}}{3}\end{cases}$ | $\begin{cases}0.08\\ \dfrac{2\varepsilon_{sh}}{3}\end{cases}$ | 4～6 | 2～4 |
| 轻微破坏 | $\begin{cases}0.004\\ \varepsilon_{cu}\end{cases}$ | $\begin{cases}0.03\\ 1.5\varepsilon_y\end{cases}$ | 2～4 | 1～2 |

注：$\varepsilon_{cu}$—约束混凝土的极限压应变；$\varepsilon_y$—钢筋的屈服应变；$\varepsilon_{sh}$—钢筋强化应变。

由表 2-2 可知：

(1)性能水准 1：轻微破坏(minimum damage)，结构基本保持在弹性反应范围；此水准的钢筋应变值 $\varepsilon_s=0.03$，位移延性系数为 1～2，曲率延性系数为 2～4，混凝土压应变 $\varepsilon_c=0.004$；通常在结构倒塌时，钢筋的最大 $\varepsilon_s=0.12$，这里取其 1/4。

(2)性能水准 2：可修复破坏(repairable damage)，破坏可以修复；此水准的钢筋应变值 $\varepsilon_s=0.08$，位移延性系数为 2～4，曲率延性系数为 4～6，混凝土压应变 $\varepsilon_c=0.005$；通常在结构倒塌时，钢筋的最大 $\varepsilon_s=0.12$，这里取其 2/3。

(3)性能水准 3：严重破坏(significant damage)；此水准的钢筋应变值为钢筋强化应变 $\varepsilon_{sh}$，位移延性系数为 4～6，曲率延性系数为 8～10，混凝土压应变 $\varepsilon_c$ 则达到约束混凝土的极限压应变。试验和震害经验表明，在严重破坏阶段，混凝土的极限压应变可以达到计算值的 1.5 倍左右。

### 2.3.2 抗震性能目标的确定

对于桥梁工程，采用基于性能抗震设计思想进行设计时，最基本的仍然是性能目标的确定，也就是结构性能水准究竟取多高。取得太高，尽管结构变得安全，但也会大大增加结构的初期投入；取得太低，尽管降低了结构初期造价，但会增加未来的使用风险。所以结构抗震目标性能目标的确定，目前认为合理的方法是采用“投资—效益”准则，使设计结构处于考虑安全性和经济性的合理平衡上。在上述步骤确定的基础上，就可确定结构的性能目标，即性能目标矩阵，如图 2-3 所示。设计者可根据结构的重要性从该矩阵中选择出适合结构性能的目标来进行设计。

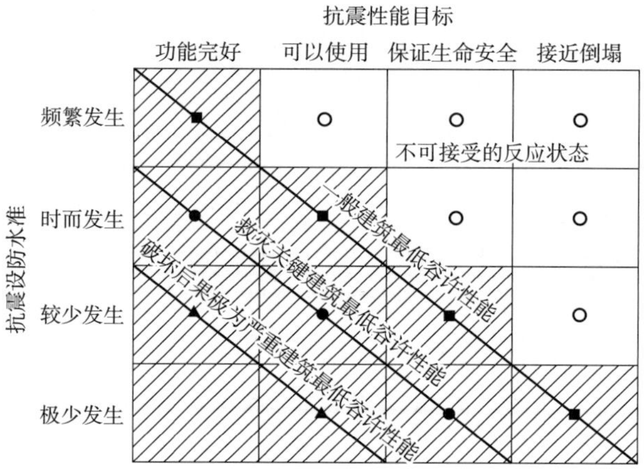


图 2-3 性能目标矩阵

### 2.3.3 结构地震反应的预测方法

在基于性能的抗震设计中，为了保证结构在不同水准地震作用下能够实现期望的性能目标，就需要采用恰当、简便的分析方法对结构的地震反应进行计算。一般来讲，结构的地震反应计算方法可分为两类，即动力时程分析方法和反应谱分析方法。非线性动力时程分析方法由于计算量大、分析复杂，且在地震动的合理选择方面有较大的困难，故而限制了其在工程中的广泛应用。而平均光滑后的反应谱在较大程度上能够反映地震记录的特征,因此使用与反应谱相结合的位移简化计算方法越来越受到青睐,比如等位移准则、等效线性化方法、位移修正系数法和替代结构方法等。

近几年发展起来的弹塑性静力分析与反应谱相结合的方法,由于采用了考虑构件弹塑性性能的静力方法,从而不仅计算简单,而且能够更直接地反映结构的弹塑性行为,因而在基于性能的抗震设计中得到了广泛的应用,像美国的 ATC-40 和 FEMA 273 规范均采用了该方法。但目前该方法的应用仅限于受基本振型控制的结构,对受高阶振型影响的情况,尚需在侧向分布力模式等方面进行研究和改进。

## 2.4 我国桥梁抗震设计规范与基于性能的抗震思想

《铁路工程抗震设计规范》(2009 年版)(GB 50111—2006)和《公路桥梁抗震设计细则》(JTG/T B02-01—2008)是当前我国桥梁抗震设计参考的主要规范。

《铁路工程抗震设计规范》提出了桥梁抗震设计的地震动水准,即:多遇地震(重现期 50 年)、设计地震(重现期 475 年)和罕遇地震(重现期 2450 年),并且规定了在上述三种地震动水准下选择的三种抗震设防目标。这三种抗震设防目标分别为:

性能要求Ⅰ:地震后结构处于弹性工作状态,结构不损坏或轻微损坏,能够保持其正常使用功能。

性能要求Ⅱ:地震后结构进入非弹性工作阶段,其非弹性变形或结构损伤在可修复的范围内,经修补,短期内能恢复其正常使用功能。

性能要求Ⅲ:地震后桥梁进入弹塑性工作阶段,结构发生较大的非弹性变形,但应控制在规定的范围内,结构可能产生较大破坏,但不出现整体倒塌,经抢修可限速通车。

《铁路工程抗震设计规范》虽然提出了不同性能要求,但没有根据桥梁重要性提出不同层次的性能目标。在《公路桥梁抗震设计细则》中,对不同桥梁类别设置了不同的桥梁抗震设防目标,对不同桥梁给出了不同性能目标,细化了小震不坏、中震可修和大震不倒的理念,这是性能设计的一种体现。详见表 2-3、表 2-4。

**表 2-3 各类桥梁抗震设防类别适用范围**

| 桥梁抗震设防类别 | 使用范围 |
|---|---|
| A类 | 单跨跨径超过 150 m 的特大桥 |
| B类 | 单跨跨径不超过 150 m 的高速公路、一级公路上的桥梁;单跨跨径不超过 150 m 的二级公路上的特大桥、大桥 |
| C类 | 二级公路上的中桥、小桥,单跨跨径不超过 150 m 的三、四级公路上的特大桥、大桥 |
| D类 | 三、四级公路上的中桥、小桥 |

**表 2-4 各设防类别桥梁的抗震设防目标**

| 桥梁抗震设防类别 | 设防目标 | |
|---|---|---|
| | E1 地震作用 | E2 地震作用 |
| A类 | 一般不受损坏或不需修复可继续使用 | 可发生局部轻微损伤,不需修复或经简单修复可继续使用 |

续上表

| 桥梁抗震设防类别 | 设防目标 | |
|---|---|---|
| | E1 地震作用 | E2 地震作用 |
| B类 | 一般不受损坏或不需修复可继续使用 | 应保证不致倒塌或产生严重结构损伤，经临时加固后可供维持应急交通使用 |
| C类 | 一般不受损坏或不需修复可继续使用 | 应保证不致倒塌或产生严重结构损伤，经临时加固后可供维持应急交通使用 |
| D类 | 一般不受损坏或不需修复可继续使用 | |

## 2.5 基于性能抗震设计方法

结构抗震设计方法的发展取决于设计者对结构地震破坏机理的认知。从早期采用单一强度指标描述结构的地震破坏机理，到采用位移、能量或损伤指数来定量划分结构的地震破坏状态。

目前基于强度和基于位移的抗震设计方法是各国规范普遍采用的两种形式。桥梁设计采用的这两种方法的核心理念是在有一定储备的情况下采用延性和变形能力抵御地震。基于强度的抗震设计中，通常选择关键构件提供延性（如墩柱）以及变形能力（如可动节点具有足够能力）用于抵御设计地面运动。一旦关键构件选定，其他构件将设计用于提供传递竖向力和位移，以协调施加在关键构件的力和变形而不使其他部件损失其强度。基本上来说，这两种方式均寻求同样的结果——采用桥梁能力设计的特定单元采用延性方式设计到屈服，而所有其他单元一直保持弹性。这两种方式不同之处只是获得这一结果的办法不同。基于力的设计方法中，反应调整系数用于降低弹性需要得到的力值，得到用于墩柱设计的屈服力。

### 2.5.1 基于强度的设计方法

基于强度的设计方法完全适用于结构在地震作用下处于弹性的状态，而在强震作用下结构完全保持弹性是非常不经济的，因此各国抗震设计规范都允许结构进入塑性阶段工作，利用结构本身的延性来进行抗震，即进行延性设计。这种设计思路采用合适的方法估算结构的自振周期，然后选择合适的设计加速度反应谱，在给定的阻尼水平下，得出结构的弹性设计力，进行折减后作为结构的设计依据。

1. 主要设计思想

基于强度设计方法是 AASHTO LRFD 桥梁设计规范使用的传统办法。这种地震设计方法采用一个强度折减系数 $R$（我国采用综合影响系数 $C_z$，$C_z=1/R$）对弹性地震力进行折减，从而得到屈服单元的地震设计力。该方法所预期的是在设计地面运动下墩柱在相当于弹性地震力被折减后的力值下产生屈服。该计算方法如图 2-4 所示，其中力 $F$、位移 $\Delta$ 为桥梁总体地震反应，如桥梁的墩底剪力和最大位移。弹性反应线表示桥梁在没有损伤和屈服发生时的弹性反应。基于强度设计方法中，屈服采用双线性折线表示，其中屈服力 $F_{屈服}$ 为峰值弹性力 $F_{弹性}$ 除以折减系数 $R$，假定桥体可马上形成塑性机构，桥梁变形 $\Delta_{需求}$ 与弹性变形 $\Delta_{弹性}$ 相当，则折减

系数 $R$ 相当于延性系数 $\mu$，$\mu=\frac{\Delta_{需求}}{\Delta_{屈服}}$。最后，取结构的屈服力与设计地震力相等，并据此来进行结构的配筋设计。

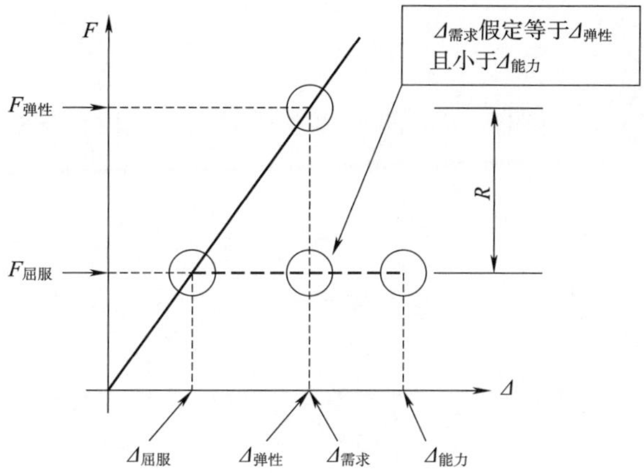


图 2-4 基于强度的设计力与位移需求的计算方法

2. 强度折减系数

强度折减系数 $R$ 主要是考虑到结构进入塑性工作范围后，结构振动周期增大，实际受到地震力较原弹性阶段周期 $T_e$ 计算的地震力要小，因而用它对弹性力 $F_e$ 进行折减。

研究表明，对于长周期（指弹性周期，$T>1.0$ s）的结构可以适用"等位移法则"，即弹性体系与弹塑性体系的最大位移反应总是基本相同；而对于中周期（指弹性周期，0.12 s$<T<$0.5 s）的结构，则适用于"等能量法则"，即非弹性反应下的弹塑性变形能等于同一地震地面运动输入下的弹性变形能。

Newmark 对单自由度系统的弹塑性反应谱提出了判断原则，在材料本构关系为理想弹塑性的情况下，强度的折减和延性符合等位移准则和等能量准则（图 2-5），即：

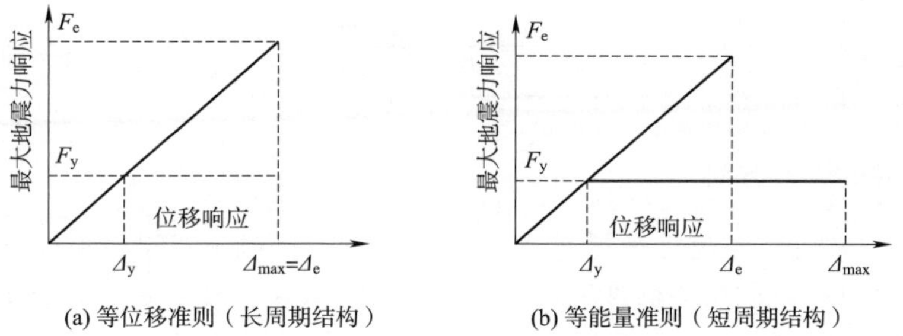


图 2-5 等位移准则和等能量准则

(1)在短周期（高频振动，周期小于 0.03～0.05 s）时，相对于刚性结构，根据加速度等效原则，有 $R=1$；

(2)中等周期（周期为 0.05～0.5 s），弹塑性体系与理想弹性体系的最大相对速度接近相等，以动能转化的变形能也相等，即：

$$\frac{1}{2}F_e\Delta_e=\frac{1}{2}F_y\Delta_y+F_y(\Delta_{max}-\Delta_y) \tag{2-1}$$

强度折减系数(延性系数 $R_\mu$)

$$R_\mu=\frac{F_e}{F_y}=\frac{\Delta_e}{\Delta_y},\mu=\frac{\Delta_{max}}{\Delta_y} \tag{2-2}$$

进而得到:

$$R_\mu=\sqrt{2\mu-1} \tag{2-3}$$

(3)长周期(周期大于 0.5s)时,认为两个体系位移近似相当,采用等位移原则,即 $\Delta_{max}=\Delta_e$,则有:

$$R_\mu=\frac{F_e}{F_y}=\frac{\Delta_e}{\Delta_y}=\mu \tag{2-4}$$

欧洲规范 Eurocode 8 引入结构性能系数 $q$,采用等价线性化方法来近似考虑结构的非线性特性。

$$q=\frac{弹性力}{非弹性力}=\frac{F_e}{F_p} \tag{2-5}$$

欧洲规范 Eurocode 8 规定 $q$ 和 $\mu$ 的关系:

对于长周期范围($T>7$s):$q=\mu$;

对于短周期范围(小于弹性反应谱峰值所对应周期):$q=\sqrt{2\mu-1}$。

我国《公路工程抗震设计规范》(JTJ 004—89)采用综合影响系数来考虑强度折减,弹性力乘以综合影响系数 $C$ 得到非弹性地震力。$C$ 的取值见表 2-5。

**表 2-5 综合影响系数 C**

| 桥梁和墩台类型 | | | 设防目标 | | |
|---|---|---|---|---|---|
| | | | $H<10$ | $10\leqslant H<20$ | $20\leqslant H<30$ |
| 梁桥 | 柔性墩 | 柱式墩、排架柱墩、薄壁桥墩 | 0.3 | 0.33 | 0.35 |
| | 实体墩 | 天然基础和沉井基础上的实体桥墩 | 0.20 | 0.25 | 0.30 |
| | 多排桩基础上的桥墩 | | 0.25 | 0.30 | 0.35 |
| | 桥台 | | 0.35 | — | — |
| | 拱桥 | | 0.36 | — | — |

### 2.5.2 基于位移的设计方法

基于位移的抗震设计直接以位移为设计参数,针对不同的地震设防水准,指定与其相适应的目标位移,再以目标位移为依据进行结构抗震设计。基于位移的抗震设计主要内容是结构位移需求的计算和结构位移能力的确定。

结构破坏状态与截面变形和极限应变相关,截面的变形可转化为结构位移,如桥墩的墩顶位移,从而通过位移来控制结构破坏状态。在微观上结构是否达到一定的破坏程度是基于结构材料的应变来确定,对于多级损伤目标位移的确定主要来自截面材料应变和曲率。

与基于力的方法不同,基于位移方法不需要对屈服单元的设计力进行计算,设计者可按任意比例设置整个桥梁的屈服系统,确保位移需求小于每一墩柱的位移能力。最小侧向强度限值由每一墩柱所提供,所有非地震工况均可以满足。因此,设计者只需给出一个侧向荷载系统以及相对应的单元强度,并复核确保位移能力充足,如 $\Delta_{能力}>\Delta_{需求}$,如图 2-6 所示。

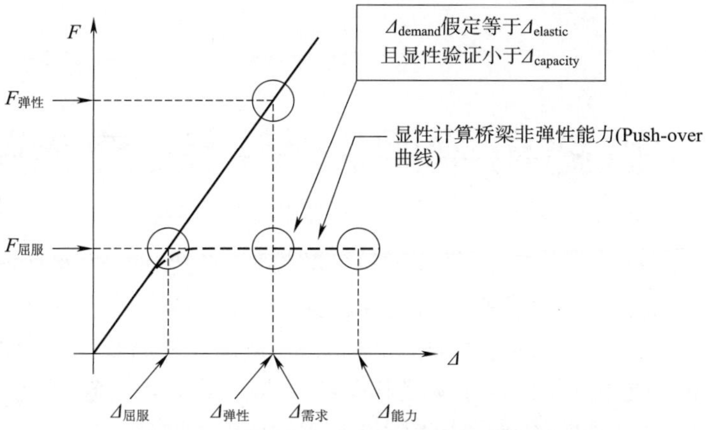


图 2-6　基于位移方法的设计力与位移需求计算方法

基于位移的抗震设计方法，其设计思路是直接以目标位移作为设计变量(目标位移的确定可以根据不同的性能要求确定，如考虑适用性或安全性)，选择合适的设计位移谱得出在此位移时的结构有效周期和有效刚度(此位移对应的割线刚度)，求出此时结构的基底剪力，进行结构分析，并且进行具体配筋设计。基于位移的抗震设计方法采用结构对应的最大位移进行变形设计，而不像传统方法采用初始刚度进行位移计算，这与结构实际情况更为相符。

## 2.6 结　论

传统的结构抗震设计方法利用结构构件在地震中的屈服变形来消耗地震能量，保证结构的可靠性。随着社会进步和科学技术的发展，这种方法已经显现出明显的不足。基于性能的结构设计方法将结构可预期的性能目标同传统抗震设计结合，使设计者可根据业主的要求，设计具有不同抗震性能的结构。而将基于性能的结构设计方法应用到耗能减震结构中则能使结构更好地满足前面既定的性能目标。

目前我国高速铁路桥梁基于性能的抗震设计大多数理论是在公路桥梁基础上得来的，而相对于公路桥梁，高速铁路桥梁有其特殊性和复杂性，业主通过耗能减震和隔震的方法提供铁路桥梁抗震性能不失为一种便捷和经济的手段，这也是目前我国在建高速铁路桥梁越来越多采用耗能减震技术的原因。同时也应看到，在我国高速铁路桥梁基于耗能减震的性能设计仍有许多问题需要解决，特别是需要以规范和指导意见的形式给出完整的设计方法。

# 3　铁路桥梁用减震器装置选用

高速铁路客运专线近年来在我国得到了较大的发展，已建和在建的高速铁路总里程达数万公里。由于特殊的需要，以桥代路成为高速铁路建造的首选方式，桥梁比例占线路总长的70%以上，其中绝大部分采用常用跨度的简支箱梁桥，但高速铁路难免要跨过闹市区及较大跨度的河流，经济型的简支箱梁桥已难于满足相关的要求。而大跨度连续梁桥具有刚度大、变形小、跨度大的特点，在高速铁路的建设中受到许多工程师们的青睐。

为了满足高速列车运行的安全性和舒适度指标，高速铁路桥梁的上部梁体到下部桥墩及基础都要具有较大的刚度。现有高速铁路连续梁桥桥墩大多数属于重力式桥墩，周期短、自重大，且只配有少量的护面钢筋。有关分析表明，在强震中易引起桥墩斜截面脆性剪切破坏，桥墩能否出现塑性铰区，是否具有延性尚不明确，延性抗震设计不易实施；尤其是在一些高烈度地区，即使采用延性抗震设计也很难满足桥梁的抗震性能目标要求，应当引入减隔震设计方法，探寻和研究适合高速铁路桥梁减震设计的措施，增强高速铁路桥梁抵御地震灾害的能力。

在铁路桥梁的抗震设计过程中，应根据铁路桥梁的具体情况、不同跨度和减震产品的不同特点选择不同的设备和安置方法。一般情况下，非抗震区的桥梁，考虑控制车辆运行荷载，可选择锁定装置，安置在桥出现纵向位移的控制位置上：塔梁之间或梁墩之间，也有的安置在梁和地面之间。而抗震区的桥梁，采用黏滞阻尼器是较为适合的减震措施。如果想同时考虑地震和列车运行荷载，根据控制目标的不同，目前已有多种不同的处理形式和布局方案。

## 3.1　具有初始力桥梁阻尼器的适用性分析

在以往桥梁工程案例中，设计者为了控制车辆荷载、刹车荷载、风荷载等对桥梁产生的作用，希望改进普通阻尼器的性能，即额外增加具有初始力的黏滞阻尼器。这一功能的提出为阻尼器生产商提出了新的课题，进一步提高阻尼器的功能性，但如果阻尼器初始力的设置不当，不但使桥梁结构的周期改变，也使桥体承受额外的附加力，对结构带来潜在的有害影响。

根据 AASHTO 要求特种阻尼器连接桥梁构件之间，诸如温度变化引起的温度荷载，装置在其缓慢作用时可以自由移动，而当由车辆制动或碰撞和地震迅速作用荷载时，充当能够传输力的刚性杆。因没有考虑到桥梁的温度变形，也没有对桥梁采取特殊处理，以解决产生的温度应力，造成桥梁结构变形、受力等造成负面影响，此类具有初始力的黏滞阻尼器不宜用于桥梁工程。

### 3.1.1　JARRET 阻尼器

JARRET 阻尼器以胶泥为填充材料，属于第一代黏滞阻尼器，填充在阻尼器内用来产生阻尼的化工原料通常有硅油和硅胶两种材料，一种是粉色胶泥状物质，一种无色透明黏滞性液体。一直以来它们被用作缓冲器的填充材料。胶泥的温度稳定性等性能极差，无法达到液体弹簧和阻尼器在不同温度下高精度要求。对于没有很高参数要求的一次性减震缓冲器，至今仍用硅胶材料作填充器。

JARRET 阻尼器是典型的利用硅胶为介质的阻尼器产品，这种阻尼器不仅给结构附加阻尼，同时给结构附加刚度，阻尼力分为位移影响的刚度部分和速度引起的黏滞部分。20 世纪 90 年代初，为了取得产品的认证，JARRET 公司委托美国国家地震研究中心(MCEER)做了硅胶阻尼器的性能测试。测试表明，硅胶阻尼器只能在 1、3 两个象限内工作，耗能系数小于 40%。

### 3.1.2 液体黏弹性阻尼器

在实际工程中，许多设计人员希望所加设的阻尼器不但可以提供阻尼，而且需要有一定的刚度，即同时具有速度型耗能和位移型刚性弹簧的双重作用。传统材料的黏弹性阻尼器存在着出力较小、耐久性较差、极限温度条件下性能下降较快等缺点，并不适用于桥梁等外界环境条件较为恶劣的土木工程。

为了实现这一目的，美国 Taylor 公司设计和制造了黏弹性阻尼器，如图 3-1 所示。黏弹性阻尼器外观与一般的液体黏滞阻尼器一样，但稍微长一些，长度最大可长出约 30 cm。这种阻尼器的液压缸分成阻尼和液体弹簧两部分。阻尼器部分是完全相同于传统的液压黏滞阻尼器，而弹簧部分是一个双向作用的液体弹簧。在缸中运动的是串在一根轴上的两个活塞，这两个活塞各在一部分油缸内工作。阻尼器部分的活塞往复运动产生阻尼，另一个活塞引起液体弹簧的弹簧力。这种阻尼器可以按要求设计弹簧刚度，但其最大弹簧力应小于最大阻尼力的一半，该装置的计算公式为：

$$F=K_{\mathrm{eff}}\cdot u+C\dot{u}^{\alpha} \tag{3-1}$$

式中 $K_{\mathrm{eff}}$——液体弹簧等效刚度；

$C$——阻尼器的阻尼系数；

$u$——活塞杆的位移；

$\dot{u}$——活塞杆的速度；

$\alpha$——速度指数。

黏弹性阻尼器的本构关系可以用阻尼器部分加上弹簧部分来反映，可以直接采用 SAP2000 或 MIDAS 等软件进行分析计算。

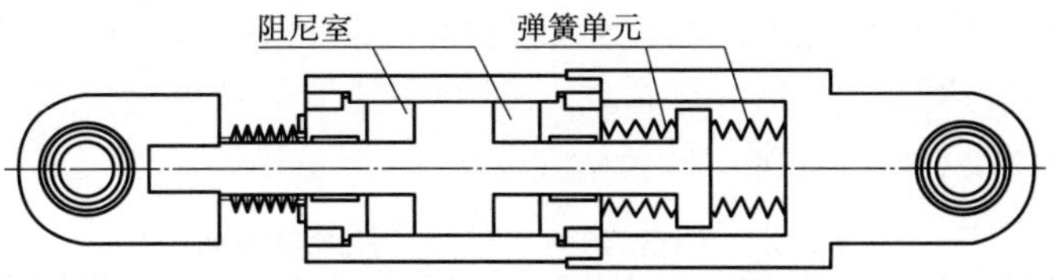


图 3-1 黏弹性阻尼器

由于黏弹性阻尼器增加了刚度，对于风和车辆对桥梁的振动有一定的抑制作用，但考虑因温度变化而引起桥梁可以自由移动，产生桥梁温度应力，对桥梁结构的变形、受力等造成负面影响，故该类阻尼器适用于温度变形很小的建筑工程。

### 3.1.3 结论和建议

在阻尼器中设置初始力应该说只有通过外加机械的办法实现，如加金属熔断片、刚体部分。这种外加力在有温度变形时就会发生，如果桥梁的两端都加上这种附加力，它对桥梁显然会产生一个多余的外加力，如悬索桥中采用的阻尼器如果初始力过大，往往会加快阻尼器的磨损破坏。因此，这种情况应引起重视。

如果想利用本构关系中初始刚度产生可能的"初始力"，必须结合利用实际产品性能进行严格比照分析。要符合传统的阻尼器有关观点和理论，更要经过实际测试，检验其是否符合理论，当然包括，是否能通过至少上万次的检验证明。

尽管阻尼器已有了较大的发展，但是目前仍然没有适合桥梁应用的带初始力的阻尼器，因为初始力可能给桥梁带来负面影响。在重大桥梁上提出一些新思想、新要求是可贵的，但仅经过简单的计算和推理，就想推出一种新产品并获推广，是难于实现的；能够得以推广和应用的产品至少在实际应用理论上应能站得住脚，且需要大量实验来验证。

## 3.2 速度指数为0.1的阻尼器适用性分析

以上讨论的都是按传统"初始力"理解，另加一个装置产生初始力。而从最近国内两座大桥（一座斜拉桥、一座悬索桥）的阻尼器招标情况可知，是想通过普通液体黏滞阻尼器来实现"初始力"的目的。从这两座大桥的阻尼器招标技术文件以及和设计者进行沟通后，了解到大桥阻尼器的设计意图是：如表3-1所示，设计为液体黏滞阻尼器，满足本构关系 $F=Cv^{0.1}$，阻尼器在温度荷载作用下提供初始力300～800 kN，通过这个初始力来限制一定的车辆荷载、常遇风荷载引起的振动，并且在控制上限速度1 mm/s下阻尼器能提供不小于1 721 kN的阻尼力来控制列车制动作用，在地震作用下阻尼器的阻尼力不大于2 500 kN（即阻尼器的额定阻尼力）。以下我们来分析，在不附加额外装置的液体黏滞阻尼器实现设计意图的理论方案的可行性。

### 3.2.1 本构关系

利用黏滞阻尼器的本构关系 $F=Cv^{\alpha}$，采用0.1的速度指数来实现低速下的高阻尼力（即所谓的初始力），从本构关系图（图3-2）中可看出，速度指数为0.1时阻尼器出力在很低的速度下上升确实是最快的，达到300～800 kN的初始力的速度值仅需要 $2.1\times10^{-8}\sim3.9\times10^{-4}$ mm/s，在速度1 mm/s下的阻尼力能达到1 754 kN，从理论上能满足设计意图。纵使理论可行，可结构温度变形速率最大可达0.01 mm/s级速度，在这级别速度下按理论公式计算阻尼器出力可达1 100 kN以上，这即超出了设计意图中的初始力要求范围，也给结构带来了巨大的附加应力。

表3-1 具有初始力阻尼器的技术参数表

| 项　目 | 参数大小 |
|---|---|
| 初始阻尼力(kN) | 300～800 |
| 最大阻尼力(kN) | 2 500 |
| 最大冲程(mm) | ±500 |
| 速度指数 | 0.1 |
| 阻尼系数[kN/(m/s)$^{0.1}$] | 3 500 |

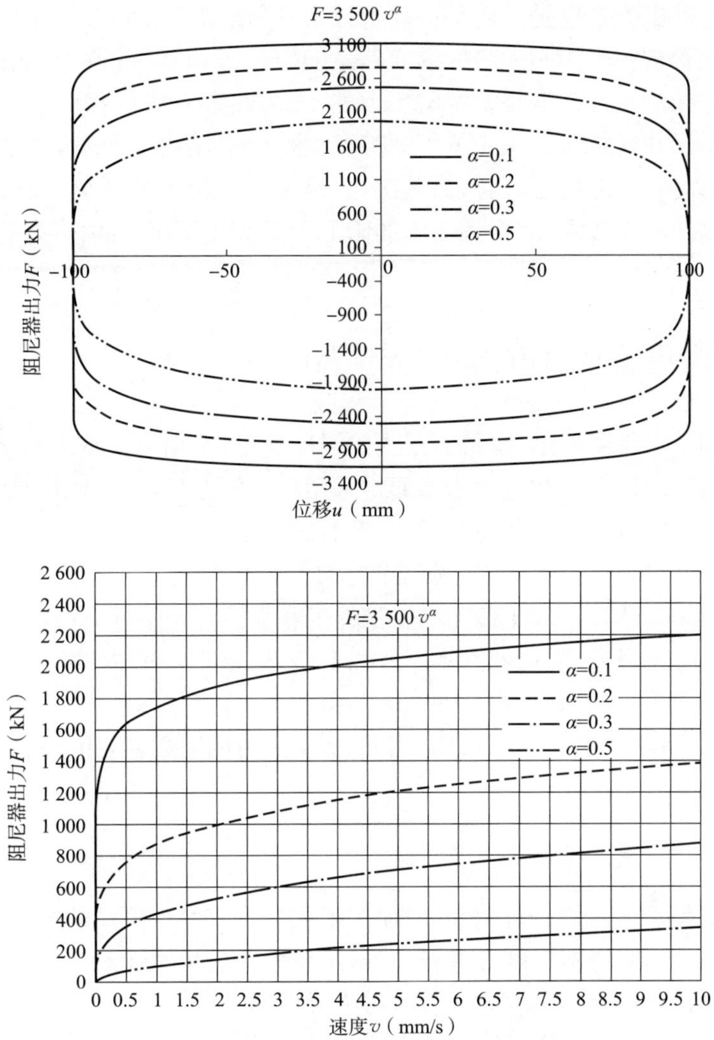


图 3-2 阻尼器滞回曲线及阻尼力-速度曲线

实际上，在 $2.1\times10^{-8}\sim3.9\times10^{-4}$ mm/s，或者 0.01 mm/s 如此低的速度下使液体黏滞阻尼器的出力达到 300～800 kN 或以上是不可能的。目前世界上阻尼器的生产工艺还未能达到如此高"灵敏度"的要求，首先是阻尼器内置液体本身具有压缩性，其次连接阻尼器与结构的连接件存在着加工、安装缝隙。相反的是，为了减小阻尼器对结构温度变形的影响和阻尼器自身的累积磨损，国内外相应规范《AASHTO LRFD Bridge Construction Specifications》（UNI EN 15129），我国交通运输行业标准《桥梁黏滞流体阻尼器》（JT/T 926）均规定阻尼器须进行慢速测试，在慢速测试下阻尼器出力不能大于 10％的额定阻尼力或者工程师要求更严格的值。那么，上述阻尼器要求初始力达到 300～800 kN 是远大于 250 kN——规范要求最大 10％的强制规定，如果有不同意见，应该做阻尼器的慢速测试。

### 3.2.2 摩擦力的影响讨论

当然，任何阻尼器实际本构关系，其受力的最初始阶段都会有摩擦力，阻尼器在最初启动工作低速(慢速)下的出力主要是其内部的动摩擦力、附加黏滞阻尼力。这种由装置内部构件之间的动摩擦力能否被用来控制大跨度纵飘体系的斜拉桥和悬索桥在车辆荷载、常遇风荷载作用下引起的低速振动呢? 答案是否定的。首先,液体黏滞阻尼器在低速下产生的摩擦力有限,也不允许有过大的摩擦力,一是为了不约束温度变化对结构的影响,二是为了减小阻尼器自身的磨损(摩擦力越大,磨损越厉害)。其次,大跨度的纵飘体系桥梁尤其是悬索桥,在日常车辆荷载作用下纵向振动非常大,摩擦力大的阻尼器无法经受频繁的作用,将大大缩短阻尼器的寿命。

## 3.3 铁路桥梁工程应用的阻尼器产品类型

桥梁结构特别是大跨度桥梁,本身有很大的温度变形,特别是夏季大跨度桥梁的温度变形高达几十厘米甚至一米以上。对这种变形通常采用释放的办法,而不能进行约束限制,从而避免桥梁产生很大的温度应力。因此,对于绝大多数的桥梁减震设计,在选用抗震抗风阻尼器时均必须考虑这一温度受力。当然,在最为理想的状态下,采用温度变形过程中基本不受力的液体黏滞阻尼器是最好的选择。对于普通内置液体的黏滞液体阻尼器,在温度变形速度很低时,桥体温度应力可以完全释放,阻尼器基本不受力。当然,阻尼器的内摩擦和必要的密封装置,也会使阻尼器产生很小的初始应力。

在以往的工程案例中,出于不同目的生产的有初始力的阻尼器,用于桥梁上时都将温度变形有效地释放出来。

### 3.3.1 带熔断阻尼器

根据不同的工程要求,设计工作者有时期望阻尼器具有两个阶段的特性:对于风、温度、刹车、小地震等常规荷载,阻尼器像刚性连杆一样,不发生两端相对运动。对于大风和大地震,超过一定动力荷载时,阻尼器则开始相对运动,并消耗振动能量。

熔断阻尼器可以很好地实现上述期望。这种阻尼器比一般的液体黏滞阻尼器多一个金属熔断装置,起到控制开关的作用。在美国旧金山附近的 Richmond San Rafael 大桥(图 3-3)上,泰勒公司提供了设计值为 2 270 kN 的熔断阻尼器装置,装置上设计了在承受 1 250 kN 力时断裂的金属保险片。如果阻尼器受到风荷载、刹车荷载或者小的地震荷载,受力低于 1 250 kN 时,金属片限制了阻尼器两端的相对运动;如果地震导致阻尼器承受 1 250 kN 甚至更大的荷载时,金属保险片断裂,大桥将依靠 2 270 kN 的阻尼器进行耗能工作。保险片断裂以后,只要简单地更换保险片,阻尼器仍可继续使用。金属熔断阻尼器的计算模型为:

$$F=\begin{cases}0\sim F_0 & F<F_0\\ Cv^{\alpha} & F\geqslant F_0\end{cases}\tag{3-2}$$

式中 $F_0$——金属熔断开关力。

当然,这种阻尼器在工作的第一阶段金属熔断片限制了阻尼器的相对位移。桥梁也就限制了风和刹车荷载下的位移,进而限制了温度变化下的相对位移。要想在温度变化大的桥梁上使用,可以在桥梁的另一端使用普通阻尼器,放开可能的温度变形。Richmond San Rafael 大桥采用了这一设计想法。

图 3-3 加州里奇蒙德大桥熔断阻尼器

可见，Richmond San Rafael 大桥设计人员采用的办法是，在设计时一侧阻尼器设置初始力，另一端采用普通阻尼器进行温度释放，并兼顾有抗震需求的情况。

### 3.3.2 带熔断锁定装置

韩家沱铁路斜拉桥减震系统采用制动荷载和地震荷载分别考虑的办法。设计的特点是采用技术更为成熟的锁定装置控制制动荷载，同时当出现大风、制动和小震工况下，锁定装置可以将全桥锁定，在设计中将制动位移控制在±10 mm 以内。从以往的工程经验来看(如台湾高铁)，这种锁定装置控制制动荷载的效果较好。

此外，在普通锁定装置的基础上加设新型的熔断装置，该装置为力控，在超过规定的出力时装置断开，装置的功能类似保险丝的熔断，在装置断开后，结构的保护全部由并列使用的 4 个常规阻尼器承担。地震后 4 个锁定装置可以更换熔断片，恢复使用功能，即在普通锁定装置(1 750 kN/±300 mm)基础上串联施加熔断片，熔断片和阻尼器缸体要有±300 mm 的间隙，这一新型带熔断锁定装置要允许在温度荷载下自由运动。当设计或罕遇震发生时，该装置在超过锁定装置最大力时，也就是超过设定的地震力时，熔断片率先断开，结构的保护全部由并列使用的 4 个常规阻尼器(2 500 kN/±300 mm)承担。锁定装置的熔断开关在正常铁路运行和制动中的一定受力下，熔断器连接，正常工作。此时另一套阻尼器也起作用，但影响很小。只有当较大地震发生时，熔断开关开启，断开锁定装置的连接，全部桥梁的振动由大型抗震阻尼器承担。考虑到铁路桥梁的特殊性，这种改进后并用阻尼器的思路能很好地解决车辆制动荷载在桥梁动力荷载中和地震区地震荷载的双重控制问题。图 3-4 为韩家沱设计的带熔断阻尼器。

### 3.3.3 带限位阻尼器

带限位阻尼器(Limited Displacement Damper)的概念设计源于我国苏通大桥的设计理念(2004 年)，由中交公路设计公司和同济大学首次提出带限位阻尼器的概念。

考虑到苏通长江大桥桥位风速大、风况复杂、抗震要求高，为了防止预想不到的静力荷载、特大风和地震可能给桥梁带来的超量位移，需要加设限位装置。大桥设计者为了减少需要维护管理的装置，设计了一种创新的带限位的阻尼器。在常规阻尼器的基础上，在阻尼器运动的双方向上，加设限位装置。当该阻尼器最大相对位移超过±750 mm 时，阻尼器进入两端限位阶段。限位由非线性合成弹性单元(用弹簧表示)实现。限位可达最大附加位移±100 mm，限位力可达 10 000 kN。限位阻尼器的计算公式应为：

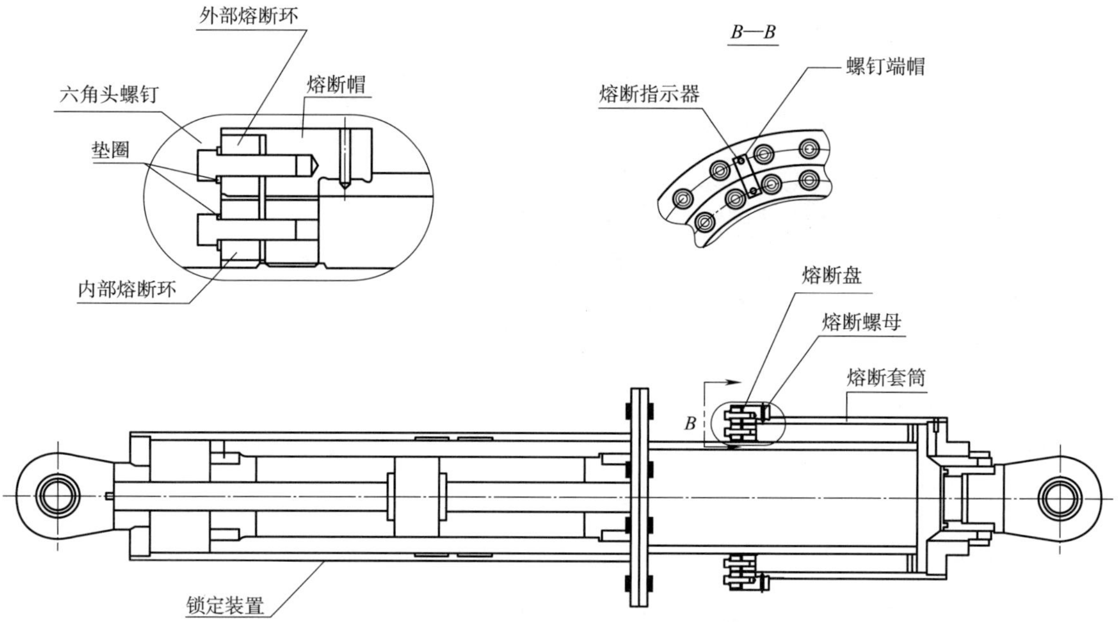


图 3-4 韩家沱设计的带熔断阻尼器

$$F=\begin{cases} C v^{\alpha} & D \leqslant D_{max} \\ 0 \rightarrow F_{lim} & D > D_{max} \end{cases} \tag{3-3}$$

式中 $F_{lim}$——最大限位力；

$D_{max}$——阻尼器开始限位前的最大位移。

理想带限位的阻尼器出力一位移的关系曲线以及概念设计图如图 3-5、图 3-6 所示。

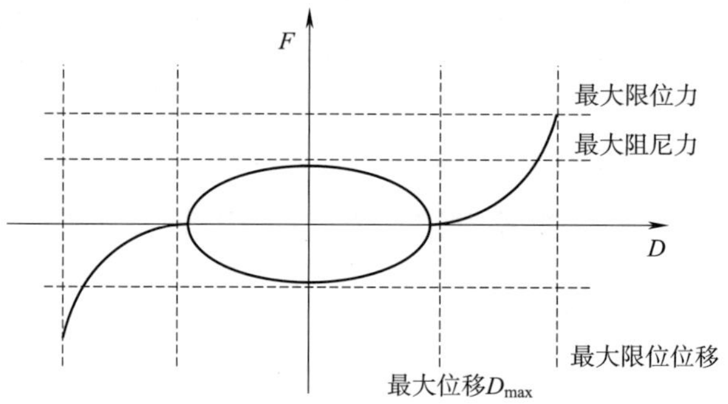


图 3-5 带限位阻尼器阻尼器出力一位移的关系曲线

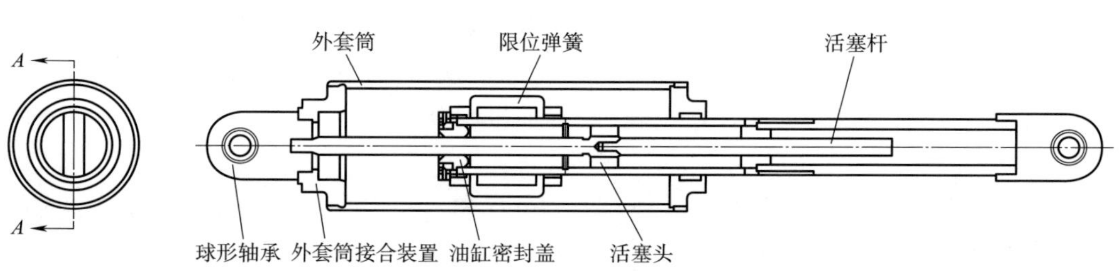


图 3-6 泰勒带限位阻尼器阻尼器的概念设计

苏通大桥最终设计的阻尼器参数见表 3-2。

**表 3-2 苏通大桥阻尼器的具体参数**

| 分　类 | 名　称 | 数　值 |
|---|---|---|
| 动力阻尼参数 | 阻尼力与速度函数 | $F=Cv^{\alpha}$ |
| | 速度指数 $\alpha$ | 0.4 |
| | 阻尼系数 $C[\mathrm{kN/(m/s)^{0.4}}]$ | 3 750 |
| | 最大反应速度(m/s) | 0.58 |
| | 阻尼力(kN) | 3 025 |
| | 最大冲程(mm) | ±750 |
| | 温度范围 | −25～50℃ |
| 静力限位参数 | 额定限位行程(mm) | ±100 |
| | 静力限位力(kN) | 10 000 |

不仅苏通大桥，其后的很多桥梁的设计者都赞成这一设计理念和做法。当然，要实现这一想法并不简单，从设计讨论，阻尼器的概念设计、投标、制作到验收，克服了一个又一个困难，历时两年，终于生产出合格的世界首创带限位的特大阻尼器。

显然，这是考虑温度变形的基础上增加限位，也就是说它不是初始力，而是后加受力。

### 3.3.4 金属密封无摩擦阻尼器

金属密封无摩擦阻尼器 FHD(Frictionless Hermetic Damper)是一种具有独特性能的减震产品，是美国泰勒公司的一种专利产品，自从 20 世纪 80 年代开始就一直用于外太空设备装置中，并独家为美国航天局 NASA 以及相关的宇航机构供货。FHD 阻尼器的出现解决了多年困扰美国航天局及军方的难题——如何在太空中应用各种内置油液设备。图 3-7 为卫星中采用的 FHD 阻尼器。

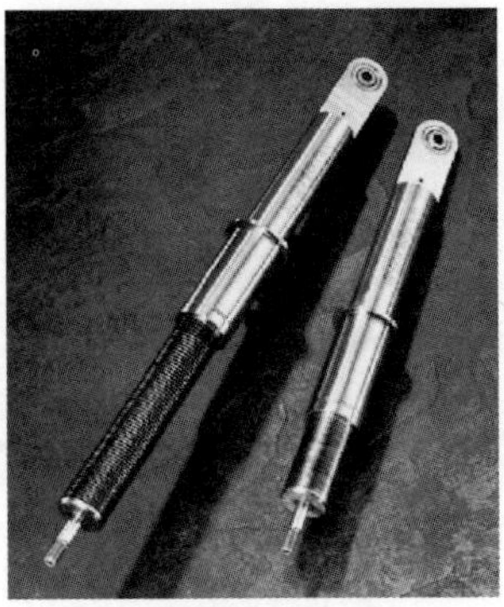

图 3-7 卫星中采用的 FHD 阻尼器

金属密封无摩擦阻尼器 FHD 区别其他普通抗震阻尼器的特性表现在，阻尼器相对运动过程中几乎没有摩擦力产生。由于金属波纹管密封件的采用，金属密封阻尼器可以提供更大的功率，产生的热量随时平衡消散，可以承受更高的内部温度而不破坏，阻尼器的耐久性、稳定性大幅提高。这类阻尼器可以用于振动幅度很大、频率较高的外界环境下。在土木工程领域已有部分项目采用这类阻尼器，如伦敦千禧桥、芝加哥凯越酒店 TMD 系统等。在这类阻尼器应用过程中，我们也发现对于普通阻尼器有些情况并不适用，而应采用可以提供更高功率的金属阻尼器。

1. 传统液体黏滞阻尼器应用界限

目前大量在土木工程领域上应有的抗震、抗风及设备用阻尼器均属于传统的油阻尼器，由于在长时间内这些阻尼器位移量很小或基本静止，从而决定传统阻尼器有一定的应用界限，它们的特点是：

(1)传统阻尼器在启动及运动过程中内部存在大量的摩擦过程，并且大多来自阻尼器的密封装置中。内部摩擦的存在实质上大大减少了阻尼器的工作寿命，降低了阻尼器耗能效率。为限制这种摩擦力，在多数阻尼器技术规程规范中均提出：在慢速位移/运动下阻尼器出力要小于额定阻尼力的10%。

(2)存在滞后现象，由于普通阻尼器普遍采用黏弹性材料，导致在阻尼器启动时出力不能与外界输入同步，这样带来的问题是不能抑制较小外部扰动位移，如斜拉索阻尼器大多要求可以限制拉索微幅振动(如0.2 mm)，而实际上大多数阻尼器不能满足这项要求。

(3)令人困扰的漏油问题：此处指的仅是由于密封件自身的物理特性引起问题，而排除了大量人为因素、粗制滥造、设计技术因素等原因。实际上，抗震用传统密封装置在常年使用后这个问题无法避免。

(4)无法满足长期服役的高周次循环要求。设计使用的寿命小于或远远小于所服役结构的设计使用年限：大多数建筑结构设计使用年限为50年，大多数桥梁结构及少数重要建筑结构设计使用年限为100年。在这种情况下如果阻尼器的振动频率较高，特别是当阻尼器安置在长期处于振动状态下时，阻尼器往复循环的次数一般多达几百万次甚至更多，可见这是任何普通阻尼器无法做到的。

(5)在相对高振幅、高频作用等要求较高功率的工作条件下，普通阻尼器会因为内部密封温度过高而失效。当然对于普通抗震阻尼器不存在上述情况，而对于应用于调谐质量阻尼器(TMD)系统、振动频繁需要承受高刹车荷载的铁路桥梁中时，普通阻尼器显然不适合采用。

(6)液体黏滞阻尼器作为一种能量吸收装置，在同样尺寸、技术参数的情况下，按照内部构造不同，在相同时间内所能消耗的能量(即功率)有较大差别。如果设金属密封阻尼器所消耗的能量为$M$，则双出杆型阻尼器的能量消耗为$0.5M$，具有补偿器的单出杆型(Damper with an Accumulator)阻尼器为$0.7M$，而D系列阻尼器(泰勒公司生产的一种内部构造更为简单的小型线型阻尼器)仅为$0.3M$。可见金属密封阻尼器在同样的时间内消耗能量更大；在实际应用中设计人应对这个区别给予重视。

2. FHD阻尼器的构造

FHD阻尼器的基本构造与普通阻尼器类似，均包括油缸、通长活塞杆、带小孔活塞头、阻尼器两端的端部盖板等部件，此外，为了配合使用金属波纹管密封件，对局部几个部位进行了改进：

(1)如图3-8所示，在阻尼器活塞杆两端增设金属波纹管状密封件(Metal Bellows Seal)，显然，这是FHD阻尼器内部最为关键的环节。

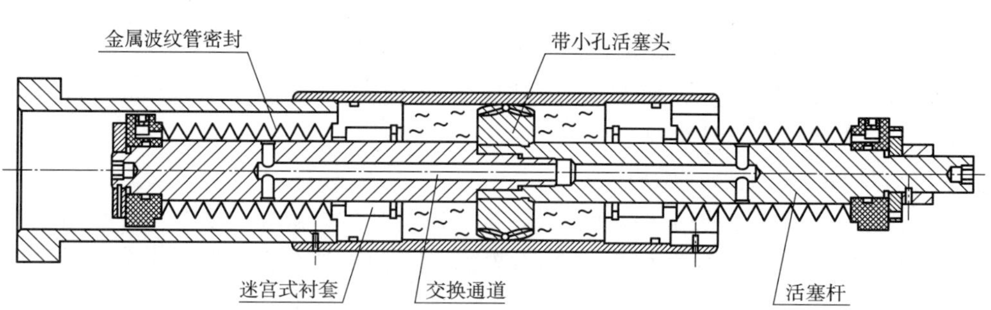


图3-8 金属密封无摩擦阻尼器构造简图

(2)对活塞杆进行改进，增加了交换通道(Cross Overport)：其作用是当通过交换通道调节由于内部液体的体积变化；是当一侧波纹管伸长或压缩时，引导内部介质流出或流入另外一侧。

(3)迷宫式衬套(Labyrinth Bushings)：设置在两端盖板中，从而隔断限制由于活塞头运动时所产生的压强传入波纹管密封件。在衬套与活塞杆之间存在极为细小的缝隙，形成了一层极为细薄的油膜，使金属波纹管腔内油体与主油腔形成回路。由于压力衬套的采用，确保活塞杆的无摩擦接触，保证了FHD阻尼器的无摩擦特性。

3. 金属波纹管密封件

FHD阻尼器与传统阻尼器最大的区别在于密封件的处理。传统阻尼器的密封装置分为静态密封以及动态密封两类，静态密封用于油腔端部等部位，动态密封用于与活动的活塞杆接触面上；静态密封一般采用橡胶O形密封圈，动态密封多采用高强度的高分子聚合物，可以采用的材料包括聚四氟乙烯、稳定的聚酰胺以及乙酰基树脂类材料。

由于传统阻尼器的密封件性能决定了它在使用中的一些特点，例如：由于动态密封件紧紧地环箍在活塞杆上，从而无法避免产生摩擦；此外，在活塞杆开始运动时，由于密封件的弹性变形产生的粘滑运动(Stick-slip Motion)使阻尼器很难处理一些微米级的扰动，在长时间运动后造成的密封件耐久性降低。

泰勒公司很好地借鉴了应用于气态密封的金属波纹管密封技术，并成功应用到液体阻尼器上。图3-8所示的FHD阻尼器典型构造图，其中金属波纹管密封件由若干不锈钢金属碟片组成，每片厚度不到0.1 mm，并采用精密激光熔接组成波纹管形状结构，对于双出杆结构，通常采用两幅波纹管密封件，分别布置在阻尼器油腔两侧。

为了保证零泄漏，波纹管在加工组装后需要进行冲氦气检查——将其放置在真空的容器内，并在内部充满氦气，通过质谱计对是否产生甚至是氦气分子级别的泄漏进行查找。从构造来看，阻尼器活塞杆在往复运动过程中，两侧金属波纹管进行均匀的弹性变形，没有摩擦过程产生。NASA的测试结果也表明：由于使用了无摩擦的密封件，FHD阻尼器在运动过程中所测到的摩擦力接近于零。

### 3.3.5 加设自由微动黏滞阻尼器

加设自由微动黏滞阻尼器能释放装置两端所产生的较小位移，并且活塞杆与密封系统不产生相对位移，而只有当较大振幅运动时才提供阻尼。一般可将普通阻尼器的延长部件替换为小位移释放部件，来达到预期效果。图3-9为加设自由微动黏滞阻尼器装置示意图及测试曲线。

## 3.4 天兴洲MR与黏滞阻尼器混合控制

对于一些跨度较小的桥梁宜选择介于黏滞阻尼器和锁定装置之间的一种设备，这种装置的阻尼系数较大，耗能能力强，对速度十分敏感，对刹车荷载和地震荷载均有较为明显的控制效果。这种装置在台湾高速铁路项目中得到应用。该项目从设计上要求装置能同时考虑控制高频率的刹车和部分地震耗能的双重目的，其关键是要选择一个合适的控制点和渗出时间。对于跨度较大的斜拉桥和悬索桥，建议尝试锁定装置和黏滞阻尼器的联合控制方法，将列车运行荷载和地震荷载分开控制，这种利用两套并联装置控制两种振动的思路已在国内刚投入使

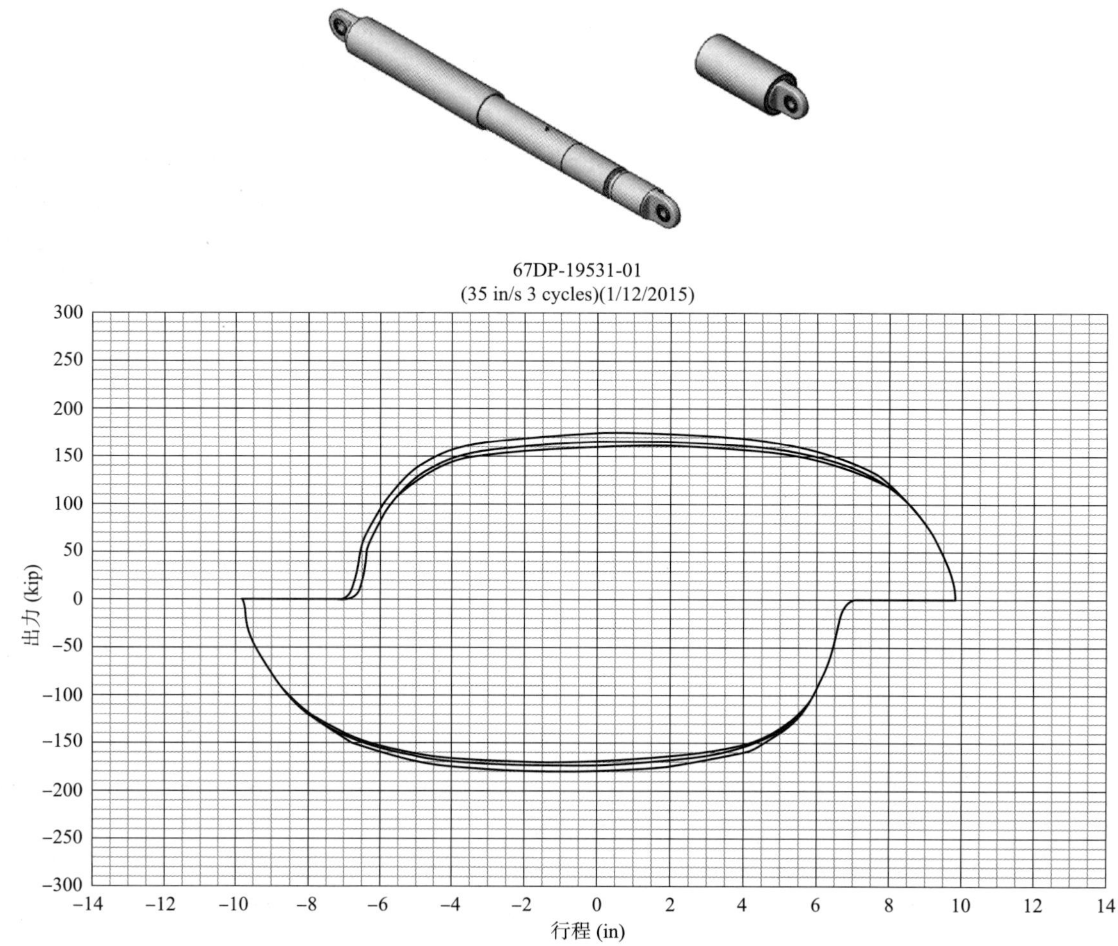


图 3-9 加设自由微动黏滞阻尼器装置示意图及测试曲线

用的天兴洲公铁两用大桥中使用——将控制刹车的磁流变阻尼器和控制地震的阻尼器简单并联使用。此外,研究人员提出了一种特殊的带熔断锁定装置,其对控制车辆运行荷载有更好的振控效果,根据锁定装置两端的相对速度大小启动,将其连接两端相对位移锁定,改变桥梁的传力路径。而在强烈地震工况下,它可以自动将其保险丝脱落,使锁定装置退出工作,以免破坏。与此同时,黏滞阻尼器正式启动进行耗能工作。地震过后,锁定装置只需简单更换保险丝,就可使桥梁继续使用,震后更换构件所需造价低。对于一些大中型桥梁,均可以根据计算分析结果,结合经济造价和控制效果综合判断。

武汉天兴洲公铁两用长江大桥主桥是一座公铁两用大跨度斜拉桥,主跨 504 m,是目前世界上跨度最大的公铁两用斜拉桥。由于主梁纵向较大的振动位移和桥塔根部较大的纵向弯矩,天兴洲大桥在桥塔和主梁之间沿纵向设置液体黏滞阻尼器,其对抑制主梁和桥塔的纵向地震响应是有效的,但由于列车制动引起的主梁纵向振动速度较小,采用液体黏滞阻尼器对抑制主梁和桥塔的纵向列车制动响应效果较差。为有效抑制主梁纵向列车制动响应,天兴洲大桥采用了 MR 阻尼器+液体黏滞阻尼器混合控制方案来抑制天兴洲大桥主桥纵向地震、列车制动及行车移动荷载作用下的振动响应。当地震发生时,大桥主梁纵向振动响应主要由液体黏滞阻尼器进行抑制，当列车制动时，则主要有 MR 阻尼器进行抑制。

MR 阻尼器即基于磁流变液(Magnetorheological Fluid，MRF)制造的智能磁流变(MR)阻尼器，磁流变液是一种新型智能材料，在无磁场作用下其表现为流动良好的液体状态，而在外加磁场作用下其表观黏度可在毫秒级时间内增加两个数量级以上，呈现类似固体的力学性质。MR 阻尼器具有能耗小、出力大、结构简单、易于控制等优点，被认为是振动控制领域新一代理想高性能耗能减震装置。

天兴洲大桥阻尼器布置如图 3-10 所示，在每个桥梁和主梁连接处设置 12 个阻尼器，其中 6 个 MR 阻尼器和 6 个液体黏滞阻尼器，两个桥塔共设置 24 个阻尼器；每个液体黏滞阻尼器最大阻尼力为 2 000 kN，每个 MR 阻尼器的名义最大阻尼力为 400 kN。MR 阻尼器或液体黏滞阻尼器设置在主梁与桥塔下横梁之间，一端与桥塔相连，另一端与主梁相连，并沿纵向布置。

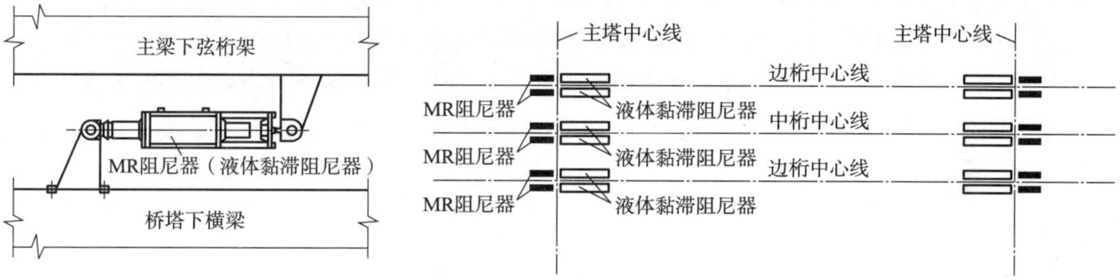


图 3-10　天兴洲大桥混合控制阻尼器布置示意

经分析，天兴洲大桥因列车制动和行车移动荷载所引起的主梁纵向最大振动位移响应由控制前的 149.2 mm 下降到控制后的 28.7 mm，控制效果明显优于液体黏滞阻尼器的控制效果，且保证了天兴洲大桥正常运行和安全。

## 3.5 黏滞阻尼器和摩擦摆配合使用

采用减隔震控制技术是解决铁路桥梁抗震设计的有效途径，减隔震技术是通过采用减隔震装置来减少传递到上部结构的地震作用和能量。当前连续梁桥梁采用减隔震设计主要体现在上部结构与下部结构的联系上，集中在支座的设计及减震耗能装置的施加，常用的减隔震支座主要集中在三款产品——橡胶支座、钢阻尼支座、摩擦摆支座，常用且高效的附加减震耗能装置为液体黏滞阻尼器。

### 3.5.1 摩擦摆减隔震支座

橡胶支座中具有较好减隔震性能的铅芯橡胶减震支座已在数百座桥梁上得到了应用，但其竖向承载能力有限，耐久性差、稳定性差等问题不能满足高速铁路桥梁建设的要求；钢阻尼支座虽能较常用减、隔震装置具有承载能力大，但其耐久性及稳定性方面依然存在着不足，同时震后不能自复位的缺点也限制了其应用的范围；摩擦摆支座具有承载能力高、稳定性良好、复位功能和抗平扭能力强等特点，已在国外桥梁的抗震设计及抗震加固中得到了广泛的应用。

典型的摩擦摆隔震支座由两部分组成：滑块和一个经过处理的球形滑动凹面，这个凹面和滑块的表面具有相同的半径,以使两者能较好地吻合且在竖向荷载作用下具有较为均匀的压力。摩擦摆隔震支座是根据单摆的原理研发用于桥梁工程、建筑工程的隔震支座。在地震反应中,上部结构发生摆动时,当地震力超过静摩擦力时,摩擦摆隔震支座开始滑移上升,通过有限的摩擦阻尼消耗地震能量,从而达到减震效果。另外根据单摆的工作原理可知,摩擦摆隔震支座按固定的周期沿凹面滑动,调整桥梁结构系统的自振周期来降低桥梁结构地震响应达到隔震的效果,摩擦摆振动周期按式(3-4)计算。此外,其特有的圆弧滑动面具有自动复位功能,可以有效地限制隔震支座的位移,使其震后恢复原位。

$$T=2\pi\sqrt{\frac{R}{g}} \tag{3-4}$$

摩擦摆隔震支座恢复力模型示意如图 3-11 所示,$\mu$ 表示速度为 0 时的摩擦因数;$f$ 为隔震支座发生滑动时的最小水平荷载,即静摩擦力;$K_1$ 为滑移前刚度,理论上,该值应该为无穷大,可是实际中,虽然滑移没有发生,可是摆本身仍然有一定的变形,所以 $K_1$ 为一个极大值,近视地按 $K_1=f/x$ 计算;$x$ 为滑移位移,可由厂家提供。因支座摩擦系数较小,支座的摩擦力远小于重力恢复力,支座滑动时的刚度 $K$ 可近似得到,即 $K_2\approx P/R$。$K_{有效}$ 为支座的等价线弹性刚度。

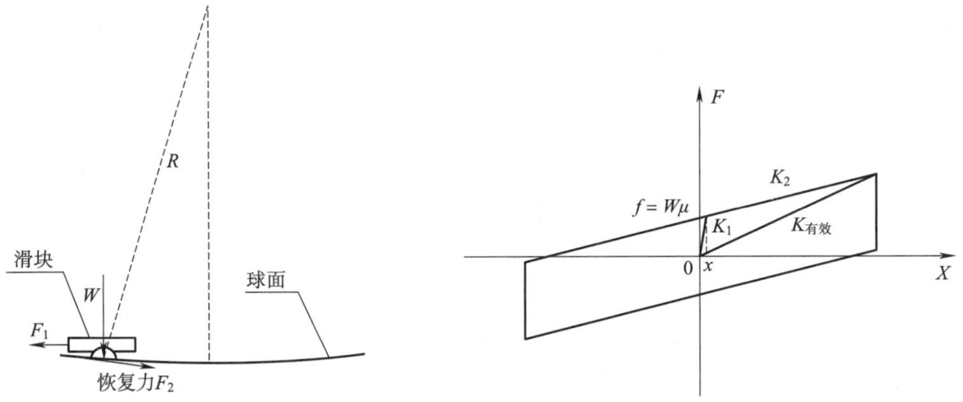


(a) 摩擦摆隔震力学模型示意图　　(b) 摩擦摆隔震支座恢复力模型

图 3-11　摩擦摆支座力学模型

### 3.5.2　分析方法探讨

摩擦摆支座在高速铁路桥梁上的减震应用仅靠支座的摩擦力很难抵抗列车牵引力及制动力的作用,需要在支座中增设抗剪螺栓(剪力键),以满足正常使用的要求。多遇地震作用频率相对较高,为尽可能地减少频发的小地震对高速铁路桥的影响,多遇地震发生后,结构在不经过人工干预的情况下不影响桥梁的正常运营,剪力键须有一定的抵抗多遇地震的能力。剪力键可以根据大于多遇地震的荷载作用进行设计。一旦地震荷载作用达到一定程度,为了防止固定墩发生破坏,剪力键必须剪断,此时,摩擦摆通过自身的滑动以牺牲上部结构的过大位移为代价进行减、隔震作用,上部过大的位移可能导致梁体的碰撞,引起落梁、伸缩缝或者桥台的损伤,此时必须要对上部结构的位移进行控制。以往的工程经验及实例分析表明,黏滞阻尼器可以对墩梁相对位移的控制起到较好的效果。

针对以上所述减隔震设计理念，鉴于对高速铁路桥梁抗震性能的要求较高，提高强震下高速铁路桥梁的抗震性能，给出的高速铁路桥梁基于摩擦摆支座的隔震及黏滞阻尼器减震的设计方法如下：

1. 多遇地震

多遇地震作用下，摩擦摆支座不发生摆动，通过设置的剪力键来抵抗上部结构所产生的水平惯性力，此时摩擦摆并没有发挥自身的隔震作用。剪力键的作用使得墩梁之间的相对速度较小，且黏滞阻尼器为速度相关型的减震保护装置，黏滞阻尼器此时只能起到有限的协同作用。

2. 设计地震

设计地震作用下，剪力键在较大的水平地震力作用下已被剪断，摩擦摆支座摆动发挥自身的减隔震的优势，阻尼器协同发挥减震作用，把上部结构的位移及控制截面的剪力和弯矩控制在合理的范围内，使得结构处于弹性状态。

3. 罕遇地震

罕遇地震作用下，摩擦摆隔震支座所牺牲的位移量严重超过了防落梁限位位移，同时，外激励注入结构的能量较多，摩擦摆支座的耗能能力有限，此时主要依靠液体黏滞阻尼器的减震耗能把结构控制在可修而不至于落梁倒塌的弹塑性阶段。

通过上述的减、隔震布置方式，可以在频发的多遇地震中实现桥梁“抗小震”，在设计地震作用下实现桥梁“控中震”，在罕遇地震作用下实现桥梁“减大震”的性能目标。所说的“抗小震、控中震、减大震”的性能目标，即为小震作用下，通过固定墩的强度来抵抗地震荷载的作用；设计地震作用下，通过摩擦摆支座隔震及阻尼器减震联合作用下把结构控制在合理的性能范围内；在罕遇地震作用下，以摩擦摆的隔震作用和阻尼器较强的减震耗能作用，把上部结构的位移减小在合理的范围内，防止结构发生严重的落梁破坏。

## 3.6 结　论

目前，广大铁路桥梁研究和设计人员对运用耗能减震技术提出了更高的要求，铁路桥用阻尼器功能性趋向于多样化和复杂化。一个良好的减震案例，往往是综合多方建议和意见的结果；同时一个好的减震方案也应具有良好的鲁棒性，铁路桥所采用的减震装置或减震系统应具有较高的耐久性和抗疲劳性，设计人员应对拟采用的减震装置理论和实际性能进行核实和确认，保证装置在安装就位后可正常运行并发挥实际功能。

# 第 二 篇

# 铁路桥梁用减震器的抗震设计及应用

# 4 社棠渭河特大桥减隔震设计

高烈度地震对铁路桥梁安全造成巨大隐患，且次生灾害将引起较大经济损失。铁路桥梁采用减隔震技术正成为发展趋势和主要抗震手段。宝兰铁路甘肃段所处地震带正进入活跃期，未来有发生较大规模地震的可能，对该段铁路进行减隔震技术处理是解决和减缓地震灾害的主要手段。双曲面抗震支座可以在更广泛的环境下承受更大的垂直荷载、允许更大的水平位移，并能在更长的时间内可靠稳定地工作。本书对宝兰铁路中主要的大跨度连续梁桥进行了减隔震技术分析，确定了阻尼器的技术参数；分析结果表明，通过设置黏滞阻尼器以及双曲面抗震支座可取得良好的抗震效果。在高烈度区大跨度桥梁中更有必要设置阻尼器进行抗震。

## 4.1 概　　述

宝兰铁路甘肃段历史地震活动强烈，截至 2009 年 3 月共记录破坏性地震 133 次，其中 8 级以上地震 4 次。自 2008 年汶川地震后进入活跃期，随后的玉树地震和芦山地震表明其活跃度一直不减，目前仍处于活跃期。该地震带仍可能在印度板块的推挤下继续向北方发展释放能量，进而发生未来的地震，宝兰铁路甘肃段正处在这一发展不远的前沿。

新建宝兰铁路客运专线是规划徐州至兰州客运专线的西段，是一条典型的山区客运专线铁路，全线总桥长 82%的桥梁位于 8 度地震区；地震动峰值加速度为 0.3$g$ 的桥梁长达 35.2 km；全线最大跨度的桥梁——天水社棠渭河特大桥位于地震烈度最高的区域，其主要桥型包括(80+2×128+80)m、(72+2×120+72)m 大跨连续梁结构。桥梁布置图如图 4-1、图 4-2 所示，以下将主要对(80+2×128+80)m 桥进行讨论，并给出相关结果。

## 4.2 模型的建立与阻尼器参数的选择

### 4.2.1 主桥抗震设防标准

根据《铁路工程抗震设计规范》(GB 50111—2006)(2009 年版)，其主桥的抗震设防标准应取 50 年的各超越概率下的峰值加速度作为抗震设防标准。

小震、中震、大震的设防标准见表 4-1。

**表 4-1　主桥抗震设防标准**

| 地震动水准 | 小震(多遇地震) | 中震(设计地震) | 大震(罕遇地震) |
| --- | --- | --- | --- |
| 50 年超越概率 | 63% | 10% | 2% |

对本桥在大震下进行地震分析，由《安全性评价工作报告》得知本桥工程场地地表处阻尼比 5%，水平向设计地震动峰值加速度及加速度反应谱参数见表 4-2。

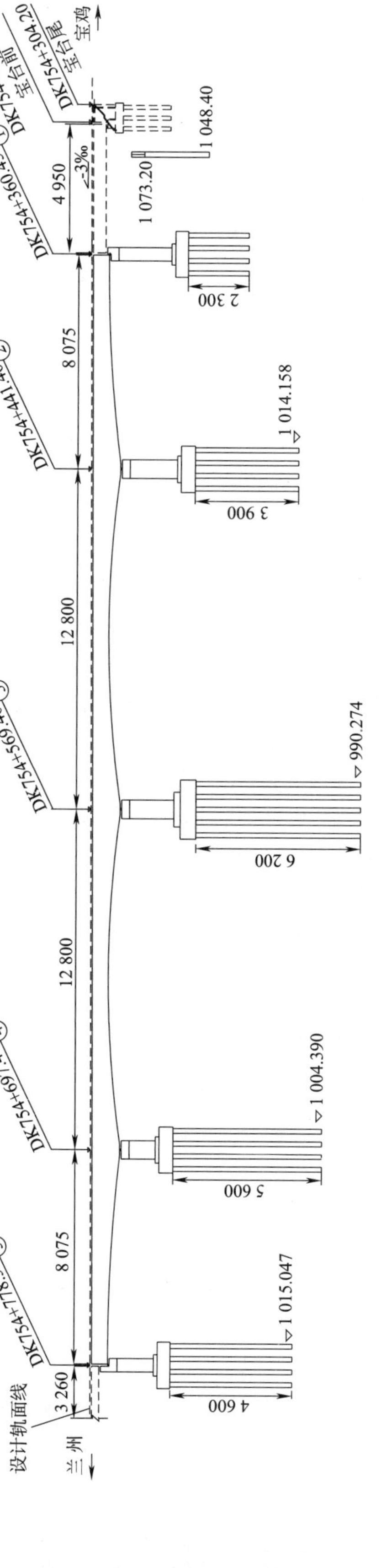


图 4-1 (80+2×128+80)m连续梁结构 (单位：cm)

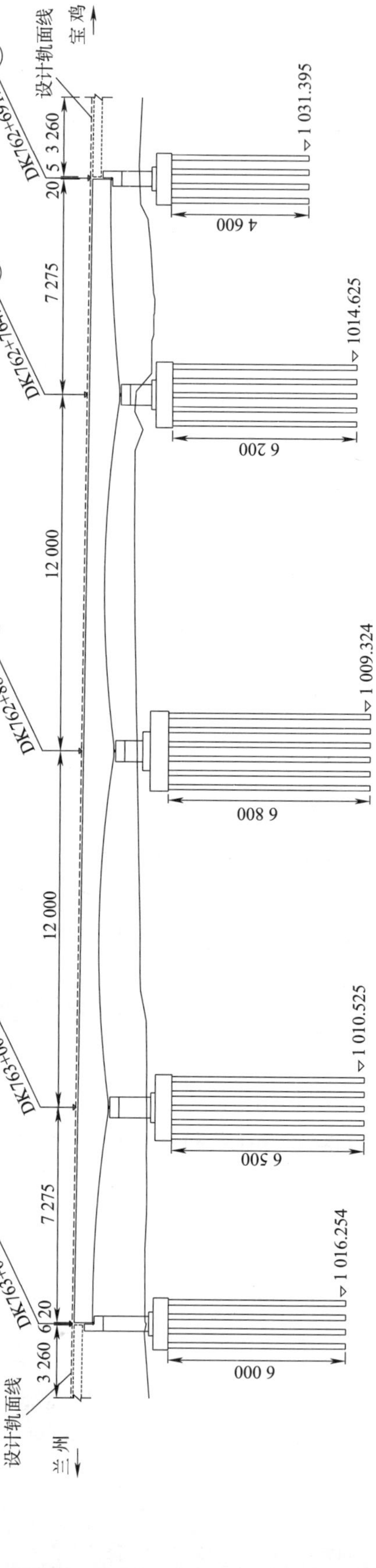


图 4-2 (72+2×120+72)m连续梁结构 (单位：cm)

表 4-2 地表水平向设计地震动参数值(阻尼比 5%)

| 超越概率 | 50 年 63% | 50 年 10% | 50 年 2% |
|---|---|---|---|
| $A_{max}$(Gal) | 107 | 320 | 600 |
| $b_m$ | 2.8 | 2.8 | 2.8 |
| $\alpha_m$ | 0.3 | 0.896 | 1.68 |
| $T_1$(s) | 0.1 | 0.1 | 0.1 |
| $T_2$(s) | 0.38 | 0.45 | 0.55 |
| $g$ | 0.9 | 0.9 | 0.9 |

### 4.2.2 有限元模型介绍

(80+2×128+80)m 桥的桥墩从右到左一次编号为 1 号～5 号墩，其中 3 号墩为固定墩，其他均为活动墩，详见如图 4-3 所示。

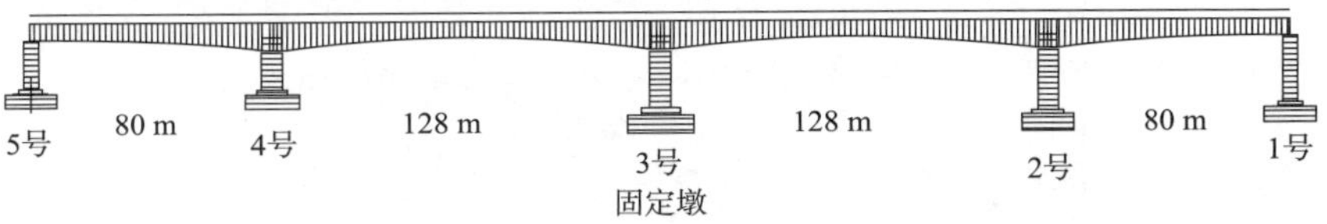


图 4-3 (80+2×128+80) m 桥型和桥墩分布

桥梁部采用 C55 混凝土，过渡墩采用 C40 混凝土，主墩、次主墩采用 C50 混凝土，承台采用 C30 混凝土，桩基采用 C35 混凝土。

### 4.2.3 边界条件介绍

相关文献研究表明，对于采用普通固定支座的桥梁，考虑支座摩擦后，将引起结构自振周期有所改变，某些情况下桥梁固定墩地震反应较不考虑支座摩擦时反而增大，说明不考虑支座摩擦并不是在任何情况下都偏于安全的。在分析中，对支座与梁底之间的纵、横向滑动摩擦进行了模拟，近似采用双线性理想弹塑性弹簧单元进行模拟，滑动摩擦系数根据《城市桥梁抗震设计规范》(CJJ 166—2011)规定取 0.02；活动支座屈服位移取 0.003 m。

固定支座考虑多遇地震和罕遇地震两种情况分别进行模拟：在多遇地震作用下，固定支座未被破坏，因此仍然按照固定支座来模拟。在罕遇地震下支座处剪力过大，固定支座发生破坏，此处按照滑动支座并按照前文中滑动支座进行模拟。

### 4.2.4 阻尼器参数选取

分析中采用 MIDAS 有限元程序建模，作为该结构附加阻尼消能减震设计的原始模型。结构振型分析表明，第一振型为主梁纵飘，周期 1.03 s；第二振型为主梁反对称弯曲变形，周期 0.95 s；第三振型和第四振型为主梁水平反对称扭转变形及主梁水平对称扭转变形。

阻尼器的安置方案考虑在 1 号、5 号墩顶处分别设置 2 个液体黏滞阻尼器，在 2～4 号墩顶处分别设置 4 个液体黏滞阻尼器，以确保大桥的正常使用及强震下的安全。

1. 阻尼系数的选定

按照黏滞阻尼力与速度的关系式，根据黏滞阻尼器阻尼系数 $C$、速度指数 $\alpha$ 选取的不同，阻尼器对结构的影响也不同。因此,需对结构引入阻尼器的情况进行结构响应分析,主要考虑对阻尼器参数 $C$、速度指数 $\alpha$ 进行参数敏感性分析,分析研究这些参数变化对结构响应的影响规律。

阻尼器的最终型号,如阻尼器的吨位和冲程,则需通过罕遇地震超越概率 2%下对纵向波进行计算分析来确定阻尼器的选取。在优化阻尼系数过程中,根据以往经验,暂时将速度指数设定为 0.4,在试算中通过在 2 号～4 号墩设置的阻尼器在采用不同阻尼系数下比对控制效果。

计算结果表明,随着阻尼系数增加,梁端位移的减震率增大,墩底剪力、墩底弯矩的减震率先增加后减少。图 4-4 显示,在阻尼系数为 3 000～5 000 $kN/(m/s)^{0.4}$时,墩底弯矩减震率增加缓慢在 4 000 $kN/(m/s)^{0.4}$之后,墩底剪力减震率增加缓慢。因此确定 2 号～4 号墩选用阻尼系数为 4 000 $kN/(m/s)^{0.4}$为宜。对 1 号、5 号墩不同阻尼系数进行计算,随着阻尼系数增加,梁端位移的减震率增大,墩底弯矩、墩底剪力的减震率也增大。

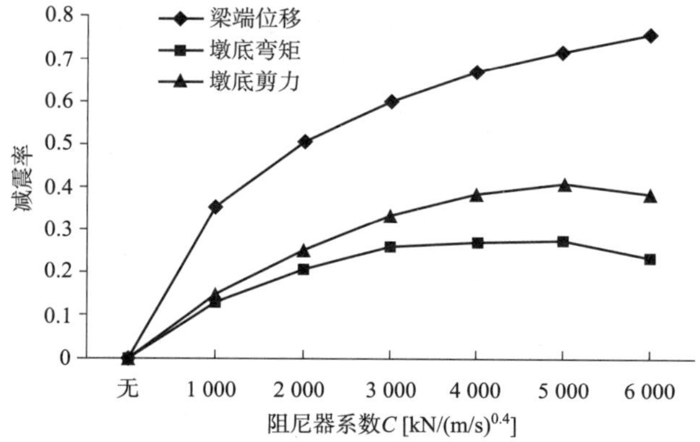


图 4-4　桥梁 3 号墩不同阻尼系数的减震率

从图 4-5 可以看出,在阻尼系数大于 1 500 $kN/(m/s)^{0.4}$时,1 号墩底弯矩减震率明显减缓,5 号墩底剪力减震率明显减缓。因此确定 1 号、5 号墩选用阻尼系数为 1 500 $kN/(m/s)^{0.4}$为宜。

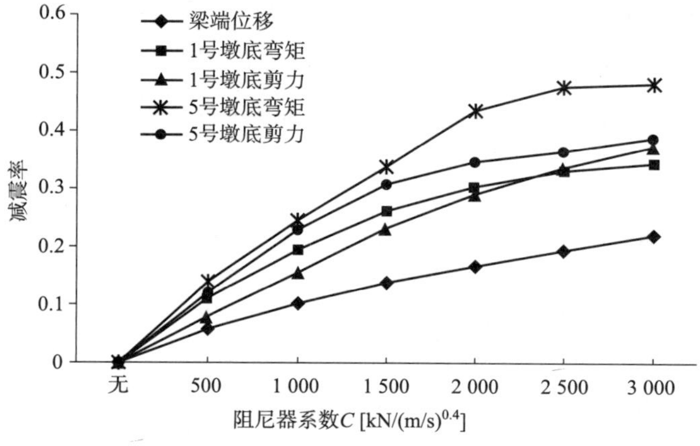


图 4-5　桥梁 1 号、5 号墩不同阻尼系数的减震率

2. 速度指数选定

通过上述分析，在优化阻尼器速度指数时，暂时设定 2 号～4 号墩阻尼器的阻尼系数为 4 000 kN/(m/s)$^{\alpha}$的阻尼器，速度指数从 0.3～1.0 进行分析。

由于篇幅所限，表中仅给出大震 50 年超越概率 2%下 st5022 波的计算结果，此处固定支座被剪断，表中分别给出梁端位移、3 号墩墩底弯矩以及墩底剪力随阻尼系数的变化情况。计算结果表明，随着速度指数的增加，梁端位移、墩底弯矩、墩底剪力的减震率逐渐减小。为便于分析，同时给出曲线图，如图 4-6 所示。

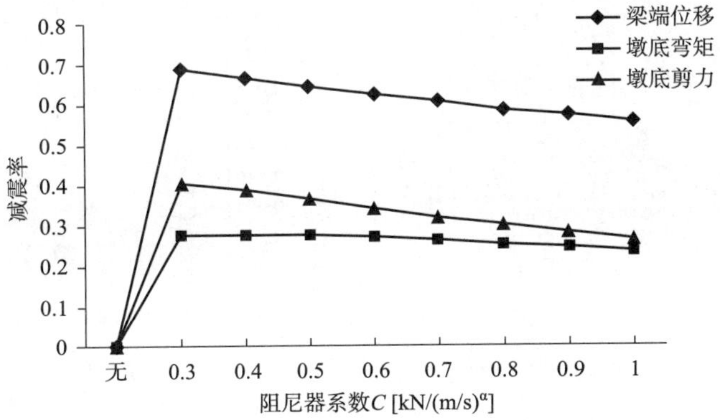


图 4-6 不同速度指数的减震率

由图 4-6 可知，随着速度指数的增加梁端位移、墩底剪力、墩底弯矩的减震率减小，速度指数在 0.3 时减震率最好，因此阻尼器的速度指数选取 0.3 为宜。

综合考虑以上分析，可考虑 2 号～4 号墩选用阻尼器参数为：阻尼系数 $C$=4 000 kN/(m/s)$^{0.3}$，速度指数为 0.3；1 号、5 号墩选用的阻尼器参数为：阻尼系数 $C$=1 500 kN/(m/s)$^{0.3}$，速度指数为 0.3。

## 4.3 减震效果分析

双曲面球型减隔震支座是一种抗震性能非常优异的装置，在分析中对阻尼器加普通支座及阻尼器加双曲面球型支座的减震效果进行了对比分析。由于双曲面支座的特点是在桥梁纵向和横向都可以起到减震作用，在下文中分别对纵向和横向结构在多遇地震和罕遇地震下反应情况进行对比分析。

### 4.3.1 纵桥向对比分析

1. 多遇地震作用分析

在下文中分别对纵向在 50 年 63%超越概率下结构的地震反应情况进行对比分析。图 4-7 为减震前后桥墩受力、梁端位移对比曲线图：

由表 4-3 可以看出在多遇地震下梁端位移阻尼器加双曲面球型支座比阻尼器加普通支座明显减少，墩底弯矩、墩底剪力均有明显减少，墩顶剪力整体减少，由此可见阻尼器加双曲面球型支座减少了桥墩受力，对桥墩受力有较好的控制效果。

2. 罕遇地震作用分析

表 4-4 为桥梁纵向罕遇地震下，阻尼器加普通支座与阻尼器加双曲面球型支座的减震效

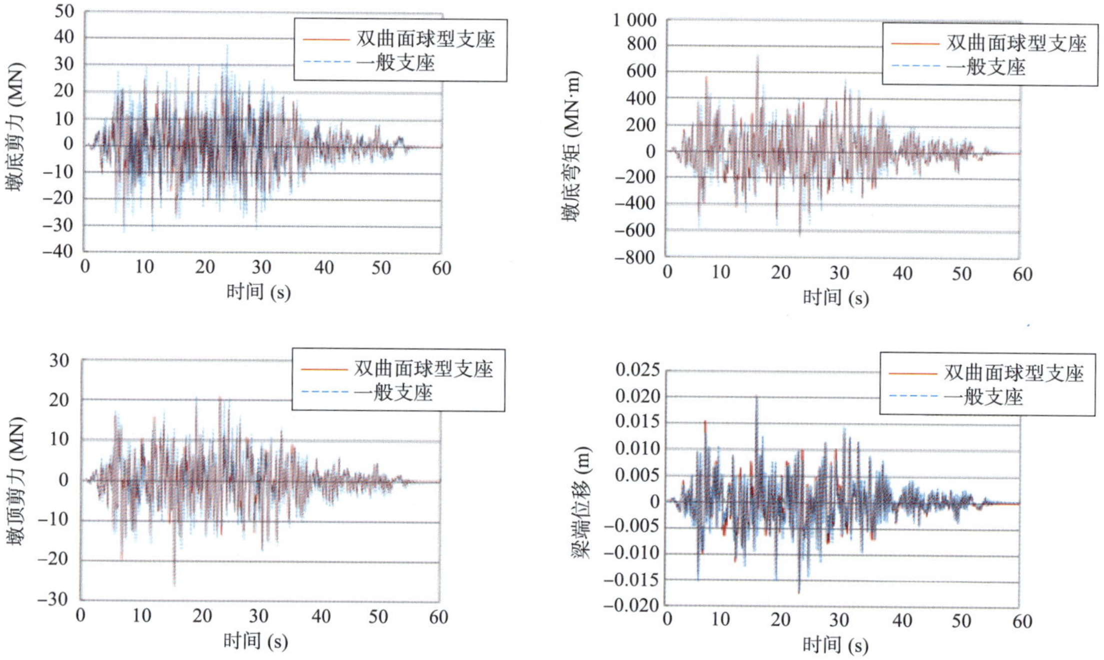


图 4-7 多遇地震下(80+2×128+80)m 连续梁 3 号墩受力、梁端位移对比时程曲线(纵桥向)

果的对比。由表 4-4 可以看出,阻尼器加双曲面球型支座配合下的梁端纵向位移,相对于阻尼器加普通支座的情况略有增加,而墩底弯矩、墩底剪力均有明显减少,墩顶剪力整体减少,由此可见阻尼器加双曲面球型支座减少了桥墩受力,对桥墩受力有较好的控制效果。图 4-8 为减震前后桥墩受力、梁端位移对比曲线图:

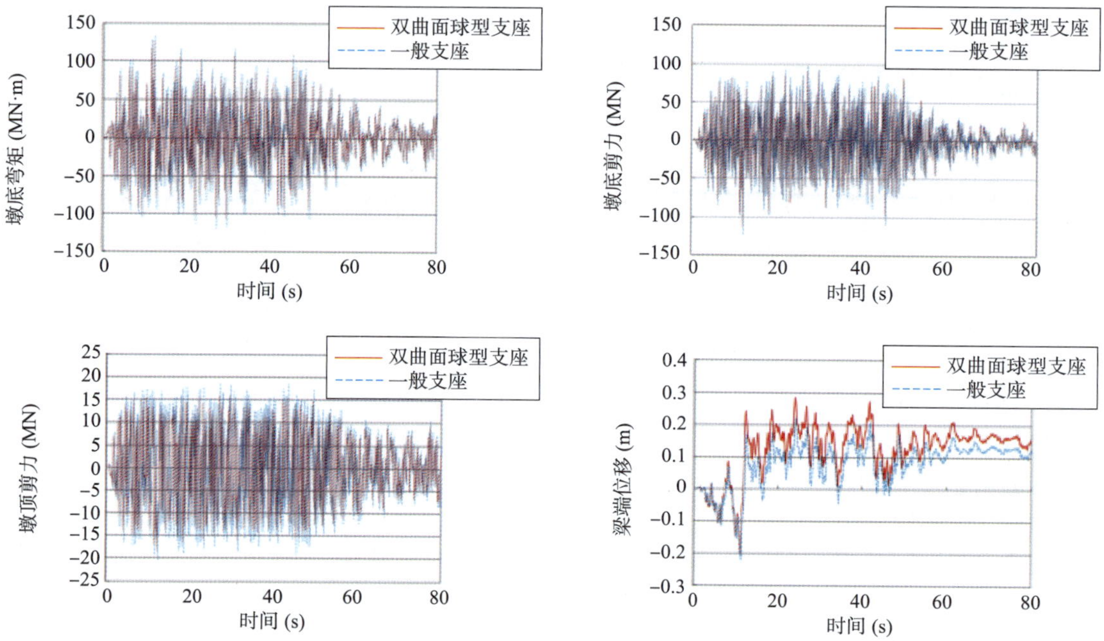


图 4-8 罕遇地震下(80+2×128+80)m 连续梁 3 号墩受力、梁端位移对比时程曲线(纵桥向)

表 4-3 多遇地震下(80+2×128+80)m 连续梁减震效果对比(纵桥向)

| 设计地震波号 | 梁端位移(cm) | | 桥墩受力 | | | | | | |
|---|---|---|---|---|---|---|---|---|---|
| | 阻尼器加普通支座 | 阻尼器加双曲面球型支座 | 墩号 | 墩顶剪力(kN) | | 墩底剪力(kN) | | 墩底弯矩(kN·m) | |
| | | | | 阻尼器加普通支座 | 阻尼器加双曲面球型支座 | 阻尼器加普通支座 | 阻尼器加双曲面球型支座 | 阻尼器加普通支座 | 阻尼器加双曲面球型支座 |
| st50631 | 3 | 2.0 | 1号 | 1 932 | 1 997 | 14 455 | 13 512 | 171 301 | 143 846 |
| | | | 2号 | 9 370 | 9 976 | 29 310 | 26 970 | 385 911 | 302 880 |
| | | | 3号 | 28 135 | 27 608 | 37 918 | 29 951 | 743 874 | 721 669 |
| | | | 4号 | 9 937 | 9 455 | 27 078 | 22 663 | 513 286 | 419 725 |
| | | | 5号 | 2 009 | 2 066 | 13 980 | 11 930 | 207 175 | 188 353 |
| st50632 | 2.8 | 1.7 | 1号 | 1 888 | 1 944 | 14 722 | 12 799 | 156 788 | 128 433 |
| | | | 2号 | 9 420 | 9 765 | 28 291 | 26 485 | 356 370 | 293 221 |
| | | | 3号 | 25 365 | 24 001 | 36 244 | 27 938 | 642 706 | 600 767 |
| | | | 4号 | 9 698 | 9 218 | 28 641 | 23 447 | 465 382 | 398 964 |
| | | | 5号 | 1 929 | 2 010 | 15 985 | 13 343 | 214 197 | 184 108 |
| st50633 | 3.3 | 2.0 | 1号 | 1 918 | 2 591 | 14 427 | 12 320 | 167 069 | 133 663 |
| | | | 2号 | 9 003 | 13 917 | 30 252 | 25 005 | 386 765 | 286 187 |
| | | | 3号 | 28 346 | 27 353 | 39 616 | 37 246 | 737 007 | 725 278 |
| | | | 4号 | 9 693 | 13 186 | 30 972 | 25 780 | 502 545 | 401 832 |
| | | | 5号 | 1 972 | 2 515 | 15 520 | 12 986 | 225 116 | 179 507 |

表 4-4 罕遇地震下减震效果对比(纵桥向)

| 设计地震波号 | 梁端位移(cm) | | 桥墩受力 | | | | | | |
|---|---|---|---|---|---|---|---|---|---|
| | 阻尼器加普通支座 | 阻尼器加双曲面球型支座 | 墩号 | 墩顶剪力(kN) | | 墩底剪力(kN) | | 墩底弯矩(kN·m) | |
| | | | | 阻尼器加普通支座 | 阻尼器加双曲面球型支座 | 阻尼器加普通支座 | 阻尼器加双曲面球型支座 | 阻尼器加普通支座 | 阻尼器加双曲面球型支座 |
| st5021 | 22.1 | 28.4 | 1号 | 3 212 | 3 066 | 27 858.87 | 21 950.3 | 417 082.41 | 353 640.07 |
| | | | 2号 | 17 395 | 15 552 | 50 033.54 | 38 374.84 | 757 809.77 | 662 221.28 |
| | | | 3号 | 17 618 | 16 225 | 49 522.58 | 39 392.2 | 720 863.73 | 629 390.48 |
| | | | 4号 | 16 480 | 16 393 | 36 058.12 | 29 733.67 | 348 110.72 | 307 620.56 |
| | | | 5号 | 3 359 | 3 374 | 22 569.22 | 17 679.26 | 243 733.73 | 194 225.8 |
| st5022 | 25.3 | 28.0 | 1号 | 3 143 | 2 893 | 31 573.48 | 25 807.67 | 460 233.31 | 373 661.66 |
| | | | 2号 | 16 644 | 14 761 | 46 724.62 | 41 134.14 | 722 809.33 | 623 305.56 |
| | | | 3号 | 17 005 | 15 187 | 53 317.09 | 45 245.08 | 785 334.35 | 637 573.75 |
| | | | 4号 | 16 027 | 15 288 | 37 449.17 | 31 996.34 | 355 129.72 | 305 287.71 |
| | | | 5号 | 3 185 | 3 161 | 28 252.61 | 21 597.78 | 299 183.34 | 232 851.98 |
| st5023 | 24.3 | 21.8 | 1号 | 3 096 | 2 830 | 31 194.52 | 24 790.17 | 406 158.83 | 355 317.43 |
| | | | 2号 | 16 770 | 14 670 | 45 983.19 | 41 280.1 | 713 878.68 | 621 100.52 |
| | | | 3号 | 16 980 | 15 020 | 47 979.74 | 42 272.35 | 688 501.85 | 595 208.69 |

续上表

| 设计地震波号 | 梁端位移(cm) | | 桥墩受力 | | | | | | |
|---|---|---|---|---|---|---|---|---|---|
| | 阻尼器加普通支座 | 阻尼器加双曲面球型支座 | 墩号 | 墩顶剪力(kN) | | 墩底剪力(kN) | | 墩底弯矩(kN·m) | |
| | | | | 阻尼器加普通支座 | 阻尼器加双曲面球型支座 | 阻尼器加普通支座 | 阻尼器加双曲面球型支座 | 阻尼器加普通支座 | 阻尼器加双曲面球型支座 |
| st5023 | 24.3 | 21.8 | 4 号 | 16 248 | 18 860 | 36 033.89 | 30 595.67 | 336 796.93 | 296 967.53 |
| | | | 5 号 | 3 224 | 3 463 | 23 714.72 | 18 619.62 | 305 437.03 | 197 385.78 |

### 4.3.2 横桥向地震波激励的对比

1. 多遇地震对比分析

表 4-5 所示为多遇地震下阻尼器加普通支座与阻尼器加双曲面球型支座的减震效果的对比。由表 4-5 可以看出在多遇地震下梁端位移阻尼器加双曲面球型支座比阻尼器加普通支座明显减少,墩底弯矩、墩底剪力均有明显减少,墩顶剪力整体减少,由此可见阻尼器加双曲面球型支座减少了桥墩受力,对桥墩受力有较好的控制效果。图 4-9 为减震前后桥墩受力、梁端位移对比曲线图。

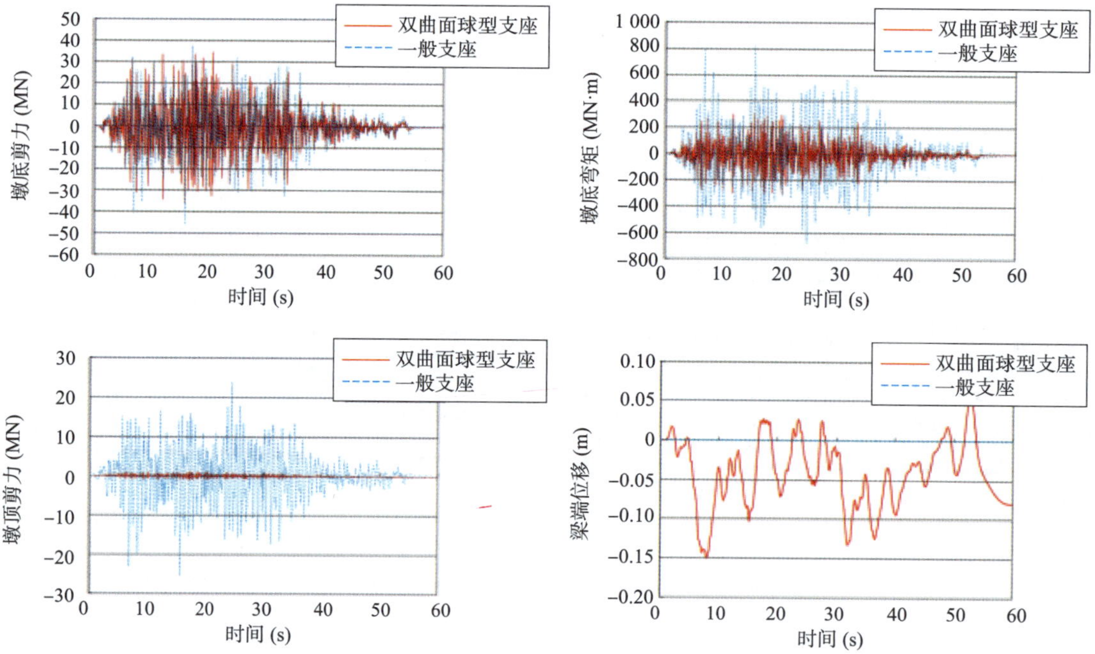


图 4-9 多遇地震下(80+2×128+80)m 连续梁 3 号墩受力、梁端位移对比时程曲线(横桥向)

2. 罕遇地震作用分析

表 4-6 所示为在桥梁横向罕遇地震下,阻尼器加普通支座与阻尼器加双曲面球型支座的减震效果的对比。

由表 4-6 可以看出桥梁横向位移阻尼器加双曲面球型支座桥梁横向位移较大,但墩底弯矩、墩底剪力、墩顶剪力均有很大的减少,由此可见阻尼器加双曲面球型支座减少了桥墩受力,对桥墩受力有较好的控制效果。图 4-10 为减震前后桥墩受力、梁端位移对比曲线图。

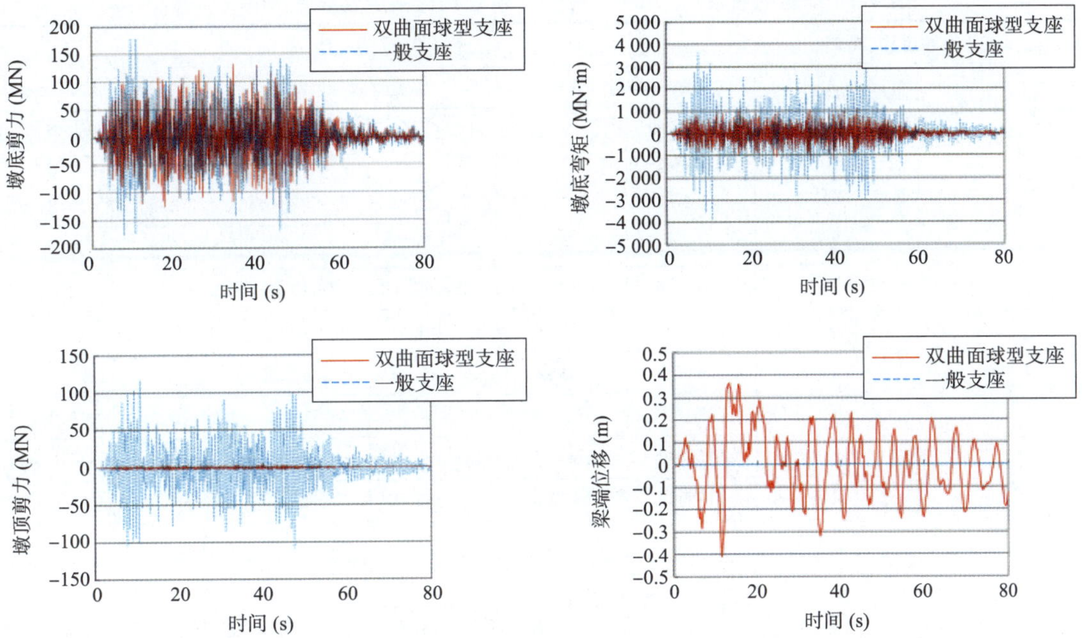


图 4-10 罕遇地震下(80+2×128+80)m 连续梁 3 号墩受力、梁端位移对比时程曲线(横桥向)

**表 4-5 多遇地震下(80+2×128+80)m 连续梁减震效果对比(横桥向)**

| 设计地震波号 | 梁上最大位移(cm) | | 桥墩受力 | | | | | | |
|---|---|---|---|---|---|---|---|---|---|
| | 阻尼器加普通支座 | 阻尼器加双曲面球型支座 | 墩号 | 墩顶剪力(kN) | | 墩底剪力(kN) | | 墩底弯矩(kN·m) | |
| | | | | 阻尼器加普通支座 | 阻尼器加双曲面球型支座 | 阻尼器加普通支座 | 阻尼器加双曲面球型支座 | 阻尼器加普通支座 | 阻尼器加双曲面球型支座 |
| st50631 | 0 | 16.2 | 1 号 | 12 990 | 741 | 22 089 | 14 482 | 380 331 | 125 140 |
| | | | 2 号 | 10 776 | 919 | 37 845 | 24 170 | 585 445 | 158 485 |
| | | | 3 号 | 25 132 | 1 098 | 46 017 | 35 553 | 820 475 | 309 870 |
| | | | 4 号 | 26 592 | 1 098 | 42 392 | 26 464 | 927 593 | 267 767 |
| | | | 5 号 | 28 295 | 799 | 23 963 | 17 777 | 430 668 | 198 504 |
| st50632 | 0 | 14.7 | 1 号 | 12 839 | 673 | 27 540 | 14 521 | 425 848 | 119 848 |
| | | | 2 号 | 10 955 | 878 | 39 196 | 22 585 | 616 830 | 144 854 |
| | | | 3 号 | 19 733 | 1 164 | 35 967 | 38 100 | 612 067 | 347 534 |
| | | | 4 号 | 27 036 | 1 038 | 40 990 | 26 995 | 821 013 | 269 707 |
| | | | 5 号 | 26 660 | 872 | 25 029 | 17 939 | 489 428 | 210 257 |
| st50633 | 0 | 14.9 | 1 号 | 12 448 | 759 | 22 421 | 14 635 | 334 723 | 122 957 |
| | | | 2 号 | 10 550 | 902 | 37 354 | 23 804 | 582 001 | 153 036 |
| | | | 3 号 | 25 570 | 1 078 | 40 251 | 36 470 | 775 217 | 321 396 |
| | | | 4 号 | 26 547 | 1 060 | 40 130 | 26 294 | 912 040 | 253 388 |
| | | | 5 号 | 30 970 | 783 | 22 697 | 17 789 | 456 320 | 203 011 |

表 4-6 罕遇地震下(80+2×128+80)m 连续梁减震效果对比(横桥向)

| 设计地震波号 | 梁上最大位移(cm) | | 桥墩受力 | | | | | | |
|---|---|---|---|---|---|---|---|---|---|
| | 阻尼器加普通支座 | 阻尼器加双曲面球型支座 | 墩号 | 墩顶剪力(kN) | | 墩底剪力(kN) | | 墩底弯矩(kN·m) | |
| | | | | 阻尼器加普通支座 | 阻尼器加双曲面球型支座 | 阻尼器加普通支座 | 阻尼器加双曲面球型支座 | 阻尼器加普通支座 | 阻尼器加双曲面球型支座 |
| st5021 | 0 | 45.6 | 1号 | 51 909 | 2 126 | 74 030.5 | 32 528.44 | 1 472 392.55 | 434 273.29 |
| | | | 2号 | 105 995 | 2 009 | 135 202.38 | 42 047.27 | 2 638 072.72 | 511 597.21 |
| | | | 3号 | 114 666 | 2 639 | 138 660.18 | 43 840.95 | 2 579 130.54 | 491 168.29 |
| | | | 4号 | 114 236 | 2 194 | 109 178.05 | 23 835.2 | 1 341 543.46 | 174 111.93 |
| | | | 5号 | 52 609 | 2 339 | 59 011.18 | 21 832.87 | 925 982.3 | 209 229.3 |
| st5022 | 0 | 73.8 | 1号 | 50 132 | 10 255 | 69 347.91 | 34 919.65 | 1 320 230.75 | 415 949.51 |
| | | | 2号 | 115 243 | 15 711 | 156 697.39 | 43 001.82 | 3 039 908.1 | 515 674.79 |
| | | | 3号 | 111 504 | 15 968 | 121 887.57 | 45 647.67 | 2 299 692.13 | 480 006.26 |
| | | | 4号 | 126 601 | 15 725 | 123 236.44 | 22 490.88 | 1 534 641.04 | 181 703.47 |
| | | | 5号 | 50 439 | 10 273 | 59 081.96 | 20 514.12 | 924 542.53 | 201 994.75 |
| st5023 | 0 | 82.1 | 1号 | 52 719 | 10 083 | 83 714.62 | 33 629.99 | 1 585 953.12 | 438 147.1 |
| | | | 2号 | 101 787 | 15 500 | 140 692.67 | 43 674.45 | 2 636 156.01 | 534 273.64 |
| | | | 3号 | 102 217 | 20 974 | 113 744.37 | 46 611.72 | 2 183 204.08 | 523 738.07 |
| | | | 4号 | 110 001 | 17 376 | 110 220.92 | 22 754.44 | 1 387 235.2 | 168 052.51 |
| | | | 5号 | 52 472 | 10 716 | 66 138.8 | 23 107.89 | 1 030 898.42 | 219 975.19 |

## 4.4 结　论

在高烈度地震区的地震响应比普通烈度的地震响应要强很多,因此在高烈度区大跨度桥梁中更有必要设置阻尼器。

在多遇地震作用下,设置阻尼器后墩顶位移、墩梁相对位移都得到了很好的控制,墩底剪力墩底弯矩也到了很好的控制;活动墩顶水平力略有增加,固定墩顶水平力明显减少,结构整体性增强,总的水平力减少。阻尼器配合双曲面球型支座比阻尼器配合普通支座各方面均要,并且大大地减少了桥墩受力。

在罕遇地震作用下,大跨度连续梁桥固定支座往往会发生剪切破坏,如果采用加强固定盆式支座的方式来避免其破坏,则固定墩在地震作用下将承受较大的地震力,给固定墩墩身及其基础的设计造成很大的困难。在固定墩活动墩都加上阻尼器后,不仅能够明显减小地震作用下固定墩的受力,而且阻尼器还起到了连接桥梁和桥墩的作用,有效地限制墩梁间的相对位移。经桥梁结构消能减震分析计算表明:在罕遇地震作用下原结构大桥主梁位移较大,设置阻尼器后墩顶位移、墩梁相对位移都得到了很好的控制,有效地控制了墩梁位移;墩底剪力、墩底弯矩也得到了很好的控制;设置阻尼器后使墩顶水平受力略有增加,整体水平受力减少,使结构整体性增强。

# 5　津秦客专大跨度连续桥减震设计

速度锁定装置首次应用在津秦客运专线大跨度连续梁桥——跨京沈高速公路匝道特大桥上。为了解速度锁定装置的抗震能力，从设计参数选取和减震效果分析方面研究该装置在减震设计中的应用。速度锁定装置的最大锁定力、最大冲程、锁定位移和锁定速度分别为5 000 kN、±100 mm、8 mm、0.25 mm/s。采用有限元软件 MIDAS Civil 建立全桥有限元模型，分别将 5 条地震波输入到桥梁模型中，对比设置速度锁定装置前、后结构的地震响应，对墩顶位移、墩梁相对位移、墩底剪力、墩底弯矩及墩底竖向受力进行分析。结果表明，速度锁定装置能明显减小连续梁固定墩位移和地震力；在地震荷载下，速度锁定装置使连续梁受力重新分配，增强了结构的稳定性。目前，津秦客运专线已经通车运营，速度锁定装置工作良好。

## 5.1　概　　述

在高烈度震区大跨度连续梁设计中，通常只设 1 个固定墩，计算地震力时，顺桥向地震荷载绝大部分由固定墩承担，造成固定墩设计截面很大，配筋量很高。因此，为优化连续梁桥墩设计，有必要采取阻尼器减震措施。目前，共有 5 种液体黏滞阻尼器在桥梁工程中得到应用，包括速度锁定装置(LUD，Lock-Up Device/Shock Transimission Unit)、液体黏滞阻尼器、熔断阻尼器、限位阻尼器和摩擦型液体阻尼器。其中，速度锁定装置是首次在国内高速铁路——津秦客运专线的桥梁上应用，为了解速度锁定装置的抗震能力，本章主要从速度锁定装置的设计参数选取和减震效果分析方面研究该装置在津秦客运专线上大跨度连续梁桥减震设计中的应用。

津秦客运专线区域范围涉及华北地震区内的郯庐地震带、华北平原地震带和汾渭地震带。京沈高速公路匝道特大桥是津秦客运专线主要桥梁之一，主跨采用(60＋100＋100＋60)m 连续梁(图 5-1)。主梁为箱形截面，跨中梁高 5.4 m，支点梁高 8.4 m，梁体采用 C50 混凝土；桥墩采用圆端形实体墩，墩身采用 C30 混凝土。该桥 3 号墩为固定墩，其余均为活动墩。为了加强该桥抵御强烈振动的能力，提高全桥抗震能力，确保该桥的正常使用及强震下的安全，在 2 号、4 号墩墩顶分别设置 4 个速度锁定装置。

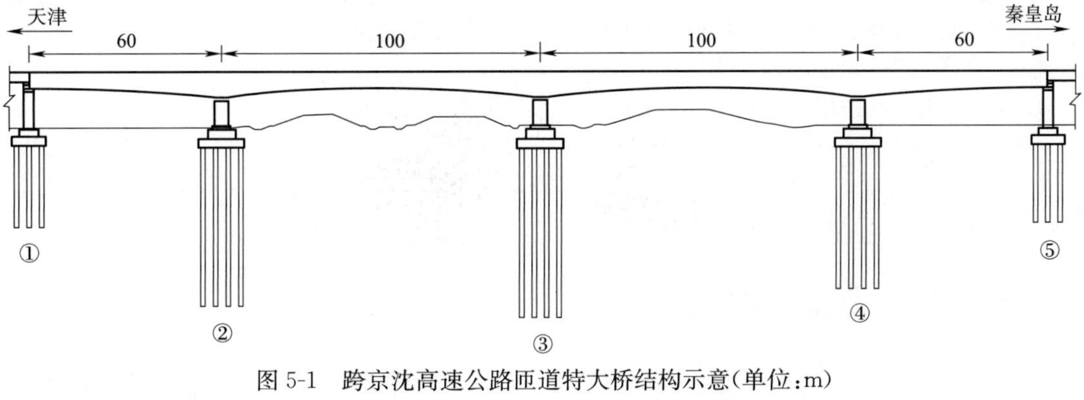


图 5-1　跨京沈高速公路匝道特大桥结构示意(单位：m)

## 5.2 速度锁定装置参数的选取

### 5.2.1 原理与构造

速度锁定装置是一种类似速度开关的限动装置，当桥梁运动到某一速度时启动并锁定装置上两个安置点间的相对位移。用在桥梁上的锁定装置，在温度和正常活荷载下可以自由变形；对于中小地震荷载、较大的风荷载带来的桥梁各部分间的运动、受力和碰撞，设置速度锁定装置可有效地起到减少、转移和限制作用。

速度锁定装置一般由缸体、活塞、阻尼孔、黏滞流体阻尼材料和导杆等部分组成(图 5-2)，活塞在缸筒内作往复运动，活塞上有适量阻尼孔，缸筒内装满黏滞流体阻尼材料。当活塞与缸筒之间发生相对运动时，由于活塞前后的压力差使流体阻尼材料从阻尼孔中通过，从而产生阻尼力。

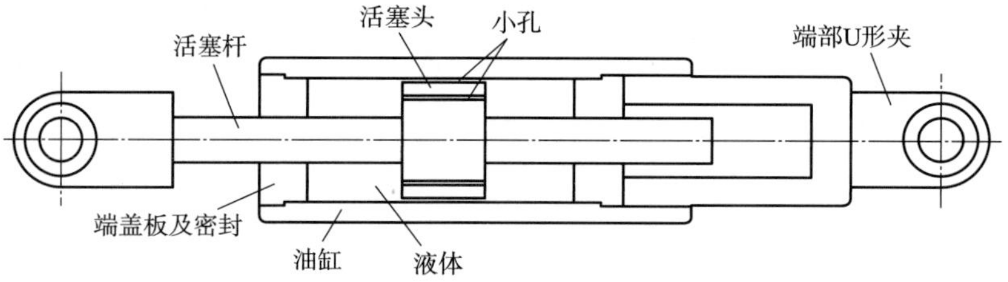


图 5-2　锁定装置结构

### 5.2.2 技术参数

在该桥速度锁定装置设计中，需要选择并确定的主要参数有锁定力、最大冲程、锁定位移和锁定速度等。

(1)当速度锁定装置锁定后，连续梁变为连续刚构体系，在计算模型中将锁定装置作为刚性杆考虑。刚性杆在设计地震作用下的受力分别为 4 619 kN 和 4 801 kN，因此，速度锁定装置锁定力设计为 5 000 kN。

(2)该桥设置速度锁定装置位置处的跨径为 100 m，按照升、降温 30℃计算其温度力作用下位移，再考虑收缩、徐变、施工误差等其他因素，锁定装置最大冲程采用 100 mm。

(3)速度锁定装置的锁定位移是指开始锁定后，锁定力从零到满负荷，该装置所产生的移动距离。设计中，锁定位移为固定桥墩承载能力与其在锁定时地震力(多遇地震)差值对应的变形，其数值为 8 mm。

(4)设计中根据地震波作用下墩梁相对位移和相对速度时程曲线，对应锁定位移可确定速度锁定装置的锁定速度。应用于桥梁和建筑物的锁定装置，锁定速度通常为 0.127～0.250 mm/s。该桥根据计算结果，锁定速度采用 0.255 mm/s。

经分析计算，该桥最终选定的锁定装置技术参数如下：①锁定力为 5 000 kN；②最大冲程为±100 mm；③锁定位移为 8 mm；④锁定速度为 0.25 mm/s；⑤安全系数为 1.8；⑥长度为 2 134 mm；⑦最大直径为 514.35 mm；⑧橡胶制品使用年限为 50 年，其他材料的设计使用年限为 75 年；⑨保修年限为 35 年。

## 5.3 速度锁定装置减震效果分析

为了模拟实际地震下该桥的结构响应，采用有限元软件 MIDAS Civil 建立全桥有限元模型(图 5-3),在 50 年超越概率为 2%和 10%两种情况下,分别选取了 2 条天然地震波(编号为1、2)和 3 条人工合成地震波(编号为 3~5)对大桥模型进行时程分析。在分析中,分别将 5 条地震波输入到桥梁模型中,对比设置锁定装置前、后结构的地震响应,进而评价锁定装置对结构安全性能的影响。设置速度锁定装置后,由于桥梁结构体系变化,各桥墩位移、内力均发生变化。限于篇幅,本章仅对 50 年超越概率为 10%的 2 号天然地震波激励下各墩顶位移、墩梁相对位移、墩底剪力、墩底弯矩及墩底竖向受力进行分析。

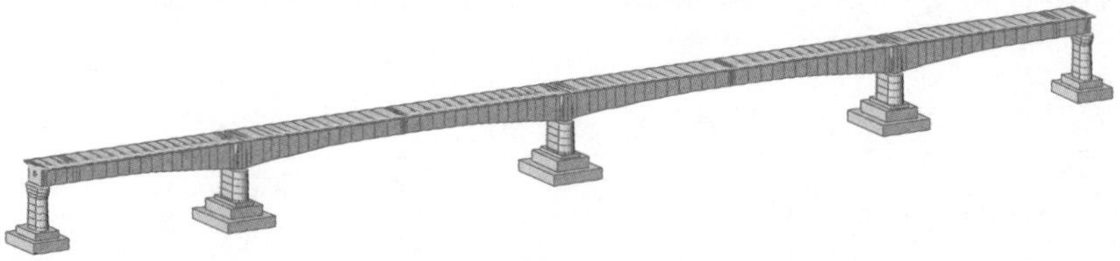

图 5-3 跨京沈高速公路匝道特大桥有限元模型

### 5.3.1 墩顶位移

墩顶位移是一个表征结构地震响应的指标,若墩顶位移过大,则可能是支座发生了破坏,或墩底进入塑性变形阶段。在 50 年超越概率为 10%的地震波激励下,加设速度锁定装置前、后,固定墩及活动墩墩顶位移如图 5-4 所示。由图 5-4 可知,加设速度锁定装置后,在地震动激励下,固定墩墩顶位移呈显著减小的趋势,活动墩墩顶位移略有增大,这是因为速度锁定装置在地震力作用下将活动墩锁住,使桥梁成为连续刚构结构体系。设置速度锁定装置不仅加强了墩梁之间的连接,还大大降低了桥墩的竖向受力,两者都对削减墩顶位移发挥了作用。

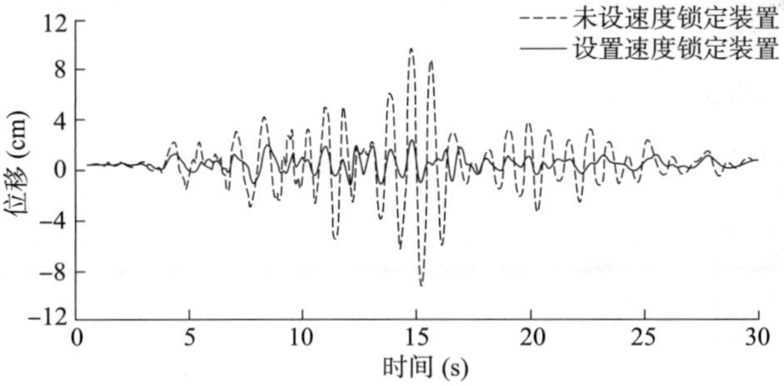


(a) 固定墩 (3号墩)

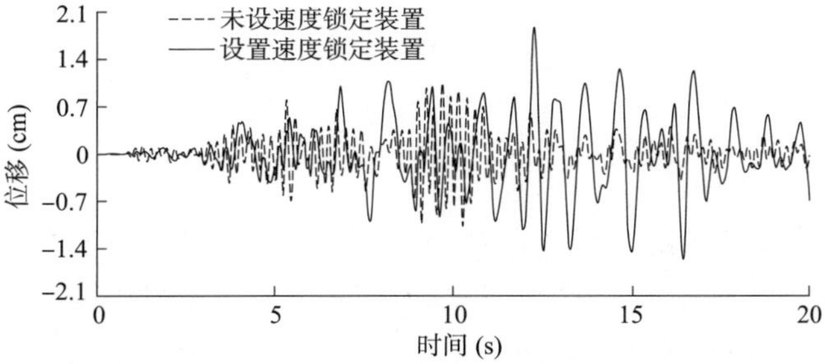


(b) 活动墩 (2号墩)

图 5-4 固定墩及活动墩墩顶位移

### 5.3.2 墩梁相对位移

强震时，如果桥梁上、下部构件(梁、墩)之间产生过大的相对位移，很可能造成落梁破坏，导致严重的震灾后果。在 50 年超越概率为 10%的地震波激励下，设置速度锁定装置前、后，墩梁相对位移见表 5-1，2 号墩的墩梁相对位移时程曲线如图 5-5 所示。

由表 5-1 及图 5-5 可知，加设速度锁定装置后，在 5 条地震波下墩梁相对位移均明显减小，在 2 号地震波激励下，2 号墩处墩梁相对位移从 12.0 cm 下降到 2.4 cm，下降幅度达到了 80%。

表 5-1 墩梁相对位移

| 地震波编号 | 速度锁定装置状态 | 墩梁相对位移(cm) | | | |
|---|---|---|---|---|---|
| | | 1 号墩 | 2 号墩 | 4 号墩 | 5 号墩 |
| 1 号 | 未锁定 | 10.0 | 9.4 | 9.5 | 10.0 |
| | 锁定 | 2.6 | 1.4 | 1.4 | 2.7 |
| 2 号 | 未锁定 | 11.9 | 12.0 | 11.9 | 12.0 |
| | 锁定 | 3.9 | 2.4 | 2.4 | 4.0 |
| 3 号 | 未锁定 | 10.5 | 10.1 | 10.2 | 10.3 |
| | 锁定 | 3.5 | 1.8 | 1.9 | 3.6 |
| 4 号 | 未锁定 | 8.5 | 8.9 | 8.9 | 8.7 |
| | 锁定 | 3.3 | 1.7 | 1.8 | 3.5 |
| 5 号 | 未锁定 | 8.4 | 9.7 | 9.8 | 8.6 |
| | 锁定 | 2.6 | 1.4 | 1.4 | 2.6 |

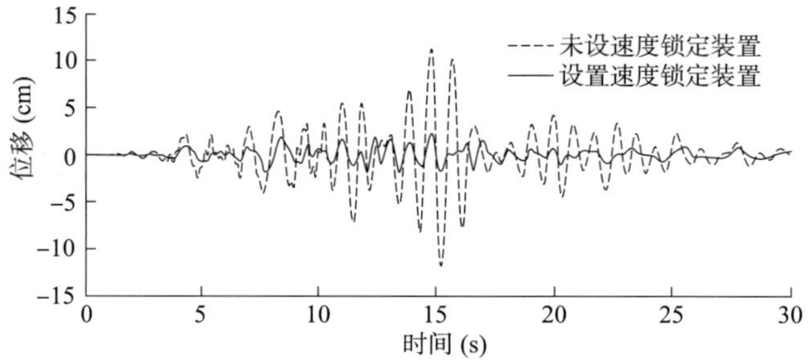


图 5-5 2 号墩的墩梁相对位移时程曲线

### 5.3.3 墩底剪力

在 50 年超越概率为 10%的地震波激励下，设置速度锁定装置前、后，固定墩及活动墩墩底剪力时程曲线如图 5-6 所示。由图 5-6 可知，固定墩墩底剪力明显减小，最大减小幅值为 74.7%；活动墩墩底剪力有所增大(其最大值为 $2.87\times10^4$ kN，小于设计值 $5.8\times10^4$ kN)。这是因为速度锁定装置在地震力作用下将活动墩锁定，改变了桥梁结构体系，增大了整个结构的刚度，使得结构总体受力变大，同时也达到了分散和重新分配受力的效果，使结构响应更加平衡，从而保证其安全。

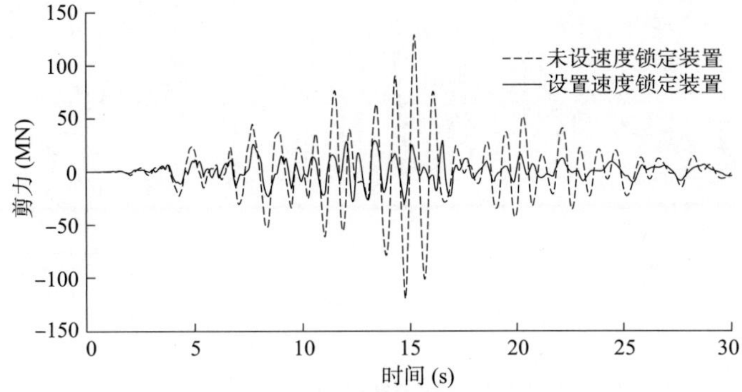


(a) 固定墩 (3号墩)

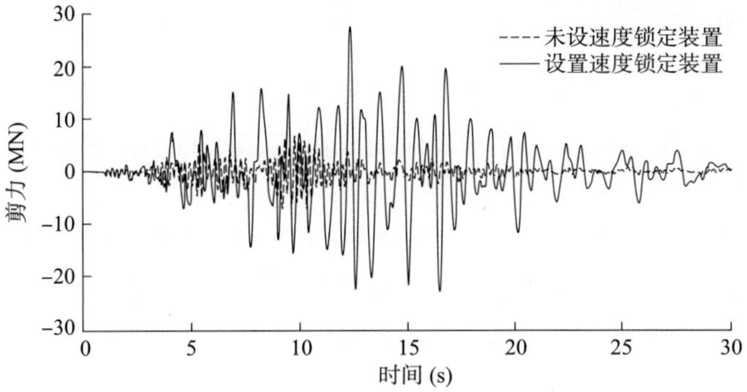


(b) 活动墩 (2号墩)

图 5-6　固定墩及活动墩墩底剪力时程曲线

### 5.3.4　墩底弯矩

在 50 年超越概率为 10%的地震波激励下，设置速度锁定装置前、后，固定墩及活动墩墩底弯矩时程曲线如图 5-7 所示。由图 5-7 可知，加设锁定装置后，在地震波激励下，桥墩墩底弯矩的变化与墩底剪力的变化趋势基本相同，也得到明显控制。

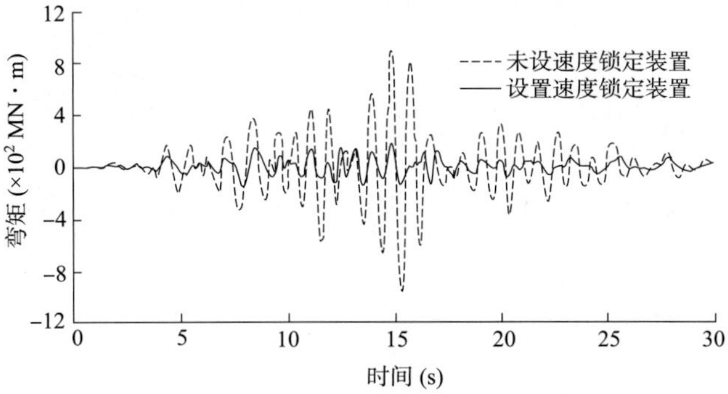


(a) 固定墩 (3号墩)

图　5-7

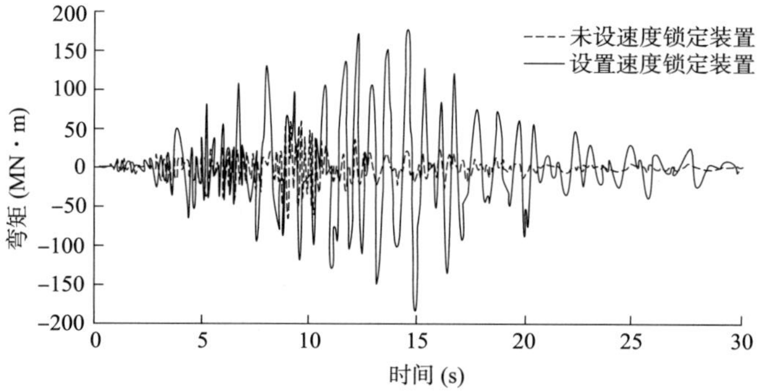


(b) 活动墩 (2号墩)

图 5-7　固定墩及活动墩墩底弯矩时程曲线

### 5.3.5　墩底竖向受力

在强震下，竖向地震波对桥墩地震响应的影响很大，会因 $P\text{-}\Delta$ 效应的影响而使桥墩的墩顶位移显著增加，甚至发生破坏。在高烈度地震作用下，近场竖向地震动分量和脉冲速度效应会显著增加桥墩的震害。在 50 年超越概率为 10％的地震波激励下，设置速度锁定装置前、后，固定墩及活动墩墩底竖向受力时程曲线如图 5-8 所示。由图 5-8 可知，加设速度锁定装置后，在地震动激励下，活动墩底竖向受力显著减小，固定墩墩底竖向受力略有增大。速度锁定装置在地震动作用下使结构的竖向地震响应重新分配，结构整体性增强，总体竖向受力明显减少。

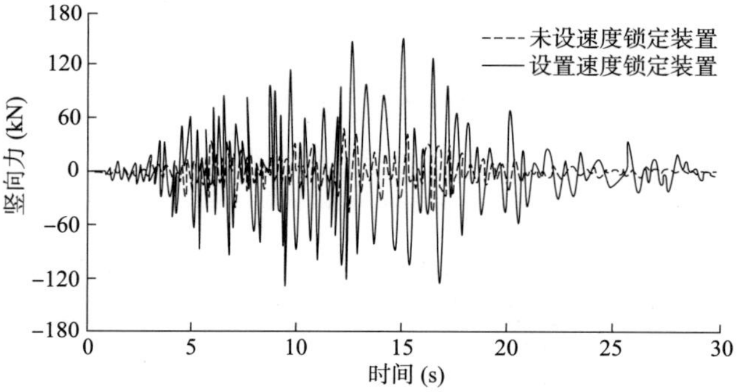


(a) 固定墩 (3号墩)

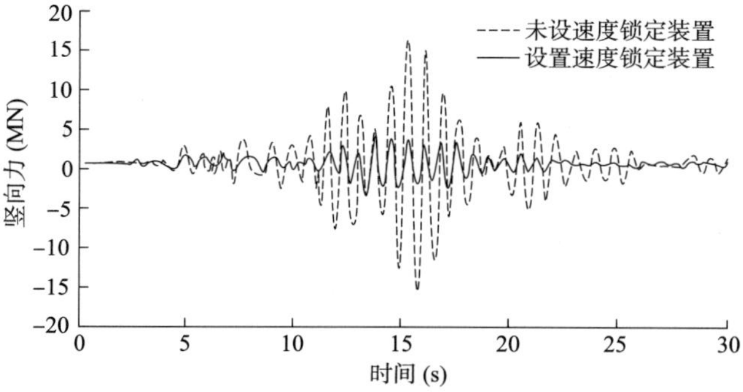


(b) 活动墩 (2号墩)

图 5-8　固定墩及活动墩墩底竖向受力时程曲线

## 5.4 结 论

津秦客运专线大跨度连续梁设计中,由于只设 1 个固定墩,在地震力作用下,顺桥向地震荷载绝大部分由固定墩来承担,固定墩处于十分不利的受力状态,因此,津秦客运专线大跨度连续梁桥采用了速度锁定装置。通过对该桥连续梁建模进行时程分析可知,速度锁定装置能明显减小固定墩墩顶位移、墩梁相对位移、固定墩墩底弯矩和剪力;速度锁定装置的减震率在74%以上,使桥梁受力重新分配(由几个主墩共同承担地震力),提高了桥梁结构的整体性;减少了固定墩受力,使桥梁结构抗震能力明显提高;且减少了造价,更易施工。目前津秦客运专线铁路已经建成通车,速度锁定装置运行状态良好。

# 6 乌锡线黄河特大桥减震设计

乌锡线黄河特大桥为多跨连续梁桥，通过在活动墩与主梁之间设置阻尼装置，有效协调各活动墩在动力作用下的参与工作，有效改进了原结构以单一固定墩作为抗侧力体系的动力特性。数值分析表明，设置阻尼器后的结构位移和受力都得到有效抑制。铁路桥梁在列车刹车过程中受到的冲击较大，设置阻尼器对于抑制刹车荷载下的桥梁运动作用显著。

## 6.1 引 言

减震设计对于土木工程领域，特别是对于大型桥梁结构，附加减震阻尼装置对于减轻桥体的震害、延长主体结构的耐久性具有显著效果，并受到广泛关注和认可。这种耗能减震技术性能稳定、概念清晰而且造价相对较低，在结构上设置非结构耗能元件可以提高其抗震性能已经得到工程界广泛认可。在各种消能减震装置中黏滞阻尼器作为速度相关性耗能装置，由于其优越的性能，在国内外应用尤为广泛。在我国，一些具有标志性的大型桥梁结构，如：全世界跨度最大的斜拉桥——苏通长江大桥、第二大悬索桥——江阴长江大桥、南京长江三桥等都纷纷采用。

乌锡铁路是"十一五"铁路网规划连接我国内蒙古中东部的新通路，乌锡线黄河特大桥地处地震高发地带，地震烈度较高，通过附加阻尼装置成为提高大桥的抗震能力的重要手段。

## 6.2 结构特性及阻尼器的设置

普通连续梁桥一般设有一个固定墩配合多个活动墩，这类桥梁可通过在几个活动支座处配合使用黏滞阻尼器来实现结构减震。由于这种设置方式不需改变设计人员的原有传统设计模式，而是在基本抗震设计基础之上进行二道防线配置，利用黏滞阻尼器的耗能特性减少结构地震反应，增加结构抗震性能，故应用较为普遍。梁桥可设置阻尼器的位置一般包括桥台、活动支座等变形较大处。附加阻尼器后由于活动墩参与，原简化模型转化为由活动墩等效质量和原简化模型集中质量组成的二自由度体系。区别于阻尼器设置在桥台的情况是，此处需要考虑的活动墩等效刚度，及其上部等效结构质量共同子系统，通过阻尼器与主结构联系。

乌锡线黄河桥某段为 7 孔 108 m 连续梁结构，其中 6 号墩为固定支座，其余均为顺桥向滑动支座。阻尼器的设置也是围绕固定墩依次向外展开，除 1 号及 10 号墩外，每个活动墩各设置 2 个连接单元，共设置 14 个连接单元，如图 6-1 和图 6-2 所示。

桥梁的计算模型采用了有限元专业分析软 MIDAS Civil 进行，采用边界单元模拟了黏滞阻尼器的特性，通过对结构的特征值分析，得到结构基阶自振周期为 1.76 s，一阶振型为主梁纵飘，结构前十阶振型信息统计情况见表 6-1。

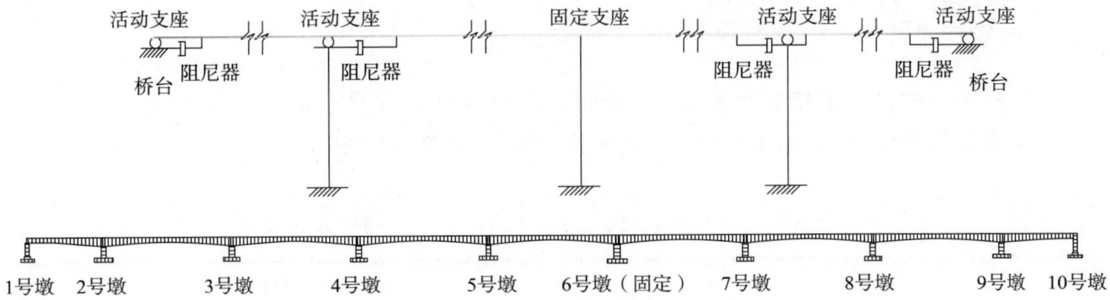


图 6-1 连续梁桥设置阻尼器的计算简图及各桥墩分布

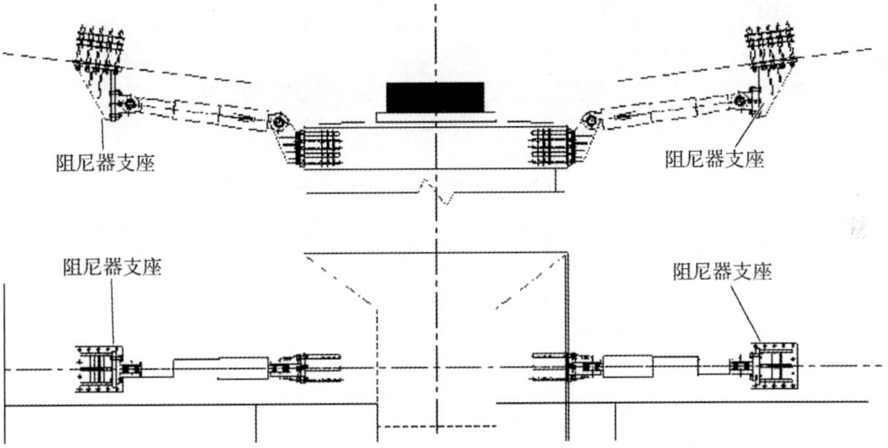


图 6-2 阻尼器的布置详图

**表 6-1 结构周期和振型**

| 振型序号 | 圆频率(rad/s) | 频率(Hz) | 周期(s) | 振型描述 |
|---|---|---|---|---|
| 1 | 3.57 | 0.57 | 1.76 | 主梁纵飘 |
| 2 | 5.81 | 0.92 | 1.08 | 主梁竖向振动 |
| 3 | 6.04 | 0.96 | 1.04 | 7 号～9 号墩主梁侧摆 |
| 4 | 6.33 | 1.01 | 0.99 | 3 号～5 号墩主梁侧摆 |
| 5 | 6.38 | 1.01 | 0.99 | 主梁局部反对称振动 |
| 6 | 6.46 | 1.03 | 0.97 | |
| 7 | 6.52 | 1.04 | 0.96 | |
| 8 | 6.67 | 1.06 | 0.94 | |
| 9 | 6.85 | 1.09 | 0.92 | 主梁竖向振动 |
| 10 | 6.97 | 1.11 | 0.90 | 主梁局部反对称振动 |

## 6.3 地震作用下的结构控制效果

采用在线弹性结构状态下考虑非线性阻尼特性的振型叠加法(FNA)具有较为快捷、准确的特性，在分析附加液体黏滞阻尼的减震结构中应用较多。

### 6.3.1 地震记录选取

选取三条天然地震波作为计算输入，采用动力时程分析计算。地震波参数见表 6-2，这三条地震波的拟加速度反应谱曲线与设计反应谱的对比如图 6-3 所示。

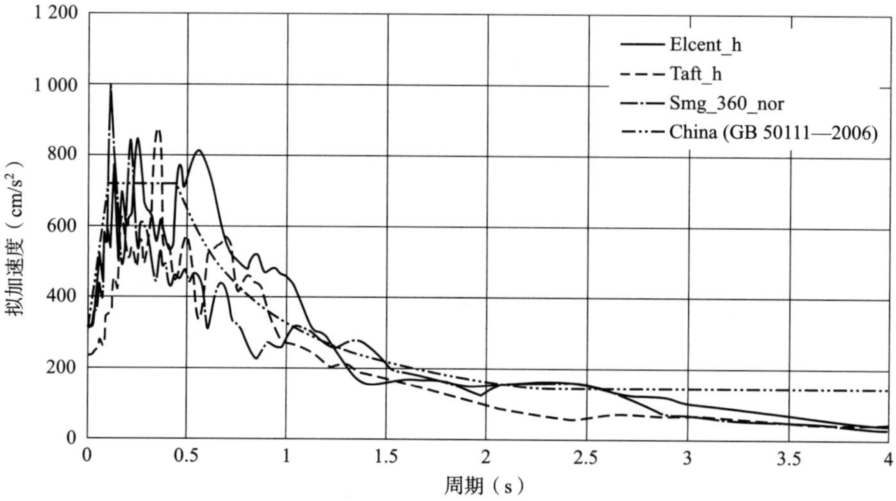


图 6-3 加载地震波与反应谱比较

**表 6-2 地震波参数**

| 名称 | 场地 | $T_g$(s) | 加速度峰值 | 顶点数值 | 加速度反应谱最大值 (m/s²) |
|---|---|---|---|---|---|
| 1940，ElCentroSite | Ⅱ | 0.51 | 0.36$g$ | 3.501 | 3.139 2 |
| 1952，TaftLincolnSchool | Ⅱ | 0.51 | 0.16$g$ | 1.527 | 3.139 2 |
| 1994，Northridge，SantaMonica，CityHallGrounds | Ⅱ | 0.51 | 0.37$g$ | 3.624 | 3.139 2 |

### 6.3.2 结构阻尼的选取

合理设置结构阻尼是时程分析的关键步骤，分析中一般采用同时考虑质量矩阵和刚度矩阵的瑞利 Rayleigh 阻尼。Rayleigh 阻尼比在两个确定的阻尼矩阵的频率下相等，而当振动频率 $\omega$ 在$[\omega_i,\omega_j]$之间时，阻尼比将小于或等于给定的值；在给定的频率区域之外，阻尼比均大于给定值，而且距离越远，阻尼比越大。因此，确定 Rayleigh 阻尼的原则是：选择的两个用于确定常数 $a_0$、$a_1$ 的频率点 $\omega_i$ 和 $\omega_j$ 应覆盖结构分析中感兴趣的频段。这个感兴趣的频段应根据作用于结构上的外荷载的频率成分和结构的动力特性来综合考虑判断。在给定的频率范围内阻尼比略小于给定的阻尼比，这样，在该频率范围内由于计算的阻尼比略小于实际阻尼，结构的反应将略小于实际反应，计算结果偏于安全。

基于上述分析，在设定参考频率时，分别采用了第一振型和第四振型频率，并取得阻尼比为 5%，因此避免高振型阻尼过大造成的不当分析结果。

### 6.3.3　阻尼参数的确定

乌锡线黄河桥采用设有一个固定墩配合多个活动墩，这类桥梁可通过在几个活动支座处配合使用黏滞阻尼器来实现结构减震。由于这种设置方式不需改变设计人员的原有传统设计模式，而是在基本抗震设计基础之上进行二道防线配置。

梁桥可设置阻尼器的位置一般包括桥台和活动支座等变形较大处。附加阻尼器后由于活动墩参与，原简化模型转化为由活动墩等效质量和原简化模型集中质量组成的二自由度体系。区别于阻尼器设置在桥台的情况是，此处需要考虑活动墩等效刚度及其上部等效结构质量共同子系统，通过阻尼器与主结构联系。规则梁桥附加阻尼器后的模型如图 6-4 所示。

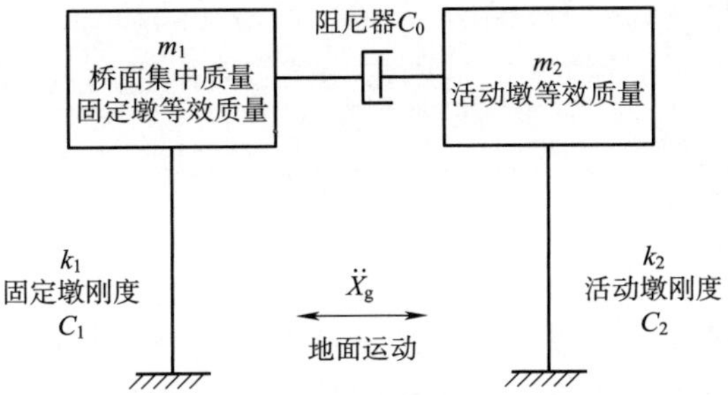


图 6-4　规则梁桥附加阻尼器后的模型

这种由两个集中质量构成的双质点振子在有阻尼器和无阻尼器情况下，两振子之间的相对位移、相对速度、相对加速度的幅值都不同程度减小。但由于两桥墩的侧向刚度不同、对应集中质量不同，所以设置液体黏滞阻尼器，不会始终对所有构件的受力有利。

近几年在不断的工程应用中，国内学者逐渐总结出一套比较实用的附加阻尼器的桥梁结构设计的计算办法：即通过设置多种阻尼器参数分别观察控制效果——分别采用不同的速度指数 $\alpha$ 和阻尼常数 $C$，通过阻尼器参数的变化趋势来掌握桥体主要控制点的减震效果，并最终确定阻尼器的技术参数。这种方法需要用大量的图表将时程分析计算结果汇总，并最终达到结构设计、阻尼器参数设计、经济效益综合分析及减震预期控制目标的综合设计优化结果。

在分析中采用的阻尼系数取 $C=2\ 000\sim7\ 500\ \text{kN/(m/s)}^{\alpha}$ 进行试算，速度指数 $\alpha=0.5$；每个活动墩各设置 4 个连接单元，力学模型采用 Maxwell 模型，非线性连接弹簧刚度 $K=10^8\ \text{kN/m}$，在计算分析过程中，选取以下结构响应作为减震效果的评价依据，主要评估固定墩底部的受力情况、主梁端的位移情况，还包括由于阻尼器附加在活动支座对桥墩受力的影响，此处选取 3 号墩底和墩顶进行比较。以 ElCentro 波为例，讨论大桥的减震情况，表 6-3 给出了在不同参数下结构的减震情况。

**表 6-3　ElCentro 波作用大桥反应结果**

| 项目 | 未设置阻尼器 | $C=7\ 500\ \text{kN/(m/s)}^{0.5}$ | | $C=6\ 000\ \text{kN/(m/s)}^{0.5}$ | | $C=4\ 000\ \text{kN/(m/s)}^{0.5}$ | |
|---|---|---|---|---|---|---|---|
| | | 地震响应 | 减震率 | 地震响应 | 减震率 | 地震响应 | 减震率 |
| 梁端位移(mm) | 143 | 47.8 | 0.67 | 51.4 | 0.64 | 62.1 | 0.57 |
| 固定墩剪力(kN) | 65 757 | 22 239 | 0.66 | 23 484 | 0.64 | 28 110 | 0.57 |
| 固定墩弯矩(kN・m) | 947 048 | 318 437 | 0.66 | 334 840 | 0.65 | 404 141 | 0.57 |

续上表

| 项目 | 未设置阻尼器 | $C=7\ 500\ \mathrm{kN/(m/s)^{0.5}}$ | | $C=6\ 000\ \mathrm{kN/(m/s)^{0.5}}$ | | $C=4\ 000\ \mathrm{kN/(m/s)^{0.5}}$ | |
|---|---|---|---|---|---|---|---|
| | | 地震响应 | 减震率 | 地震响应 | 减震率 | 地震响应 | 减震率 |
| 3 号墩剪力(kN) | 2 966 | 13 755 | | 11 553 | | 8 313 | |
| 3 号墩弯矩(kN·m) | 20 068 | 115 098 | | 96 177 | | 68 224 | |
| 3 号墩阻尼器最大出力(kN)、位移(mm) | — | 4 447.67 kN<br>40 mm | | 3 850 kN<br>40 mm | | 2 648 kN<br>50 mm | |

从上述计算结果可以看出：

(1)在设置阻尼器后，桥体的位移以及固定墩底的受力均有非常明显的降低；

(2)随着阻尼系数的增长，减震效果增大，成单边增加的趋势；

(3)由于选取了非线性阻尼器 $\alpha=0.5$，阻尼器减震效率较高，而活动墩受力均较减震前有所增加；

(4)阻尼器参数应保证有足够的减震效果和保证结构的受力安全，如活动墩的受力不应增加过大，给结构带来危险。

综合以上结论，选取 $C=6\ 000\ \mathrm{kN/(m/s)^{\alpha}}$ 的阻尼系数，同时由于附加阻尼器后，活动墩的受力相应会有所增大，设计中应复核各活动墩的配筋情况。其他波形下的控制效果有所不同，这是由于与不同波形的频率含量以及大桥的基频有关，但总体控制效果仍然显著，减震率平均在 50%左右，阻尼器最大出力可以控制在 3 850 kN。

### 6.3.4 阻尼器的静位移及最终参数确定

阻尼器的行程应同时考虑温度变形和桥体在静位移下的变形情况最终确定。当地年极限温度为－30℃～＋30℃，$T_S$ 为温度升高 30℃，$T_J$ 为温度降低－30℃，单独考虑由于温度变化引起活动支座处的位移最大不超过 130 mm；在与地震力作用下的位移组合后，同时考虑由于混凝土徐变等因素，综合考虑建议选取阻尼器位移为 450 mm。

现在设置的阻尼器参数为每个活动墩设置 2 个单元，阻尼系数 $C=6\ 000\ \mathrm{kN/(m/s)^{\alpha}}$，速度指数 $\alpha=0.5$，阻尼器出力 $F=4\ 000$ kN；考虑到阻尼器连接件的构造不宜过于复杂，建议采取减少阻尼力并相应增加阻尼器数量的方法，因此，最终建议每个活动墩采用 4 个阻尼器，采用的阻尼器参数见表 6-4。

**表 6-4　阻尼器参数**

| 非线性指数(速度指数 $\alpha$) | 阻尼系数[$\mathrm{kN/(m/s)^{\alpha}}$] | 最大冲程(mm) | 额定阻尼力(kN) |
|---|---|---|---|
| 0.5 | 3 000 | ±450 | 2 000 |

## 6.4 结　　论

通过以上分析表明，由于大桥自身结构阻尼比很低，地震和刹车作用下产生了较大的振动位移，并且振动衰减非常缓慢，在衰减的过程中所释放的能量必然要通过结构本身阻尼特性所消耗，通常表现在材料本身之间的摩擦以及构件与构件之间的摩擦，这势必会造成结构损伤；在设置阻尼器后使结构阻尼比增加，并且通过阻尼器的耗能特性有效地衰减了结构的振动，保护了主体结构。

# 7 明月峡长江大桥消能减震设计

## 7.1 工程概况

明月峡长江大桥位于长江上游重庆市南岸区广阳镇玉泉村。大桥南北走向一跨过江，桥北为重庆市渝北区，桥南为重庆市南岸区。经过综合比选，推荐线路在具有线型条件好、工程地质条件简单、沿线拆迁较小等显著优点的 DK 桥位跨越长江。桥型方案定为(62.5＋125＋425＋162.5＋75)m 双层桥面四线钢桁梁斜拉桥方案，上层为预留达渝双线铁路、下层为重庆东环线双线铁路。

### 7.1.1 地质条件

大桥桥位处属低山河谷地貌，地面高程为 155.52～404 m，相对高差为 50～200 m，长江两岸自然边坡较陡(30°～50°)，局部由于人为改造成为陡坎。沿线上覆第四系全新统冲积层( $Q_4^{al}$ )卵石土和残坡积粉质黏土层，下伏基岩为侏罗系珍珠冲组泥岩夹砂岩和三叠系上统须家河组砂岩夹页岩($T_3xj$)，各岩性分述如下：

〈3-6〉卵石土( $Q_4^{al}$ )：灰色、暗紫色；稍密～密实；粒径 20～500 mm，为砂夹卵石，卵石含量在 75%以上，磨圆度好，石质成分以灰岩、砂岩为主，局部夹块石；厚 2～30 m；主要分布于河床以及两侧地形较缓的河滩地段；属Ⅳ级硬土，为 C 组填料。

〈4-1〉粉质黏土( $Q_4^{dl+el}$ )：黄褐色；硬塑；夹碎石角砾约 5%，石质成分为泥岩质、砂岩质；厚 0～2 m；分布于大里程端斜坡坡面；属Ⅱ级普通土，为 D 组填料。

〈12-1〉泥岩夹砂岩($J_1z$)：暗紫色、浅灰色、灰白色泥岩，薄至中层状构造，泥质胶结，主要由黏土矿物构成，局部含砂质条带，石质软，强度低，局部泥岩具弱膨胀性。强风化泥岩为Ⅳ级软石，为 D 组填料；弱风化泥岩为Ⅳ级软石，为 C 组填料。

〈13-1〉砂岩夹页岩($T_3xj$)：砂岩为浅灰、灰黄、灰白色，中厚～块状，中～细粒结构，钙质胶结，含菱铁矿结核，节理裂隙发育，以长石、石英碎屑物组成。页岩为灰褐色，泥质胶结。局部夹煤线。强风化砂岩为Ⅳ级软石，为 C 组填料。弱风化砂岩属Ⅴ级次坚石，为 B 组填料。页岩、煤层(线)属Ⅳ级软石，为 C 组填料。

### 7.1.2 通航条件

桥位上游为鱼嘴河段，下游为中坝河段，该河段河道弯曲，与上下游相比，为一水面较窄河段，两岸均为陡峭山坡，枯水期到洪水期水面宽度变化不大，河宽约为 350～500 m。

桥位处在三峡水库变动回水区，明月峡长江大桥河段航道等级为国家Ⅰ-(2)级航道标准。

在三峡水库运行 100 年泥沙淤积抬高后 20 年一遇的桥址处水位约为 192 m。大桥通航净高应不小于 24 m,即桥底面高程应不小于 216 m 左右。

### 7.1.3 技术标准

(1)铁路等级:Ⅰ级。

(2)桥上线路:四线,双层方案,即上层为预留达渝双线铁路,下层为东环线双线铁路;平层方案,即左侧为东环线双线铁路,右侧为预留达渝双线铁路。

(3)设计行车速度:客货共线,客车 160 km/h、货车 120 km/h;预留双线客专,250 km/h。

(4)设计荷载:中-活载,预留双线采用 ZK 活载。

(5)牵引类型:电力。

(6)设计使用年限:正常使用条件下梁体结构设计使用年限为 100 年。

(7)设计洪水频率:1/300。

明月峡长江大桥阻尼器分布情况如图 7-1 所示。

### 7.1.4 地震动参数及设防标准

观音峡背斜西翼经受强烈挤压作用,形成了次生的斑竹沱逆断层,斑竹沱逆断层在大桥 DK64+910～DK65+980 段经过,长江主桥墩位于逆断层下盘,斑竹沱逆断层对本工程大桥尾部有一定影响。

斑竹沱逆断层从测区以北的方斗山南延,一直到长江岸边,没于长江水面以下。断层走向北 5°～40°东,倾向东,倾角 50°～60°。上盘(E 盘)地层为 $T_3xj$、$J_1z$,下盘(W 盘)地层为 $J_1z$、$J_{1\text{-}2}z$。断层破碎带宽约 40～120 m,根据鱼五公路的开挖情况,受断层逆推,附近的 $T_3xj$ 与 $J_1z$ 地层倒转或近直立,岩体极破碎。断层中心的岩层无明显层面,搓揉迹象明显。岩体呈糜棱岩化。

两侧桥台地层范围内为单斜构造,两桥台之间有小褶皱发育,南桥头岩层产状 N30°E/70°NW,北桥头产状 N50°E/47°SE,北桥头砂岩中节理较发育。

考虑到明月峡长江大桥桥址场地地震动参数较大,以及该大桥的重要性和地震破坏后修复的难易程度等,结合《铁路工程抗震设计规范》(GB 50111),设防标准及地震动见表 7-1。由于分析的需要只考虑了纵向地震荷载的作用,三水平设防标准均在弹性范围内分析,地震时程波如图 7-2～图 7-4 所示。

**表 7-1 地震动参数及设防标准**

| 设防标准 | 峰值加速度($m/s^2$) |
|---|---|
| 多遇地震 | 0.53 |
| 设计地震 | 1.05 |
| 罕遇地震 | 1.75 |

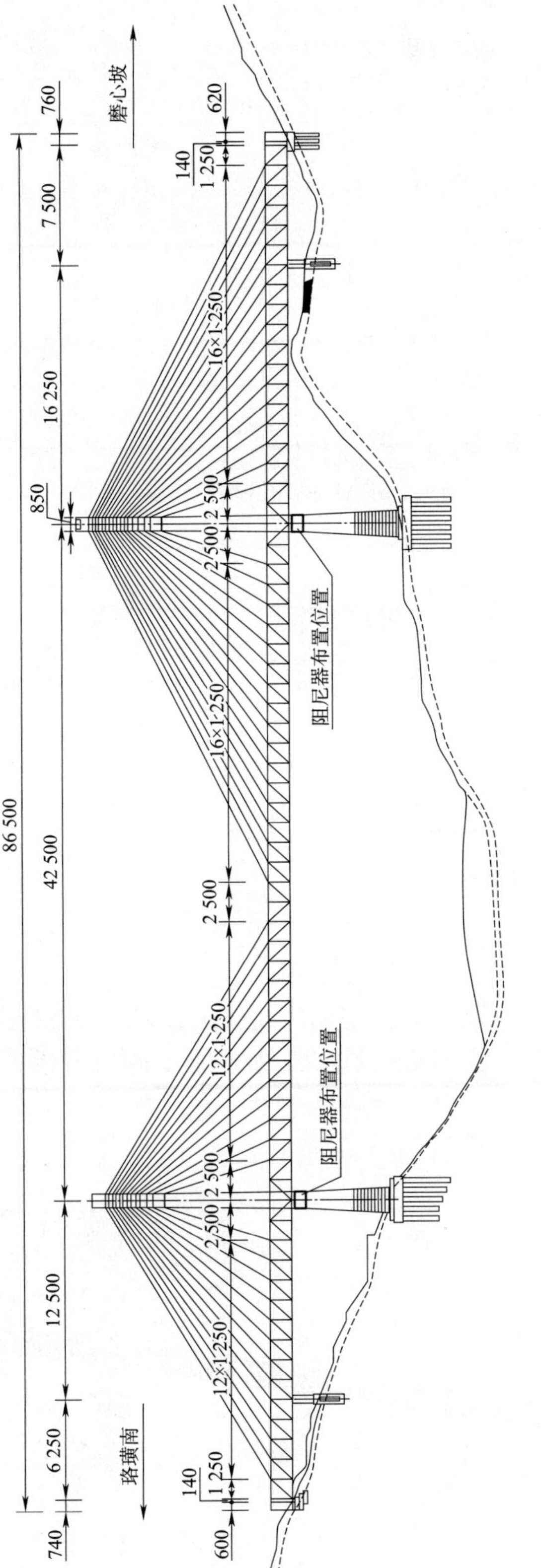


图 7-1 桥型以及塔墩分布(单位：cm)

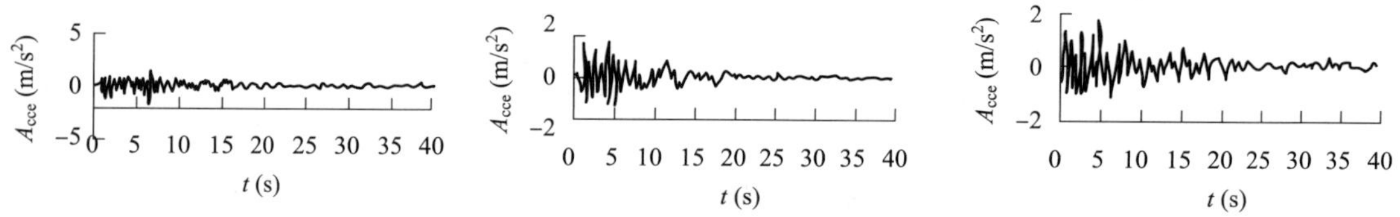


图 7-2　罕遇地震时程波

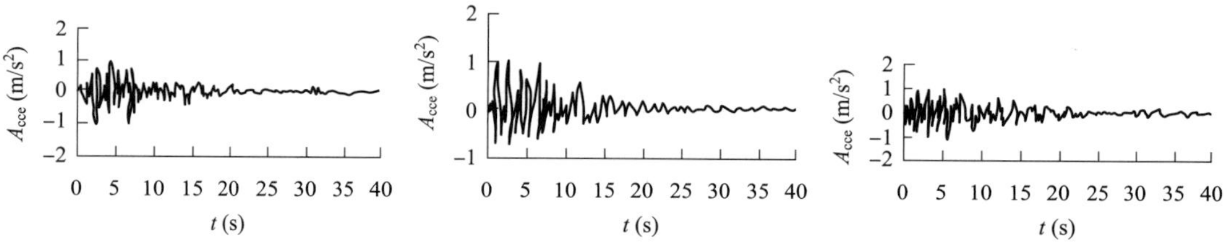


图 7-3　设计地震时程波

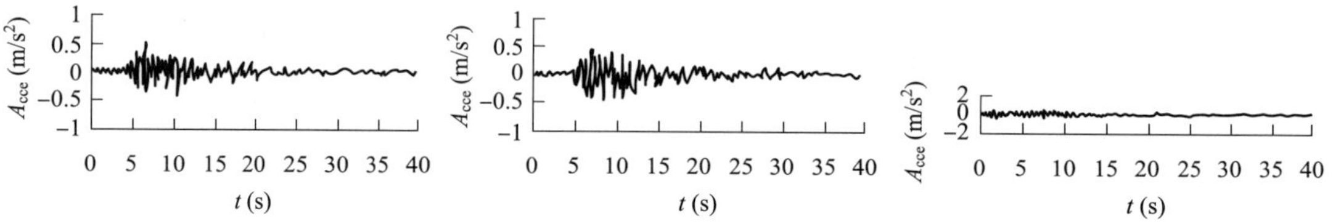


图 7-4　多遇地震时程波

## 7.2　结构模型及模态分析

### 7.2.1　结构模型介绍

结构三维有限元模型及消能减震分析采用 MIDAS Civil 模型，在分析中，考虑支座对抗震的有利因素及阻尼器消能减震作用，考虑抗风支座的横向限位作用，承台底固结，为全漂浮体系。

有限元模型如图 7-5 所示。

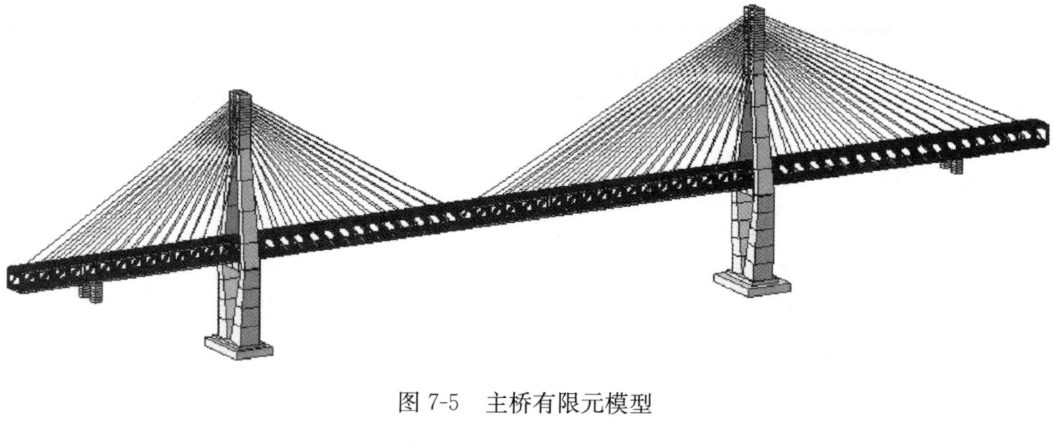

图 7-5　主桥有限元模型

### 7.2.2 结构模型模态分析

根据已建立的明月峡长江大桥动力计算模型，进行结构动力特征值分析，列出该特大桥部分振型周期、频率和振动特征。通过分析，得出该大桥第1振型为主梁一阶纵飘振动，第2振型为主梁一阶对称横弯振动，第3振型为主塔非对称横弯，第4振型为主梁一阶对称竖弯。说明该桥具有与一般大跨径斜拉桥类似的基频，即第1阶振型为主梁纵飘，表明桥梁结构纵向刚度较弱，在动力荷载作用下极易发生较大的纵向位移。表7-2为该矮塔斜拉桥计算模型的前10阶振型、频率及振型特征，结构振动基本周期即一阶纵飘周期为1.95 s。图7-6为该钢桁梁斜拉桥的部分典型振型。

**表7-2 矮塔斜拉桥计算模型基本动力特性**

| 阶数 | 周期(s) | 频率(Hz) | 振型描述 |
|---|---|---|---|
| 1 | 5.585 | 0.179 | 主梁一阶纵飘 |
| 2 | 3.009 | 0.332 | 主梁一阶对称横弯 |
| 3 | 2.000 | 0.500 | 主塔非对称横弯耦合主梁横弯 |
| 4 | 1.778 | 0.562 | 主梁一阶对称竖弯 |
| 5 | 1.765 | 0.566 | 主塔二阶非对称横弯耦合主梁横弯 |
| 6 | 1.099 | 0.910 | 主梁一阶非对称竖弯 |
| 7 | 1.048 | 0.955 | 主梁一阶非对称横弯 |
| 8 | 0.930 | 1.075 | 主梁二阶对称竖弯 |
| 9 | 0.807 | 1.240 | 主梁一阶扭转 |
| 10 | 0.745 | 1.342 | 主梁二阶非对称竖弯耦合主塔竖弯 |

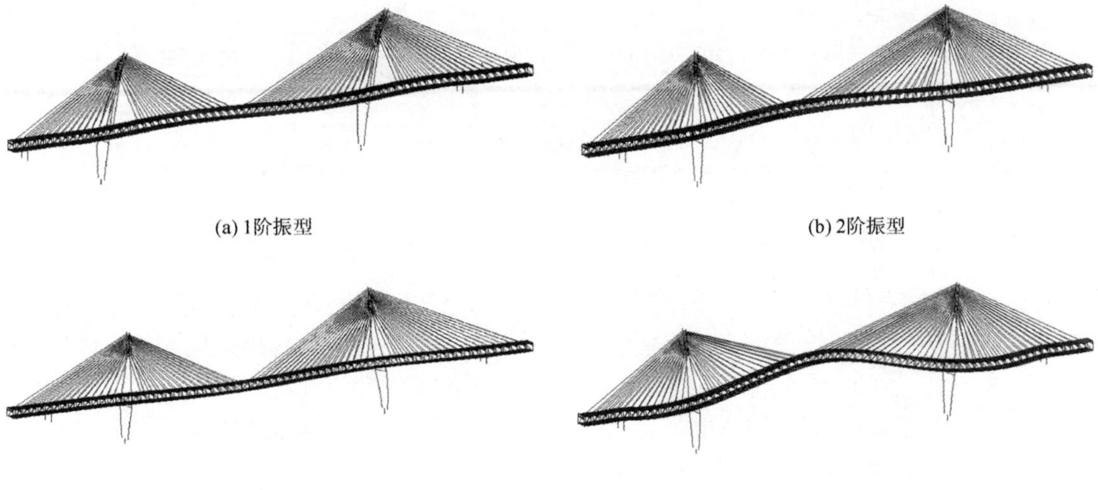

(a) 1阶振型 (b) 2阶振型

(c) 3阶振型 (d) 4阶振型

图 7-6

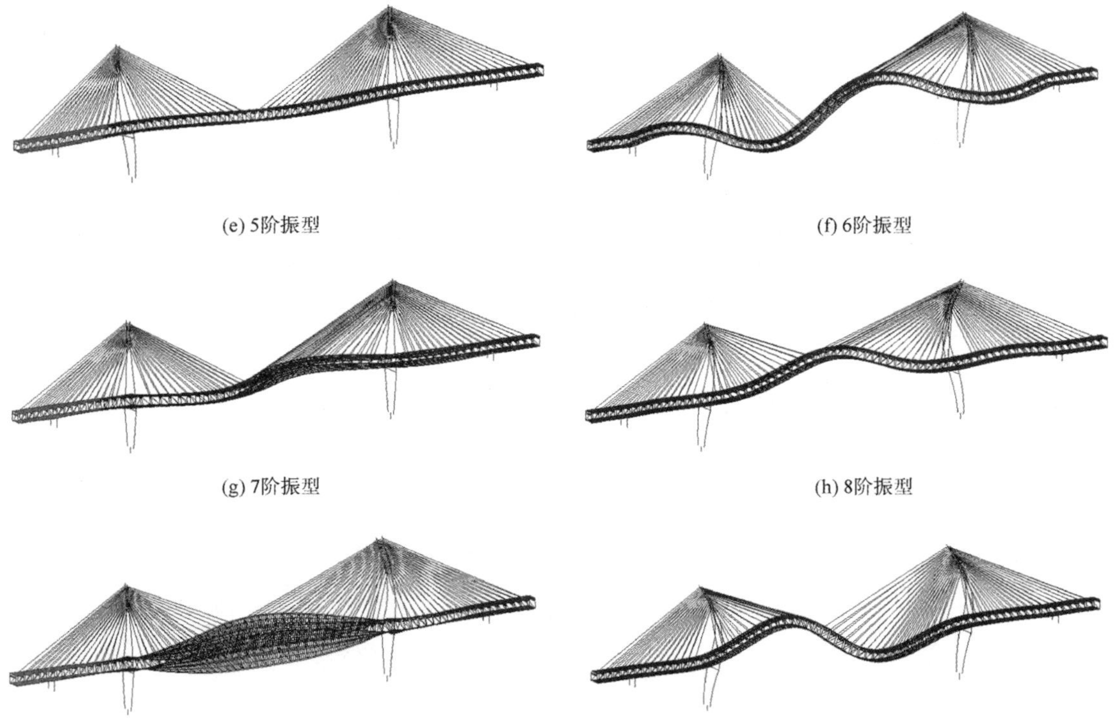

(e) 5阶振型　(f) 6阶振型　(g) 7阶振型　(h) 8阶振型　(i) 9阶振型　(j) 10阶振型

图 7-6　明月峡长江大桥前十阶典型振型

## 7.3　阻尼器参数优化

对结构附加非线性黏滞阻尼器较为通用的计算方法是时程分析法，在计算中采用一般连接单元模拟了黏滞阻尼器的特性，并采用三水准设防，即多遇地震、设计地震和罕遇地震，每种水准下选三条地震波对模型进行动力时程分析，结果选取最大包络值，即最大地震反应的一条地震动计算结果。动力时程分析采用直接积分法，分析步长 0.01 s，分析时长与地震动持续时间一致；结构阻尼采用质量和刚度因子法。本章综合考虑阻尼器的设置对主梁的纵向位移、主塔纵向位移及塔底和承台底弯矩剪力的控制效果来选取阻尼器参数。

### 7.3.1　阻尼器参数选取

液体黏滞阻尼器黏滞阻尼力(出力)与速度的关系遵循 $F=Cv^{\alpha}$ 的幂指数关系，其中 $C$ 为黏滞阻尼系数；$v$ 为黏滞消能器变形速度；$\alpha$ 为非线性速度指数，原则上结构用阻尼器的 $\alpha$ 取值范围一般在 0.3～1.0 之间的数值进行非线性工作，对阻尼器速度指数的优化和使用经验均显示采用 0.3～0.5 的非线性速度参数较为理想。根据以往分析经验，本章选择非线性速度指数为 0.3 的黏滞阻尼系数，以 1 000 kN/(m/s)$^{\alpha}$ 为步长，从 1 000 kN/(m/s)$^{\alpha}$ 增加到 10 000 kN/(m/s)$^{\alpha}$。

该桥安装了 4 个黏滞阻尼器，一个桥塔下设置 2 个黏滞阻尼器，对该桥做动力时程分析计算，分别提取全桥主梁梁端纵向最大位移、塔顶纵向最大位移、塔底弯矩剪力以及承台底弯矩和剪力。

### 7.3.2　地震作用

1. 梁端位移

三种地震作用下，梁端位移的控制结果见表 7-3、表 7-4 和图 7-7，结构在增加阻尼器后，主梁的纵向位移得到较好的控制。主梁纵向位移随着阻尼系数的增大逐渐减小，但减震率增大的幅度随着阻尼系数的增大逐渐变缓（减震率由减震百分比来确定）。当阻尼系数达到 6 000 kN/(m/s)$^{\alpha}$ 时，使三种地震荷载作用下主梁纵向位移的减震率均能达到 50%以上。

**表 7-3　设置阻尼器前后主梁纵向最大位移**(m)

| 阻尼系数 [kN/(m/s)$^{\alpha}$] / 设防地震 | 0 | 1 000 | 2 000 | 3 000 | 4 000 | 5 000 | 6 000 | 7 000 | 8 000 | 9 000 |
|---|---|---|---|---|---|---|---|---|---|---|
| 罕遇地震 | 0.919 8 | 0.815 2 | 0.716 8 | 0.621 7 | 0.534 3 | 0.458 1 | 0.393 6 | 0.339 3 | 0.294 3 | 0.258 0 |
| 设计地震 | 0.569 3 | 0.450 4 | 0.350 9 | 0.277 3 | 0.232 9 | 0.204 2 | 0.183 1 | 0.167 1 | 0.154 4 | 0.144 1 |
| 多遇地震 | 0.228 5 | 0.107 8 | 0.101 8 | 0.100 1 | 0.099 1 | 0.097 9 | 0.096 8 | 0.095 9 | 0.095 3 | 0.095 2 |

**表 7-4　设置阻尼器前后主梁纵向最大位移减小百分比**

| 阻尼系数 [kN/(m/s)$^{\alpha}$] / 设防地震 | 1 000 | 2 000 | 3 000 | 4 000 | 5 000 | 6 000 | 7 000 | 8 000 | 9 000 | 10 000 |
|---|---|---|---|---|---|---|---|---|---|---|
| 罕遇地震 | 11.4% | 22.1% | 32.4% | 41.9% | 50.2% | 57.2% | 63.1% | 68.0% | 71.9% | 75.0% |
| 设计地震 | 20.9% | 38.4% | 51.3% | 59.1% | 64.1% | 67.8% | 70.6% | 72.9% | 74.7% | 76.2% |
| 多遇地震 | 52.8% | 55.4% | 56.2% | 56.7% | 57.2% | 57.7% | 58.0% | 58.3% | 58.4% | 58.7% |

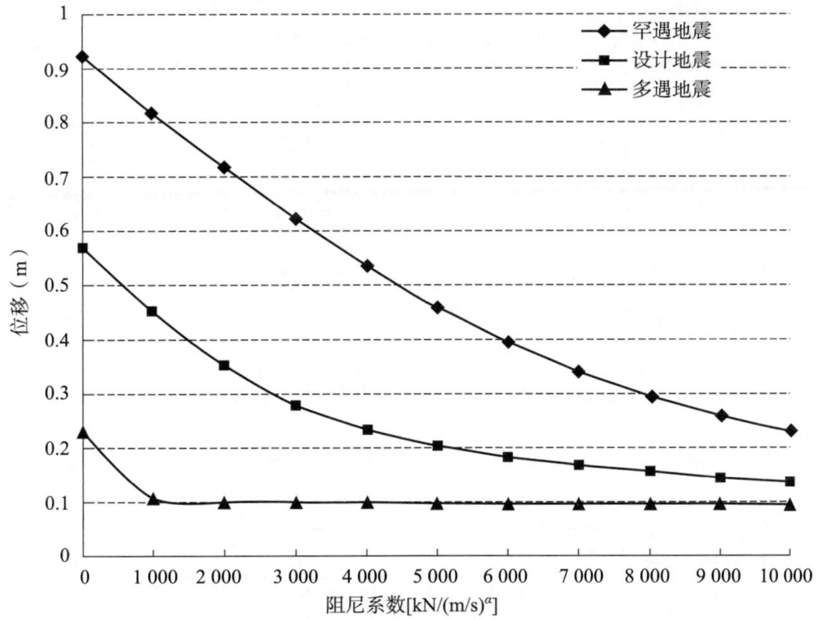


(a) 主梁纵向最大位移

图　7-7

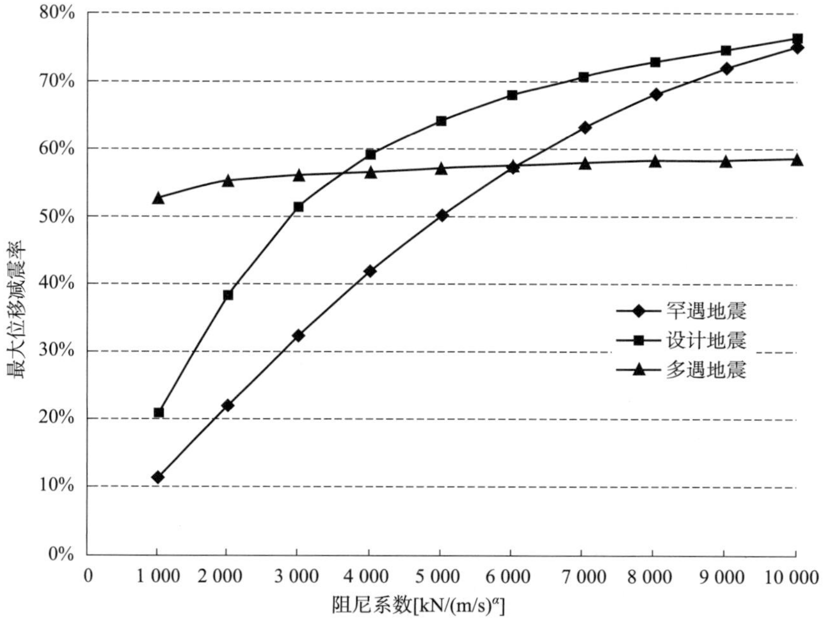


(b) 主梁纵向最大位移减震率

图 7-7　不同阻尼系数下主梁纵向最大位移及最大位移减震率

2. 塔顶位移

三种地震荷载作用下，由表 7-5、表 7-6 和图 7-8 可以看出，阻尼器的设置对塔顶位移也能起到较高的减震作用。在三种地震荷载作用下，随着阻尼系数的增大，减震效果在逐渐增强，但减震率增大的幅度在逐渐放缓，尤其是多遇地震荷载作用下，减震率受阻尼系数的影响较小。

**表 7-5　设置阻尼器前后塔顶最大位移(m)**

| 阻尼系数[kN/(m/s)$^α$] / 设防地震 | 0 | 1 000 | 2 000 | 3 000 | 4 000 | 5 000 | 6 000 | 7 000 | 8 000 | 9 000 | 10 000 |
|---|---|---|---|---|---|---|---|---|---|---|---|
| 罕遇地震 | 1.422 | 1.313 | 1.207 | 1.102 | 1.004 | 0.919 | 0.848 | 0.788 | 0.740 | 0.704 | 0.677 |
| 设计地震 | 1.041 | 0.906 | 0.796 | 0.720 | 0.677 | 0.650 | 0.631 | 0.617 | 0.605 | 0.596 | 0.588 |
| 多遇地震 | 0.670 | 0.542 | 0.537 | 0.536 | 0.535 | 0.534 | 0.533 | 0.533 | 0.532 | 0.532 | 0.531 |

**表 7-6　设置阻尼器前后塔顶最大位移减震率**

| 阻尼系数[kN/(m/s)$^α$] / 设防地震 | 1 000 | 2 000 | 3 000 | 4 000 | 5 000 | 6 000 | 7 000 | 8 000 | 9 000 | 10 000 |
|---|---|---|---|---|---|---|---|---|---|---|
| 罕遇地震 | 7.6% | 15.1% | 22.5% | 29.4% | 35.4% | 40.3% | 44.5% | 47.9% | 50.5% | 52.4% |
| 设计地震 | 12.9% | 23.5% | 30.9% | 35.0% | 37.5% | 39.4% | 40.8% | 41.9% | 42.8% | 43.6% |
| 多遇地震 | 19.2% | 20.0% | 20.1% | 20.2% | 20.3% | 20.5% | 20.6% | 20.6% | 20.6% | 20.7% |

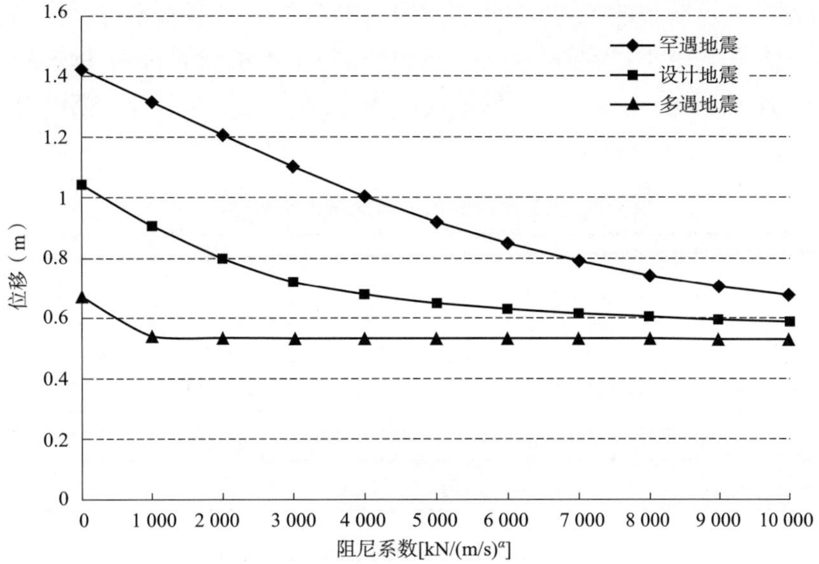


(a) 塔顶纵向最大位移 (m)

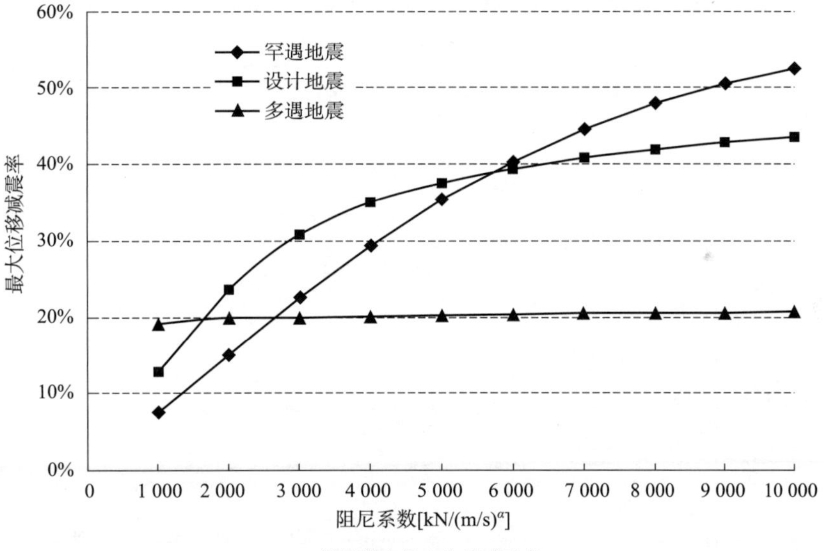


(b) 塔顶纵向最大位移减震率

图 7-8　不同阻尼系数下塔顶纵向位移及塔顶纵向位移减震率

3. 塔底剪力弯矩

计算表明，阻尼器的设置对塔底弯矩和剪力都产生一定的影响。从对塔底弯矩的控制效果来看，阻尼器的设置使得塔底弯矩均小于不设阻尼器时的塔底弯矩，在多遇地震荷载作用下，随着阻尼系数的增加，塔底弯矩减震率在逐渐减小；在设计地震荷载作用下，随着阻尼系数的增大，塔底弯矩减震率先增大再逐渐减小；在罕遇地震荷载作用下，总体上看，随着阻尼系数的增大，塔底弯矩减震率在逐渐增大，只是阻尼系数增大到 6 000 kN/(m/s)$^{\alpha}$ 后减震率增速变慢。详见表 7-7、表 7-8 和图 7-9。在设计地震荷载作用下，塔底剪力减震率随着阻尼系数的增大，呈现出先增大再减小的趋势；在多遇地震荷载和罕遇地震荷载作用下，随着阻尼系数的增加，减震率在逐渐减小，当减震率变为负值时，阻尼器的设置反而使塔底剪力较不设阻尼器时增大了，此时，需合理地选取阻尼系数，把塔底剪力控制在合理的范围内。详见表 7-9、表 7-10 和图 7-10。

**表 7-7 设置阻尼器前后塔底最大弯矩**(kN·m)

| 阻尼系数[kN/(m/s)$^{\alpha}$] / 设防地震 | 0 | 1 000 | 2 000 | 3 000 | 4 000 | 5 000 | 6 000 | 7 000 | 8 000 | 9 000 | 10 000 |
|---|---|---|---|---|---|---|---|---|---|---|---|
| 罕遇地震 | 3 738 976 | 3 473 571 | 3 314 929 | 3 123 713 | 2 916 366 | 2 711 363 | 2 518 060 | 2 421 699 | 2 383 180 | 2 338 955 | 2 296 846 |
| 设计地震 | 2 846 647 | 2 373 858 | 2 083 664 | 1 995 349 | 2 000 498 | 2 015 008 | 2 026 800 | 2 036 078 | 2 043 469 | 2 049 409 | 2 052 769 |
| 多遇地震 | 1 841 262 | 1 535 241 | 1 561 535 | 1 591 389 | 1 616 785 | 1 640 338 | 1 662 320 | 1 682 744 | 1 701 710 | 1 723 191 | 1 734 877 |

**表 7-8 设置阻尼器前后塔底最大弯矩减震率**

| 阻尼系数[kN/(m/s)$^{\alpha}$] / 设防地震 | 1 000 | 2 000 | 3 000 | 4 000 | 5 000 | 6 000 | 7 000 | 8 000 | 9 000 | 10 000 |
|---|---|---|---|---|---|---|---|---|---|---|
| 罕遇地震 | 7.1% | 11.3% | 16.5% | 22.0% | 27.5% | 32.7% | 35.2% | 36.3% | 37.4% | 38.6% |
| 设计地震 | 16.6% | 26.8% | 29.9% | 29.7% | 29.2% | 28.8% | 28.5% | 28.2% | 28.0% | 27.9% |
| 多遇地震 | 16.6% | 15.2% | 13.6% | 12.2% | 10.9% | 9.7% | 8.6% | 7.6% | 6.4% | 5.8% |

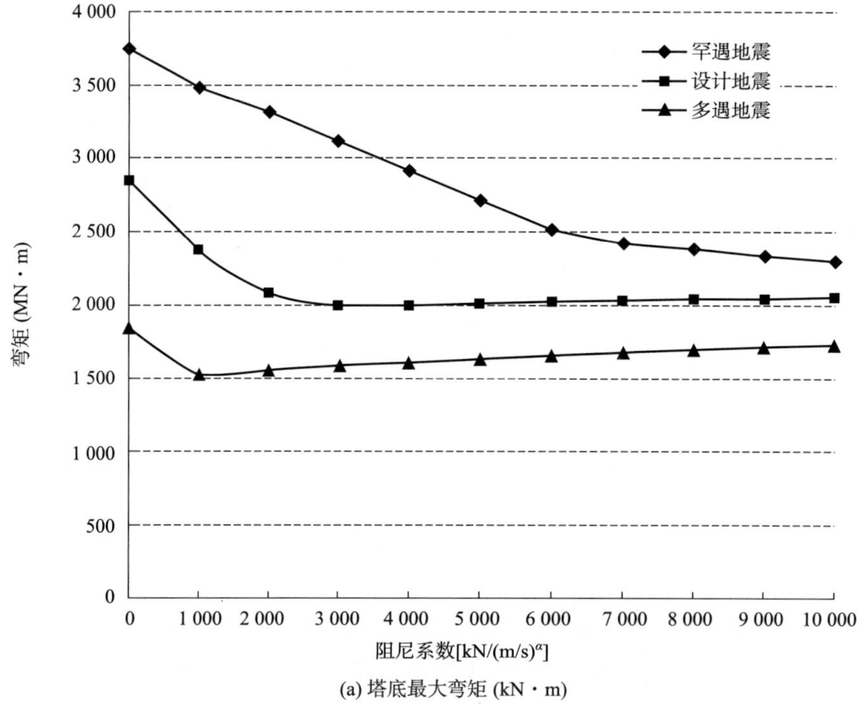


(a) 塔底最大弯矩 (kN·m)

图 7-9

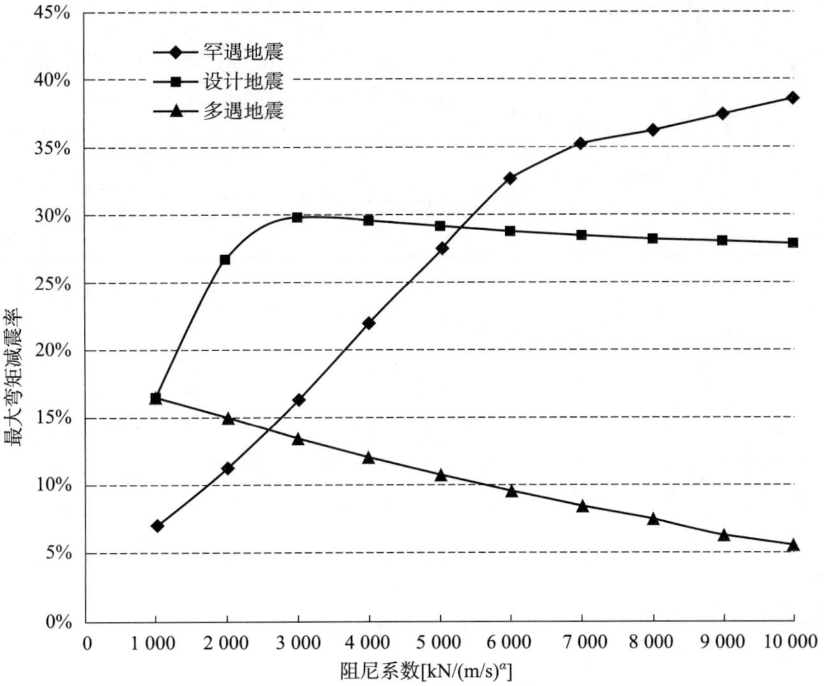


(b) 塔底最大弯矩减震率

图 7-9　不同参数阻尼器下塔底最大弯矩减震率

**表 7-9　设置阻尼器前后塔底最大剪力(kN)**

| 设防地震 \ 阻尼系数[kN/(m/s)$^α$] | 0 | 1 000 | 2 000 | 3 000 | 4 000 | 5 000 | 6 000 | 7 000 | 8 000 | 9 000 | 10 000 |
|---|---|---|---|---|---|---|---|---|---|---|---|
| 罕遇地震 | 25 152 | 23 152 | 23 563 | 24 214 | 24 964 | 25 608 | 26 190 | 26 741 | 27 275 | 27 787 | 28 263 |
| 设计地震 | 20 821 | 20 733 | 20 429 | 19 892 | 19 213 | 19 240 | 19 499 | 19 704 | 19 899 | 20 065 | 20 184 |
| 多遇地震 | 11 782 | 11 562 | 11 762 | 12 058 | 12 343 | 12 653 | 12 993 | 13 305 | 13 599 | 14 059 | 14 408 |

**表 7-10　设置阻尼器前后塔底最大剪力减震率**

| 设防地震 \ 阻尼系数[kN/(m/s)$^α$] | 1 000 | 2 000 | 3 000 | 4 000 | 5 000 | 6 000 | 7 000 | 8 000 | 9 000 | 10 000 |
|---|---|---|---|---|---|---|---|---|---|---|
| 罕遇地震 | 8.0% | 6.3% | 3.7% | 0.8% | −1.8% | −4.1% | −6.3% | −8.4% | −10.5% | −12.4% |
| 设计地震 | 0.4% | 1.9% | 4.5% | 7.7% | 7.6% | 6.3% | 5.4% | 4.4% | 3.6% | 3.1% |
| 多遇地震 | 1.9% | 0.2% | −2.3% | −4.8% | −7.4% | −10.3% | −12.9% | −15.4% | −19.3% | −22.3% |

4. 承台底弯矩和剪力

由表 7-11、表 7-12 和图 7-11 可以看出，阻尼器的设置对承台底弯矩和剪力均产生了一定的影响。从对承台底弯矩的控制效果来看，阻尼器的设置使得承台底弯矩均小于不设阻尼器

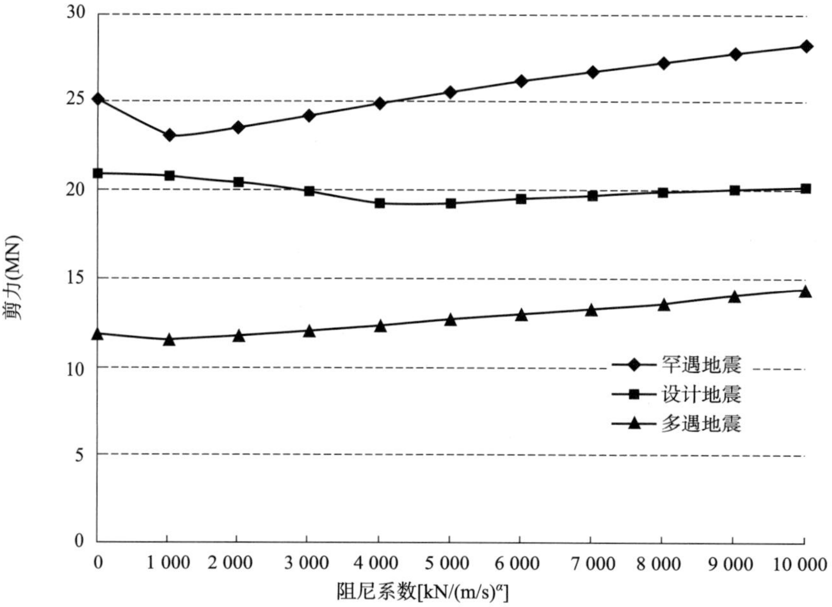


(a) 塔底最大剪力（kN）

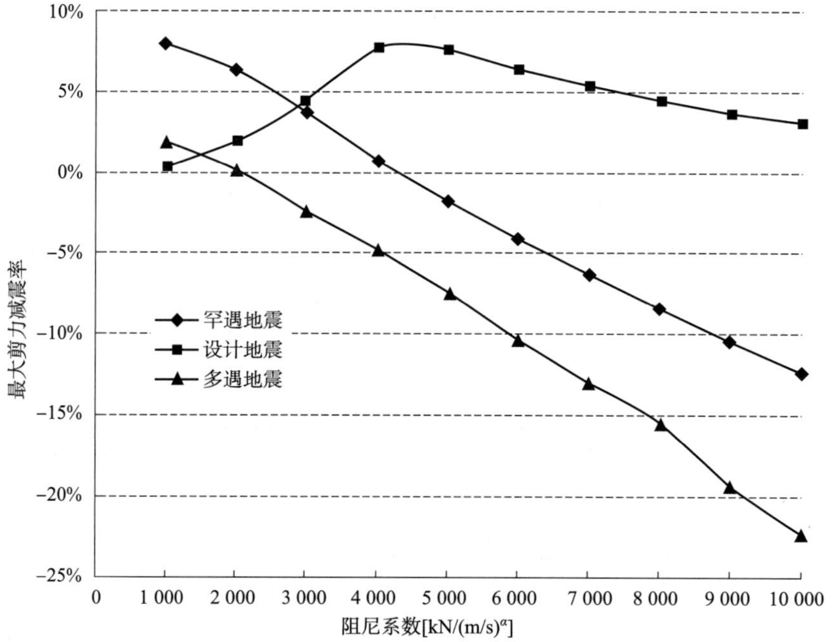


(b) 塔底最大剪力减震率

图 7-10　不同阻尼系数下塔底最大剪力及最大剪力减震率

时的承台底弯矩，在多遇地震荷载作用下，随着阻尼系数的增加，承台底弯矩减震率在逐渐降低；在设计地震荷载作用下，随着阻尼系数的增加，承台底弯矩减震率先增加再逐渐降低；在罕遇地震荷载作用下，总体上，看随着阻尼系数的增加，承台底弯矩减震率在逐渐增加，只是阻尼系数增加到 6 000 kN/(m/s)$^{\alpha}$ 后减震率增速变小。多遇地震荷载及设计地震荷载作用下，阻尼器的设置均使得承台底剪力小于不设阻尼器时的承台底剪力，承台底剪力减震率随着阻尼系数的增加，呈现出先增加再减小的趋势；在罕遇地震荷载作用，当阻尼系数大于等于 2 000 kN/$(m/s)^{\alpha}$后，阻尼器的设置使得承台底剪力没有减小反而增加了，但增加量最大不超过 15%。详见表 7-13、表 7-14 和图 7-12。

**表 7-11　设置阻尼器前后承台底最大弯矩(kN·m)**

| 阻尼系数 [kN/$(m/s)^{\alpha}$] / 设防地震 | 0 | 1 000 | 2 000 | 3 000 | 4 000 | 5 000 | 6 000 | 7 000 | 8 000 | 9 000 | 10 000 |
|---|---|---|---|---|---|---|---|---|---|---|---|
| 罕遇地震 | 7 870 825 | 7 262 861 | 6 944 361 | 6 559 283 | 6 135 716 | 5 715 446 | 5 320 262 | 5 251 652 | 5 176 486 | 5 087 681 | 5 083 443 |
| 设计地震 | 5 972 600 | 5 016 931 | 4 462 590 | 4 355 455 | 4 380 916 | 4 417 269 | 4 447 396 | 4 470 555 | 4 491 034 | 4 507 598 | 4 517 659 |
| 多遇地震 | 3 863 106 | 3 294 950 | 3 347 221 | 3 406 873 | 3 460 273 | 3 509 446 | 3 556 575 | 3 602 024 | 3 644 179 | 3 692 461 | 3 717 752 |

**表 7-12　设置阻尼器前后承台底最大弯矩减震率**

| 阻尼系数 [kN/$(m/s)^{\alpha}$] / 设防地震 | 1 000 | 2 000 | 3 000 | 4 000 | 5 000 | 6 000 | 7 000 | 8 000 | 9 000 | 10 000 |
|---|---|---|---|---|---|---|---|---|---|---|
| 罕遇地震 | 7.7% | 11.8% | 16.7% | 22.0% | 27.4% | 32.4% | 33.3% | 34.2% | 35.4% | 35.4% |
| 设计地震 | 16.0% | 25.3% | 27.1% | 26.6% | 26.0% | 25.5% | 25.1% | 24.8% | 24.5% | 24.4% |
| 多遇地震 | 14.7% | 13.4% | 11.8% | 10.4% | 9.2% | 7.9% | 6.8% | 5.7% | 4.4% | 3.8% |

**表 7-13　设置阻尼器前后承台底最大剪力(kN)**

| 阻尼系数 [kN/$(m/s)^{\alpha}$] / 设防地震 | 0 | 1 000 | 2 000 | 3 000 | 4 000 | 5 000 | 6 000 | 7 000 | 8 000 | 9 000 | 10 000 |
|---|---|---|---|---|---|---|---|---|---|---|---|
| 罕遇地震 | 78 847 | 76 822 | 79 442 | 81 314 | 82 809 | 84 100 | 85 266 | 86 389 | 87 509 | 88 612 | 89 664 |
| 设计地震 | 60 971 | 60 293 | 59 240 | 57 806 | 56 133 | 54 732 | 54 090 | 53 872 | 53 820 | 53 866 | 53 990 |
| 多遇地震 | 32 851 | 32 274 | 31 695 | 31 258 | 30 948 | 30 740 | 30 604 | 30 515 | 30 458 | 30 498 | 30 693 |

**表 7-14　设置阻尼器前后承台底最大剪力减震率**

| 阻尼系数 [kN/$(m/s)^{\alpha}$] / 设防地震 | 1 000 | 2 000 | 3 000 | 4 000 | 5 000 | 6 000 | 7 000 | 8 000 | 9 000 | 10 000 |
|---|---|---|---|---|---|---|---|---|---|---|
| 罕遇地震 | 2.6% | −0.8% | −3.1% | −5.0% | −6.7% | −8.1% | −9.6% | −11.0% | −12.4% | −13.7% |
| 设计地震 | 1.1% | 2.8% | 5.2% | 7.9% | 10.2% | 11.3% | 11.6% | 11.7% | 11.7% | 11.4% |
| 多遇地震 | 1.8% | 3.5% | 4.8% | 5.8% | 6.4% | 6.8% | 7.1% | 7.3% | 7.2% | 6.6% |

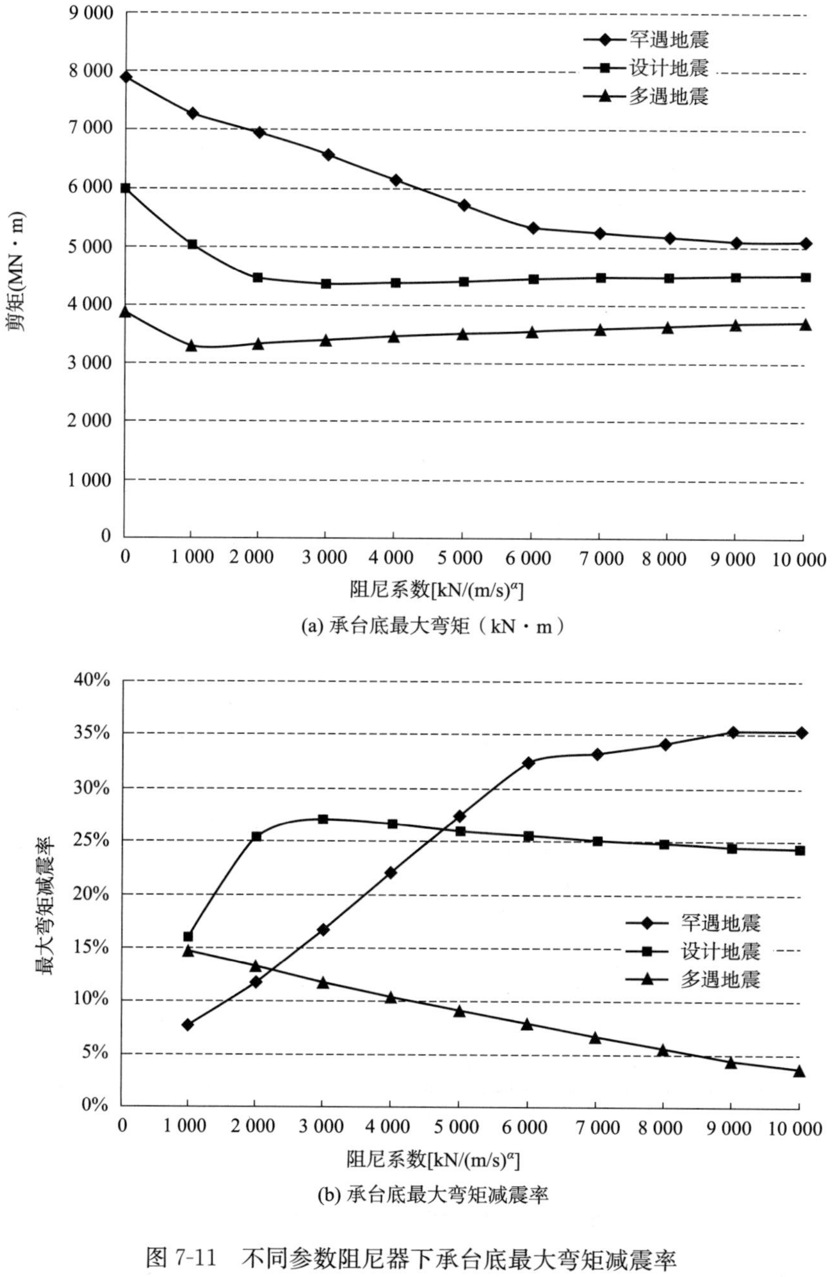


图 7-11　不同参数阻尼器下承台底最大弯矩减震率

### 7.3.3　阻尼器冲程及出力

通过表 7-15、表 7-16 和图 7-13、图 7-14 可以看出，阻尼器最大冲程随着阻尼系数的增大而逐渐减小，但减小的幅度在逐渐地变慢；阻尼器最大出力随着阻尼系数的增大基本上呈现出正比例增加。

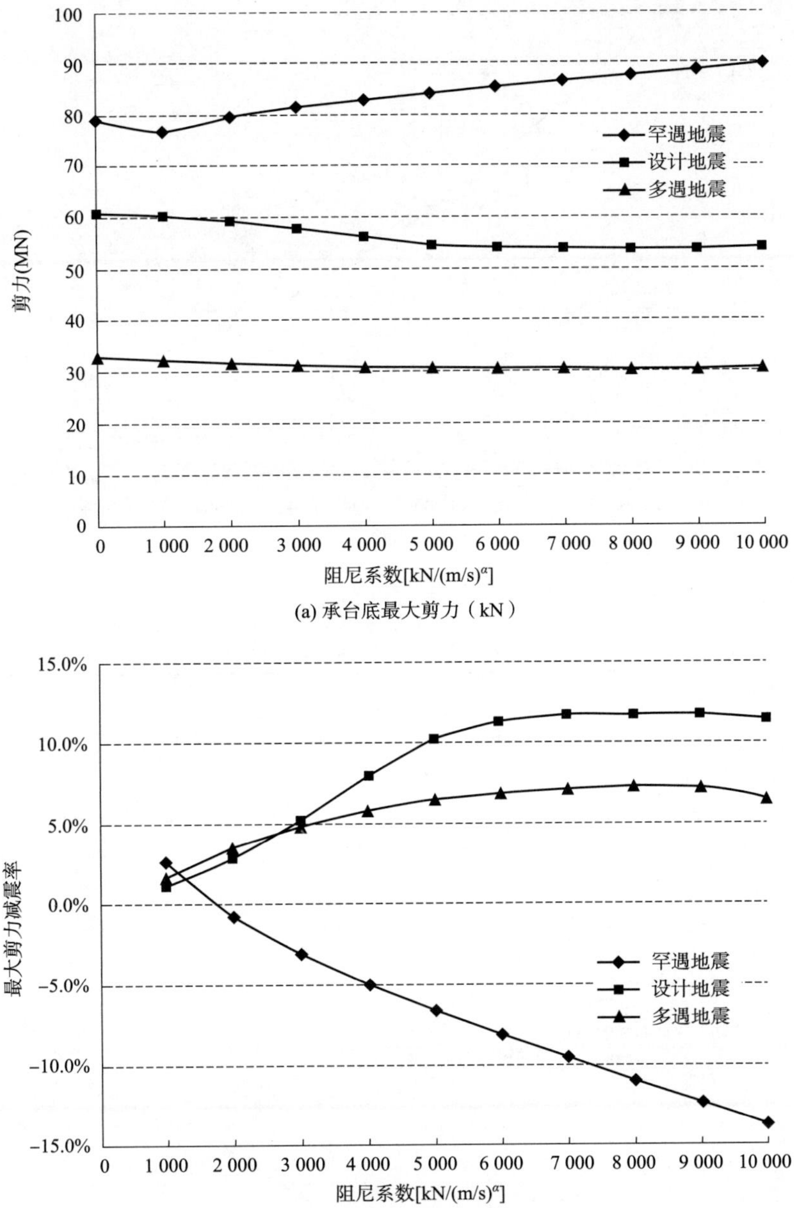


(a) 承台底最大剪力（kN）

(b) 承台底最大剪力减震率

图 7-12　不同阻尼系数下承台底最大剪力及最大剪力减震率

**表 7-15　阻尼最大冲程**(m)

| 设防地震 \ 阻尼系数[kN/(m/s)$^{\alpha}$] | 1 000 | 2 000 | 3 000 | 4 000 | 5 000 | 6 000 | 7 000 | 8 000 | 9 000 | 10 000 |
|---|---|---|---|---|---|---|---|---|---|---|
| 罕遇地震 | 0.753 3 | 0.654 0 | 0.558 3 | 0.470 2 | 0.393 2 | 0.327 9 | 0.272 7 | 0.226 9 | 0.189 5 | 0.160 4 |
| 设计地震 | 0.386 7 | 0.286 3 | 0.211 7 | 0.166 5 | 0.136 6 | 0.114 0 | 0.096 5 | 0.082 7 | 0.071 6 | 0.062 7 |
| 多遇地震 | 0.039 9 | 0.033 2 | 0.030 9 | 0.029 4 | 0.027 9 | 0.026 5 | 0.025 4 | 0.024 6 | 0.024 2 | 0.023 3 |

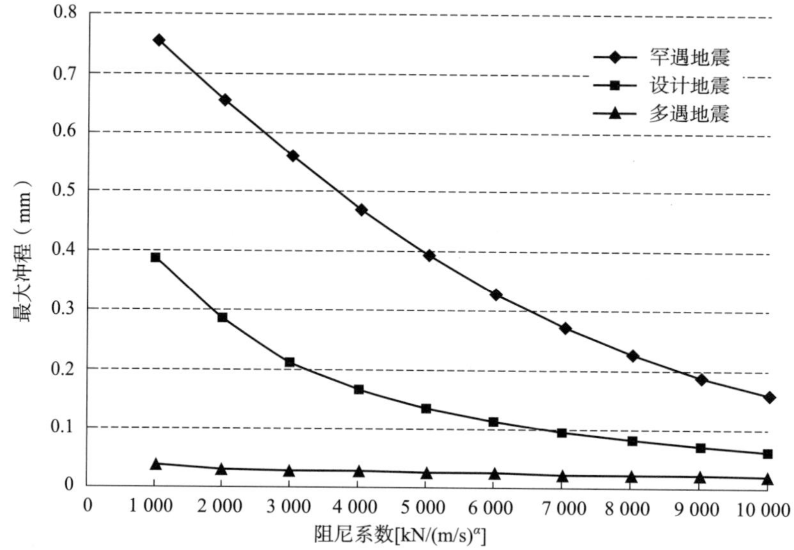


图 7-13　阻尼器最大冲程(m)

**表 7-16　阻尼器最大出力(kN)**

| 设防地震 \ 阻尼系数[kN/(m/s)$^\alpha$] | 1 000 | 2 000 | 3 000 | 4 000 | 5 000 | 6 000 | 7 000 | 8 000 | 9 000 | 10 000 |
|---|---|---|---|---|---|---|---|---|---|---|
| 罕遇地震 | 975 | 1 892 | 2 724 | 3 463 | 4 099 | 4 645 | 5 219 | 5 744 | 6 217 | 7 140 |
| 设计地震 | 779 | 1 439 | 2 002 | 2 541 | 3 161 | 3 751 | 4 305 | 4 813 | 5 264 | 5 658 |
| 多遇地震 | 458 | 874 | 1 256 | 1 617 | 1 960 | 2 284 | 2 597 | 2 900 | 3 201 | 3 426 |

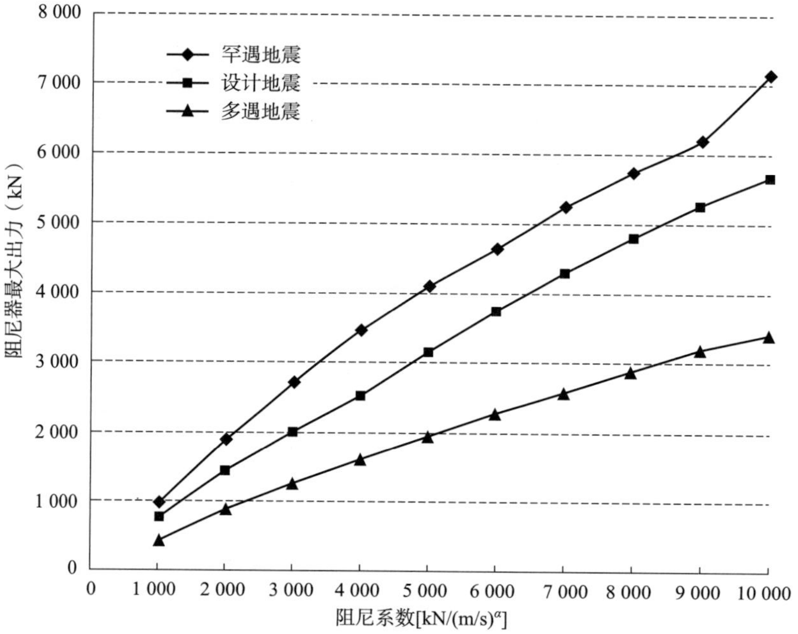


图 7-14　阻尼器最大出力(kN)

# 7.4 阻尼参数选取

## 7.4.1 速度指数和阻尼系数

进行抗震结构体系研究的目的，是力求寻找结构在强度、刚度、变形指标上的最佳组合，使结构能经济地实现抗震设防目标。阻尼器参数的选择取决于设置阻尼器的目的，综合考虑三水平设防标准、设防目标，阻尼器冲程、阻尼器出力、梁端位移、塔顶位移，以及塔底和承台底弯矩剪力随着阻尼器参数的变化情况。根据以往分析经验及案例，由于阻尼器出力和冲程是控制阻尼器价格的两个关键因素，综合考虑阻尼器取不同参数时在多遇地震和设计地震荷载作用下的减震效果，阻尼器参数初步选取为 6 000 kN/(m/s)$^{0.3}$，罕遇地震作用下的行程为 328 mm，最大出力为 4 645 kN。

## 7.4.2 阻尼器冲程选取

阻尼器最大冲程的确定需要根据该铁路斜拉桥相关荷载组合进行比较确定，作为全漂浮体系的钢桁梁铁路斜拉桥，温度荷载对主梁纵向的位移变化也能起到一定的控制作用。假定阻尼器的安装温度为 5～15℃，大桥所在地极端温度分别为 42℃和－10℃，升降温分别为 37℃和 25℃，模型中温度包络值为 37℃，整体升温 37℃桥塔处主梁最大位移为 99 mm，整体降温 25℃桥塔处最大位移为 67 mm，取温度变化最大值 99 mm，因此：

阻尼器最大静位移行程：99 mm(温度)＋328 mm(罕遇地震)＋50 mm(其他组合)＝477 mm。

综合以上分析，最终选定该明月峡长江大桥采用的阻尼器参数见表 7-17。

**表 7-17 阻尼器参数表**

| 分 项 | 参 数 |
|---|---|
| 阻尼器出力 | 5 000 kN |
| 阻尼器最大冲程 | ±500 mm |
| 阻尼系数 | $C$=6 000 kN/(m/s)$^{0.3}$ |
| 速度指数 | 0.3 |
| 安全系数 | 1.5 |
| 数量 | 4 |

# 8　元江双线特大桥减震设计

本章对元江铁路斜拉桥消能减震进行了分析，通过中国地震局地壳应力研究所提供的安评报告进行人工地震波合成，选取频谱特性相近的强震记录，对大桥在地震工况下的性能进行分析，并详细分析对比黏滞阻尼器的相关参数变化对结构减震效果的影响和阻尼器出力、冲程的变化，选择最优方案进行阻尼器的参数选择。

## 8.1　概　　述

### 8.1.1　项目概况

新建玉磨铁路位于云南省南部地区，北起昆玉铁路玉溪西站，途经玉溪、普洱、西双版纳等市州，经磨憨口岸至中(国)老(挝)边境，线路全长 507.359 km。玉磨铁路北端与昆玉、玉蒙铁路相接，向北通过昆玉线进入昆明枢纽与长昆客专、云桂铁路、沪昆铁路、成昆铁路及拟建的渝昆铁路相连；向南通过拟建中老铁路经琅勃拉邦至万象，继续南下经曼谷至新加坡，构成泛亚铁路的中通道。昆明至万象线路长 1 055 km，昆明至新加坡线路长 3 640 km。玉磨铁路元江特大桥于元江县境内跨越红河峡谷，桥高约 238 m，前接罗黑山隧道，后接土锅寨隧道，是全线地质条件最复杂、技术难度最高的桥梁。

### 8.1.2　桥梁概况

1. 桥梁及桥址建设条件概况

(1)桥梁概况：本桥位于玉磨铁路元江县境内，跨越红河河谷，受地形控制设计。本桥中心里程为 D1K106＋969，桥跨布置为 108＋152＋249＋152＋108(m)上承式连续钢桁梁，桥梁全长 826.0 m。该桥由 MIDAS Civil 建立的有限元三维模型如图 8-1 所示。

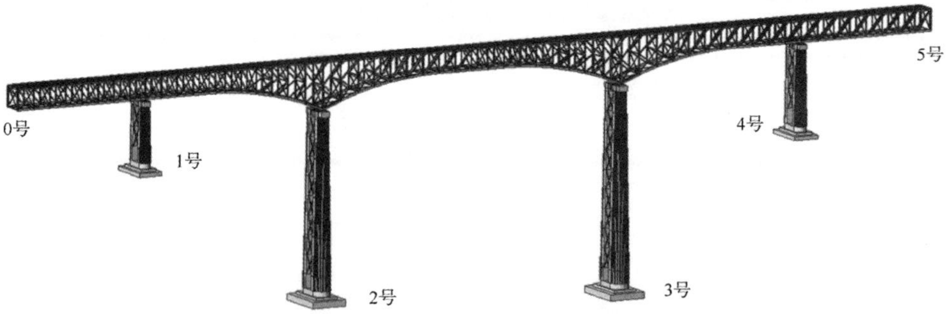


图 8-1　元江连续梁拱桥有限元模型

(2)气象条件：桥址位于元江县境内，区内多年平均气温为 23.8℃，极端最高气温为 42.5℃，极端最低气温为－0.1℃；多年平均日照时数为 2 291.7 h，多年平均霜日为 0.5 天。多年平均降雨量为 769.3 mm，历年最大降雨量为 1 211.3 mm，多年平均湿度为 71％。

(3)地震动参数：根据《中国地震动参数区划图》(GB 18306—2001)及中国地震局地壳应

力研究所《新建玉溪至磨憨铁路沿线地震动参数区划报告》(2014 年 7 月)划分，测区地震动峰值加速度 0.15$g$，场地类别为Ⅲ类，地震动反应谱特征周期为 0.45 s。

(4)水文地质条件：根据《铁路混凝土结构耐久性设计规范》(TB 10005—2010)判定，在环境作用类别为化学侵蚀环境、氯盐环境及盐类结晶破坏环境时，水中的酸性侵蚀和侵蚀性 $CO_2$、$SO_4^{2-}$、$Mg^{2+}$、$Cl^-$ 值对混凝土结构无侵蚀性。测区 $T_3g$、$T_3sa$ 地层含石膏、煤线，地下水按对混凝土结构具化学侵蚀环境的作用等级为 H2、具盐类结晶破坏环境的作用等级为 Y2 考虑，相关工程需防护。

2. 线路资料

平面：位于直线上；纵断面：本桥主桥位于直线上，小里程侧桥台位于竖曲线上，线路纵坡为−12‰，大里程侧桥台位于竖曲线上，线路纵坡为 8‰。

3. 主要技术标准

(1)铁路等级：Ⅰ级；

(2)正线数目：双线有砟轨道，线间距 4.2 m；

(3)路段旅客列车设计行车速度：160 km/h；

(4)牵引种类：电力；

(5)轨道结构：采用 60 kg/m 重型钢轨，按无缝线路设计，铺设Ⅲ型混凝土轨枕；

(6)牵引质量：3 000 t。

## 8.2 结构的动力特性分析

通过 MIDAS Civil 有限元软件采用多重 Ritz 向量法对该桥模态分析，初始荷载地面加速度 $x$、$y$、$z$ 三个方向各 30 个向量，Ritz 向量总数为 90，进行结构振型分析，沿桥纵向的振型参与质量达到 97.10%。本章重点分析沿纵桥向振型参与质量达到 1%以上的振型形状，各阶振型参数见表 8-1，部分振型形状如图 8-2 所示。

**表 8-1　桥梁振型参数表**

| 阶数 | 频率(Hz) | 周期(s) | 振型参与质量(%) | 振型参与系数 | 振型特征 |
|---|---|---|---|---|---|
| 1 | 0.202 | 4.957 | 28.63 | 204.42 | 主梁纵飘，2 号墩纵弯 |
| 3 | 0.475 | 2.107 | 11.04 | 126.96 | 3 号墩纵弯 |
| 14 | 1.420 | 0.704 | 2.91 | 65.11 | 4 号墩纵弯 |
| 16 | 1.699 | 0.589 | 1.16 | −41.09 | 主梁竖弯，2 号纵弯 |
| 17 | 1.892 | 0.528 | 1.48 | −46.49 | 主梁竖弯，2 号纵弯 |
| 19 | 1.969 | 0.508 | 1.22 | −42.17 | 主梁竖弯，2 号纵弯 |
| 22 | 2.106 | 0.475 | 5 | −85.44 | 3 号墩纵弯 |
| 25 | 2.122 | 0.471 | 2.25 | 57.24 | 1 号墩纵弯 |
| 56 | 5.089 | 0.196 | 3.05 | 66.75 | 主梁竖弯，2 号和 3 号墩纵弯 |
| 68 | 7.186 | 0.139 | 1.46 | 46.12 | 主梁竖弯，4 号墩纵弯变形最大 |
| 77 | 11.080 | 0.090 | 1.46 | −46.17 | 主梁竖弯，1 号、2 号、3 号、4 号纵弯 |
| 80 | 14.361 | 0.070 | 1.41 | 45.3 | |
| 84 | 19.476 | 0.051 | 1.78 | −50.92 | |
| 86 | 28.318 | 0.035 | 2.73 | 63.13 | |
| 88 | 61.046 | 0.016 | 25.85 | 194.22 | |

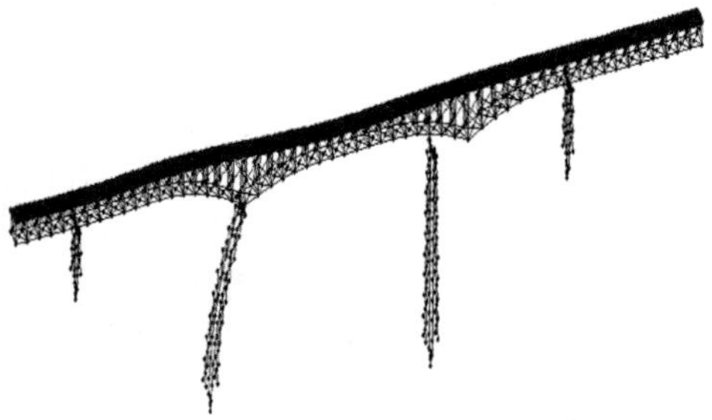

(a) 第1阶振型

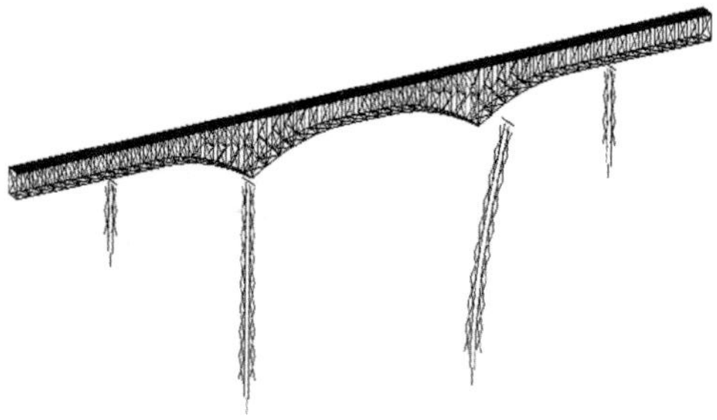

(b) 第3阶振型

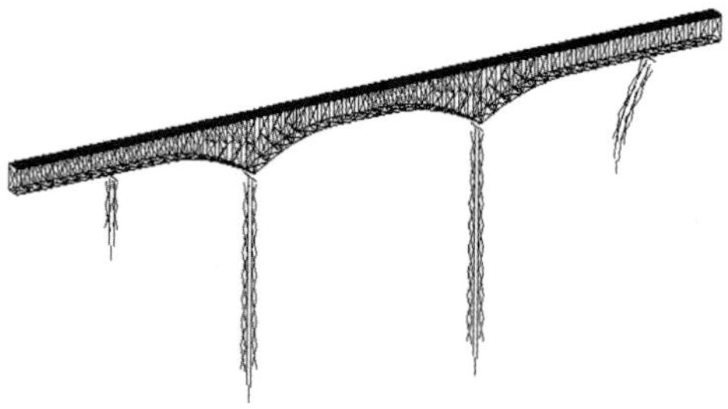

(c) 第14阶振型

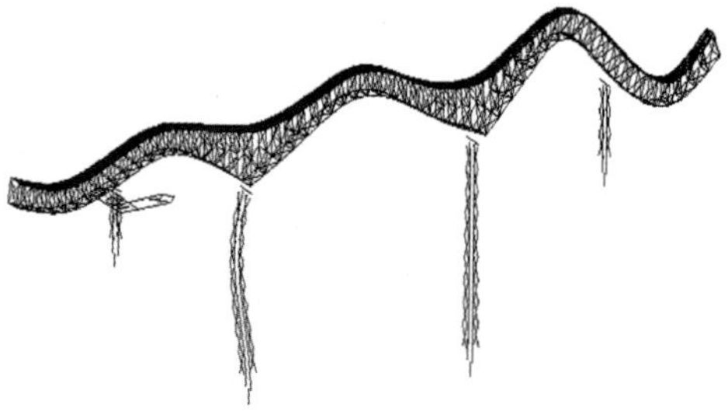

(d) 第16阶振型

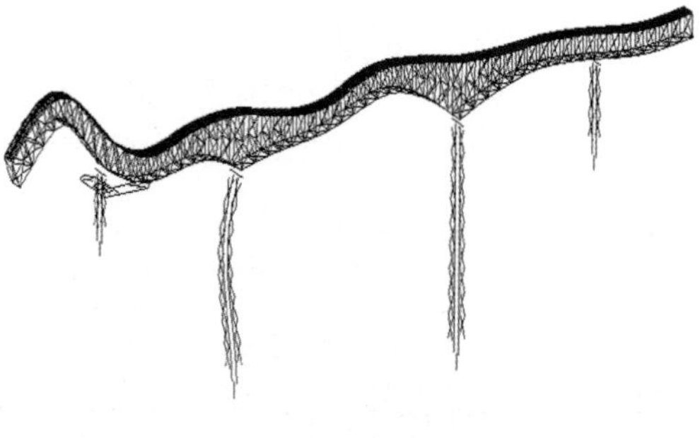

(e) 第17阶振型

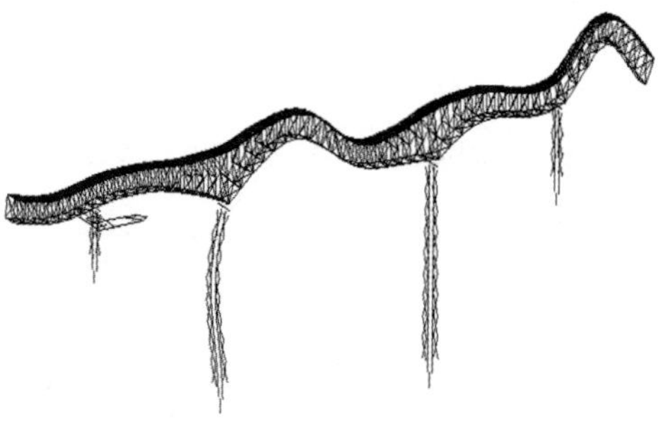

(f) 第19阶振型

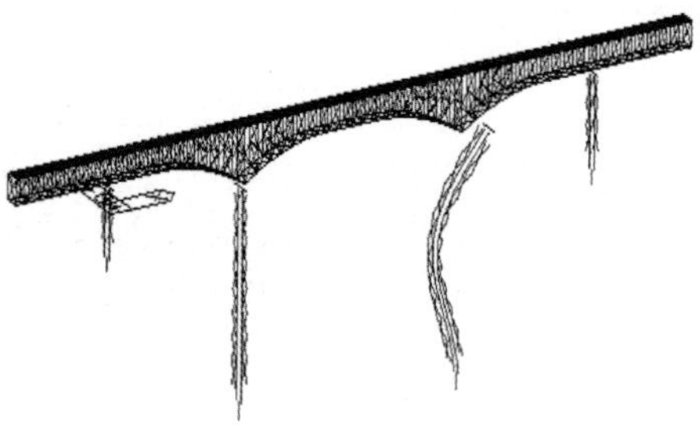

(g) 第22阶振型

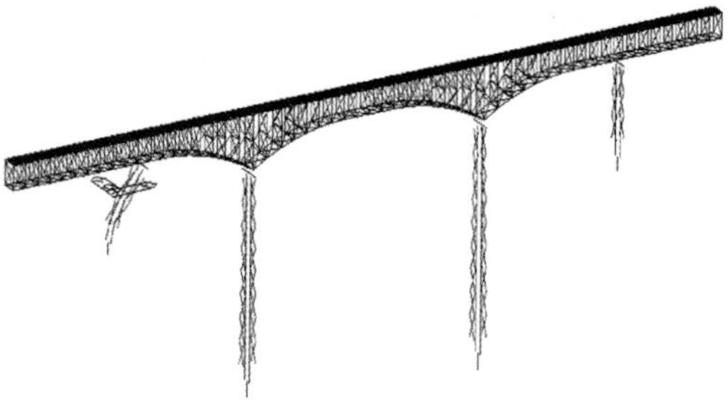

(h) 第25阶振型

图　8-2

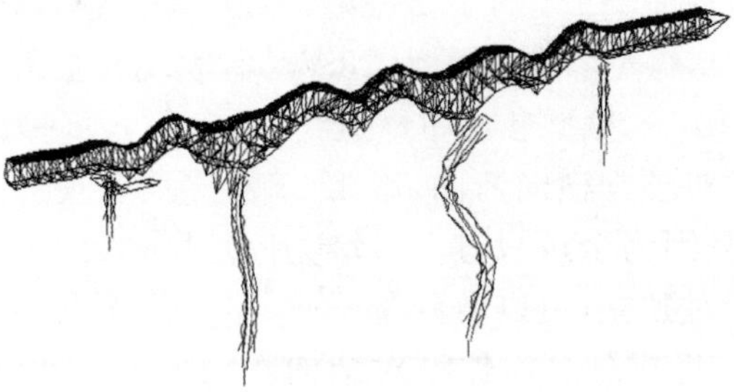

(i) 第56阶振型

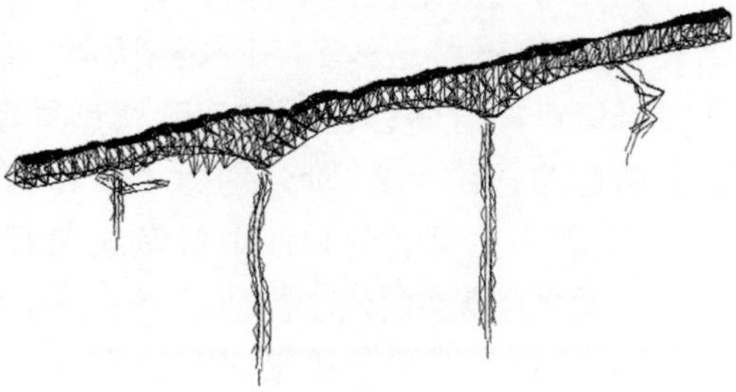

(j) 第68阶振型

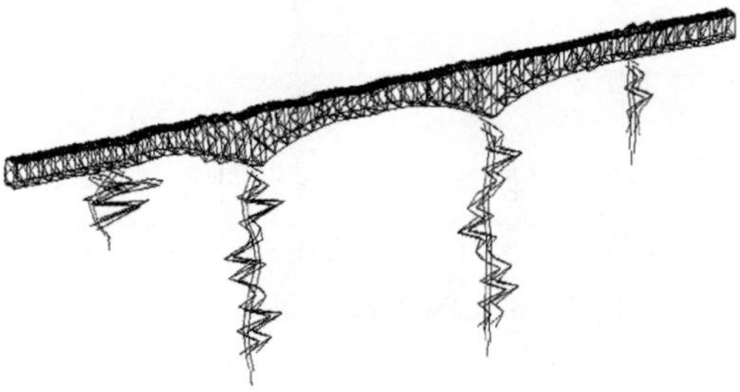

(k) 第77阶振型

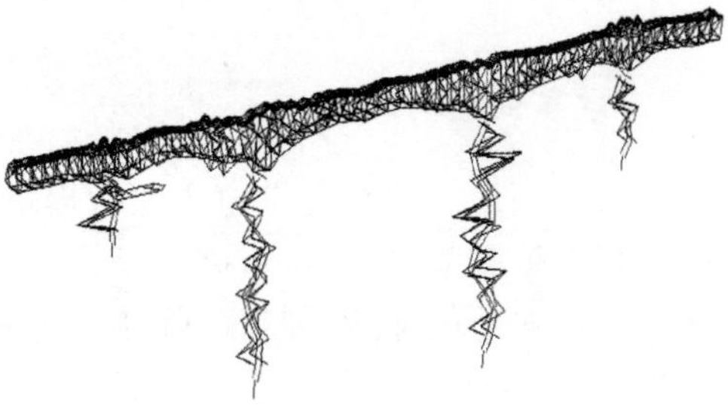

(l) 第80阶振型

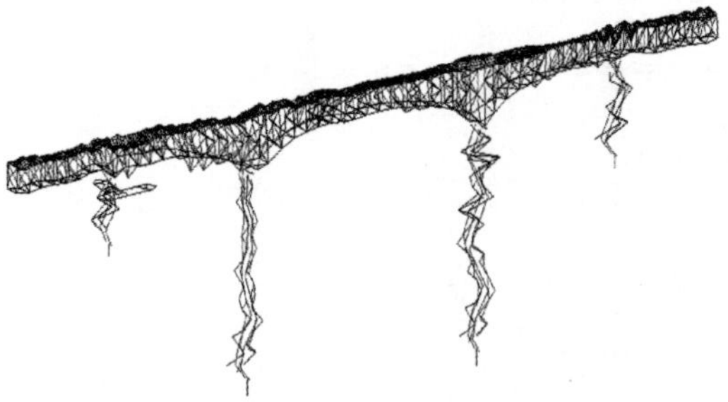

(m) 第84阶振型

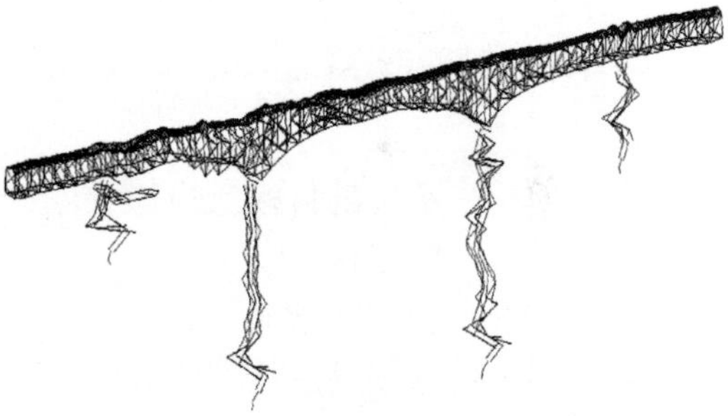

(n) 第86阶振型

(o) 第88阶振型

图 8-2 主要振型的形状

由元江特大桥结构前 90 阶的纵向振型参与质量大于 1%的主要振型，可以得出结构纵向振动具有以下特性：结构第一阶振型周期为 4.957 s，振型参与质量为 28.63%，表现为主梁纵飘和 2 号墩纵向弯曲；其次，第三阶振型周期为 2.107 s，振型参与质量达到 11.04%，表现为 3 号墩纵向弯曲；第 14、25 阶分别为 4 号和 1 号墩相对独立横向弯曲，以第 25 阶之后表现为高阶振型，表现为主梁竖弯和各个桥墩纵向弯曲，这是因为全桥只有 2 号墩为固定墩，其他桥墩纵向与主梁之间无约束，这些活动桥墩纵向振动相对独立；可以看到第一阶、第三阶振型和高阶振型第 88 阶振型参与质量之和达到了 65.52%，考虑到高阶振型对结构影响较小，所以对结构起主要影响的为第一阶和第三阶振型。

## 8.3 基于黏滞阻尼器的减震分析

### 8.3.1 地震荷载输入

根据中国地震局地壳应力研究所提供的《玉磨工程场地地震安全性评价报告》，对元江特大桥进行了地震危险性分析，确定了桥址场地的地震动特性，采用拟合目标函数的三角级数叠加法合成基岩地震加速度时程，作为场地地震动反应分析的输入地震动时程。

1. 基本原理和方法

三角级数叠加法的基本思路是用一个三角级数之构造一个近似的平稳高斯过程，然后乘以强度包络函数，得到非平稳的基岩加速度时程。

(1)用反应谱与功率谱的转换关系，将目标反应谱转换成相应的功率谱：

$$S(\omega_k)=\frac{\xi}{\pi\omega_k}\cdot[S_a(\omega_k)]^2\cdot\frac{1}{\ln\dfrac{-\pi}{\omega_k T_d}\ln(1-P)} \tag{8-1}$$

式中 $S_a(\omega_k)$——给定的目标反应谱在频率 $\omega_k$ 处的幅值；

$\xi$——阻尼比；

$P$——反应超越概率；

$T_d$——地震动总持续时间。

(2)用三角级数叠加法，生成零均值的平稳高斯过程：

$$X(t)=\sum_{0}^{n}C_k[\cos(\omega_k t+\varphi_k)] \tag{8-2}$$

式中 $C_k=\sqrt{4S(\omega_k)\Delta\omega}$；

$\omega_k=2\pi k/T_d$；

$\Delta\omega=2\pi/T_d$；

$\varphi_k$——初相角，为(0，2π)区间内均匀分布的随机量。

(3)将平稳高斯过程 $X(t)$ 乘以非平稳强度包络函数 $f(t)$，得到一个非平稳的加速度时程：

$$a(t)=f(t)X(t) \tag{8-3}$$

强度包络函数的形式通常为：

$$f(t)=\begin{cases}(t/T_1)^2 & 0\leqslant t<T_1\\ 1 & T_1\leqslant t<T_2\\ e^{-C(t-T_2)} & T_2\leqslant t<T_d\end{cases}$$

式中 $[0,T_1)$——振幅上升段；

$[T_1,T_2)$——振幅平稳段；

$[T_2,T_d)$——振幅衰减段；

$C$——峰值衰减系数。

在合成过程中，采用逐步逼近目标函数的办法，使合成的加速度时程 $a(t)$ 精确满足基岩加速度峰值 $A_{max}$，并近似满足基岩加速度反应谱 $S_a(\omega_k)$，使其相对误差小于给定的容许误差。在本工作中取相对误差 $\sigma<5\%$。

2. 基岩加速度时程合成参数的确定

（1）总持续时间 $T_d$ 和震级大小、震源距有关，参考 McGuire 的 90%能量持时公式：

$$\ln T_d = 0.19 + 0.15M + 0.35\ln R \tag{8-4}$$

式中 $M$——地震震级；

$R$——震源距。

（2）振幅平稳时间的选取参考霍俊荣公式：

$$\lg T_s = -2.268 + 0.3262M + 0.5815\lg(R+R_0) + \varepsilon \tag{8-5}$$

式中 $T_s$——峰值平稳段持时，即 $T_s=T_2-T_1$。

（3）振幅上升段持续时间 $T_1$ 的选取参考霍俊荣公式：

$$\lg T_1 = -1.074 + 1.005\lg(R+R_0) + \varepsilon \tag{8-6}$$

（4）峰值衰减系数 $C$，按振动结束时振幅为峰值的 5%来确定，由强度包络函数可得：

$$C = \frac{\ln 0.05}{T_2 - T_d} \tag{8-7}$$

确定地震动持时参数，是以地震危险性分析所得等效震级与距离，以及由地震动持时参数统计经验所得的地震动持时参数作为参考，综合考虑地震动反应谱与强度包络参数之间的匹配情况，调整地震动持时参数值，并考虑对场地地震危险性分析结果影响较大的潜在震源区的分布。经综合分析评定，得到本工程的基岩加速度时程合成参数列于表 8-2。

**表 8-2 基岩加速度时程合成参数**

| 场地 | 概率水平 | $T_1$(s) | $T_2$(s) | $T_d$(s) | $C$ |
|---|---|---|---|---|---|
| 元江特大桥 | 50a63% | 2.0 | 12.0 | 24.0 | 0.25 |
| | 50a10% | 2.0 | 13.0 | 28.0 | 0.20 |
| | 50a2% | 2.0 | 15.0 | 35.0 | 0.15 |
| | 100a63% | 2.0 | 13.0 | 25.0 | 0.25 |
| | 100a10% | 2.0 | 14.0 | 29.0 | 0.20 |
| | 100a3% | 2.0 | 16.0 | 36.0 | 0.15 |

3. 采用的时程合成结果

本章只列出了设计基准期为 100 年，超越概率为 63%、10%、3%的人工合成地震波，详见表 8-3、图 8-3。

**表 8-3 玉磨铁路元江特大桥工程场地的地震基岩峰值加速度**(单位:Gal)

| 工程场地 | 50a63% | 50a10% | 50a2% | 100a63% | 100a10% | 100a3% |
|---|---|---|---|---|---|---|
| 玉磨铁路元江特大桥 | 54 | 128 | 218 | 70 | 160 | 227 |

4. 人工合成地震波拟反应谱与目标反应谱的比较分析

由安评报告提供的 3 个重点场地 100 年超越概率为 63%、10%、3%以及 50 年超越概率为 63%、10%和 2%的地表水平向设计地震动加速度反应谱采用式(8-8)~式(8-10)确定。

元江双线特大桥各场点地表水平峰值加速度和反应谱参数见表 8-4。

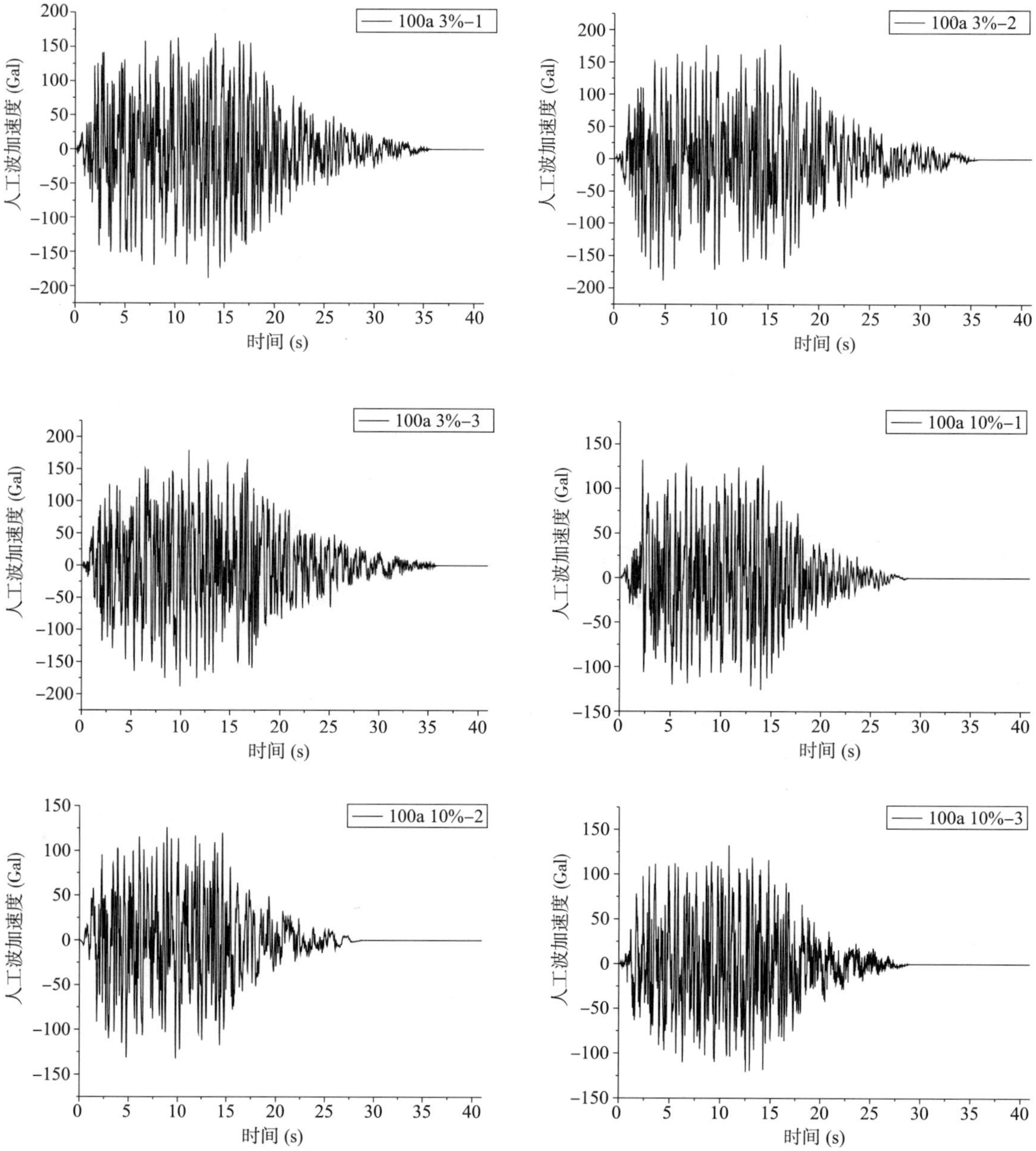


图 8-3

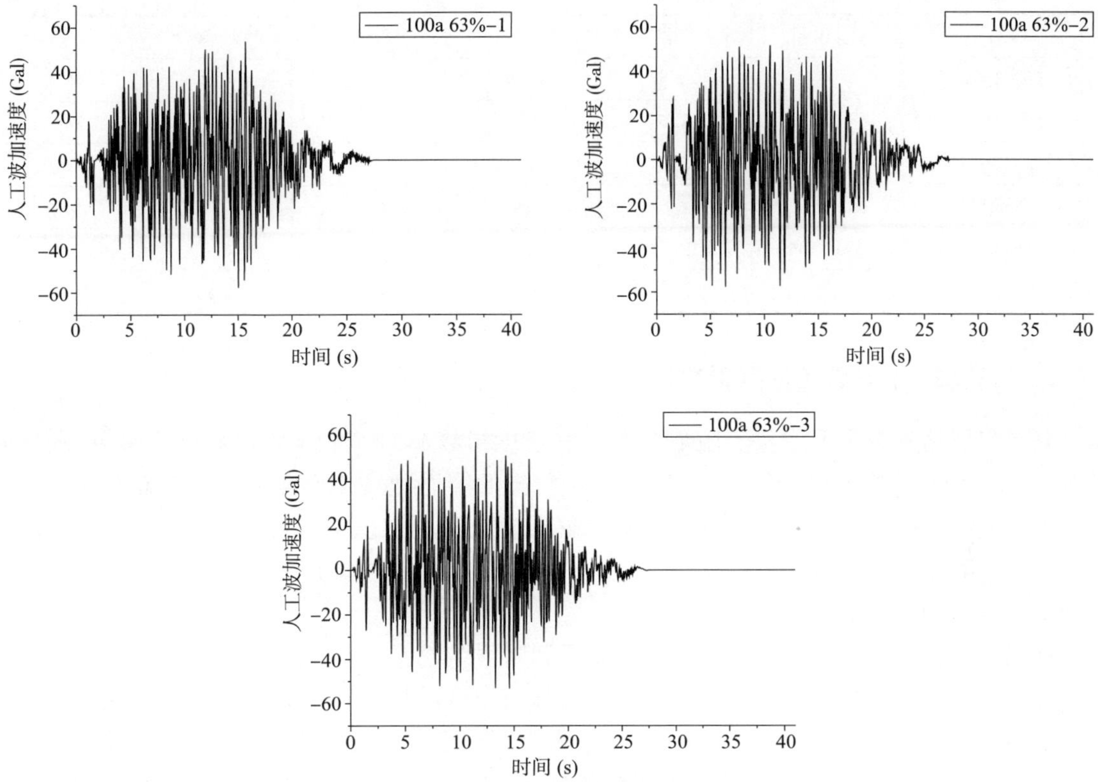


图 8-3 人工合成地震波

$$S_a = A_{max}\beta(T) \tag{8-8}$$

$$\alpha_{max} = A_{max}\beta_m / g \tag{8-9}$$

$$\beta(T)=\begin{cases} 1 & T\leqslant T_0 \\ 1+(\beta_m-1)\dfrac{T-T_0}{T_1-T_0} & T_0<T\leqslant T_1 \\ \beta_m & T_1<T\leqslant T_g \\ \beta_m\left(\dfrac{T_g}{T}\right)^{\gamma} & T_g<T\leqslant 6\ \text{s} \end{cases} \tag{8-10}$$

式中 $A_{max}$——地震动峰值加速度；

$\beta(T)$——地震动加速度动力放大系数；

$\alpha_{max}$——地震影响系数最大值；

$T$——反应谱周期；

$\beta_m$——反应谱最大值；

$T_g$——反应谱特征周期；

$\gamma$——衰减系数。

表 8-4 元江双线特大桥各场点地表水平峰值加速度和反应谱参数

| 概率 | $A_{max}$(Gal) | $\beta_m$ | $T_0$(s) | $T_1$(s) | $T_g$(s) | $\gamma$ |
|---|---|---|---|---|---|---|
| 50a63% | 54 | 2.5 | 0.04 | 0.1 | 0.4 | 0.9 |
| 50a10% | 128 | 2.5 | 0.04 | 0.1 | 0.4 | 0.9 |
| 50a2% | 218 | 2.5 | 0.04 | 0.1 | 0.45 | 0.9 |
| 100a63% | 70 | 2.5 | 0.04 | 0.1 | 0.35 | 0.9 |
| 100a10% | 160 | 2.5 | 0.04 | 0.1 | 0.4 | 0.9 |
| 100a3% | 227 | 2.5 | 0.04 | 0.1 | 0.45 | 0.9 |

### 8.3.2 活动墩台全布置阻尼器参数分析

黏滞阻尼器参数主要取决于阻尼系数 $C$ 和速度指数 $\alpha$，为了确定阻尼器合理参数，本章通过 MIDAS Civil 结构有限元软件，以安评报告给出的罕遇地震 100 年基准期超越概率为 3% 的人工合成波，并采用非线性时程分析，对阻尼器参数不同取值对结构地震动的响应分析，阻尼系数 $C$ 的取值范围定为 1 000～8 000 kN/(m/s)$^\alpha$，速度指数取值为 0.3～1。以下为不同阻尼器参数对结构减震效果的影响分析。

从图 8-4 的减震效果变化曲线分析可以得到以下结论：

1)从图 8-4(q)～(t)可以看出，在速度指数保持不变的情况下，随着阻尼系数的增大，梁端位移逐渐减少，减震率逐渐增大，但减震变化曲线有逐渐趋于稳定趋势；在阻尼系数为 1 000 和 2 000 保持不变的情况下，随着速度指数的增大，梁端位移逐渐增大，减震率逐渐减少；随着阻尼系数和速度系数增大，梁端位移先减小后增大，减震率先增大后减小，梁端位移减小的最低点随着阻尼系数和速度指数增大不断降低。

2)从图 8-4(a)～(d)、(m)～(p)可以看出，设置在边墩的阻尼器，阻尼系数敏感区域在较小范围，随着阻尼系数增大，边墩墩底剪力和弯矩先减小后增大，最小值随着阻尼系数增大向增大方向移动，当阻尼系数增大到一定程度时，阻尼器的减震效果出现了效果"反弯点"，可见对该桥边墩并不适合采用较大阻尼系数；在固定不变的阻尼系数条件下，随着速度指数增大，边墩的底部剪力和弯矩先减小后增大，阻尼系数越大，墩底剪力和弯矩的最低点越晚出现。

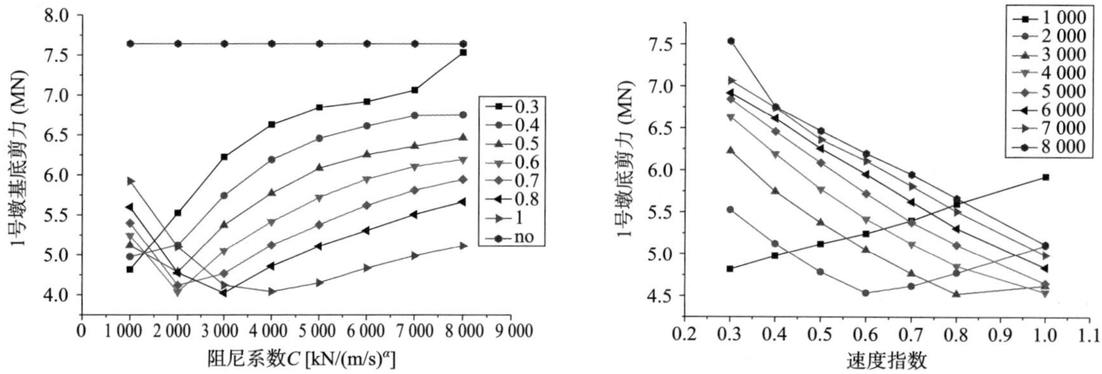

(a) (b)

图 8-4

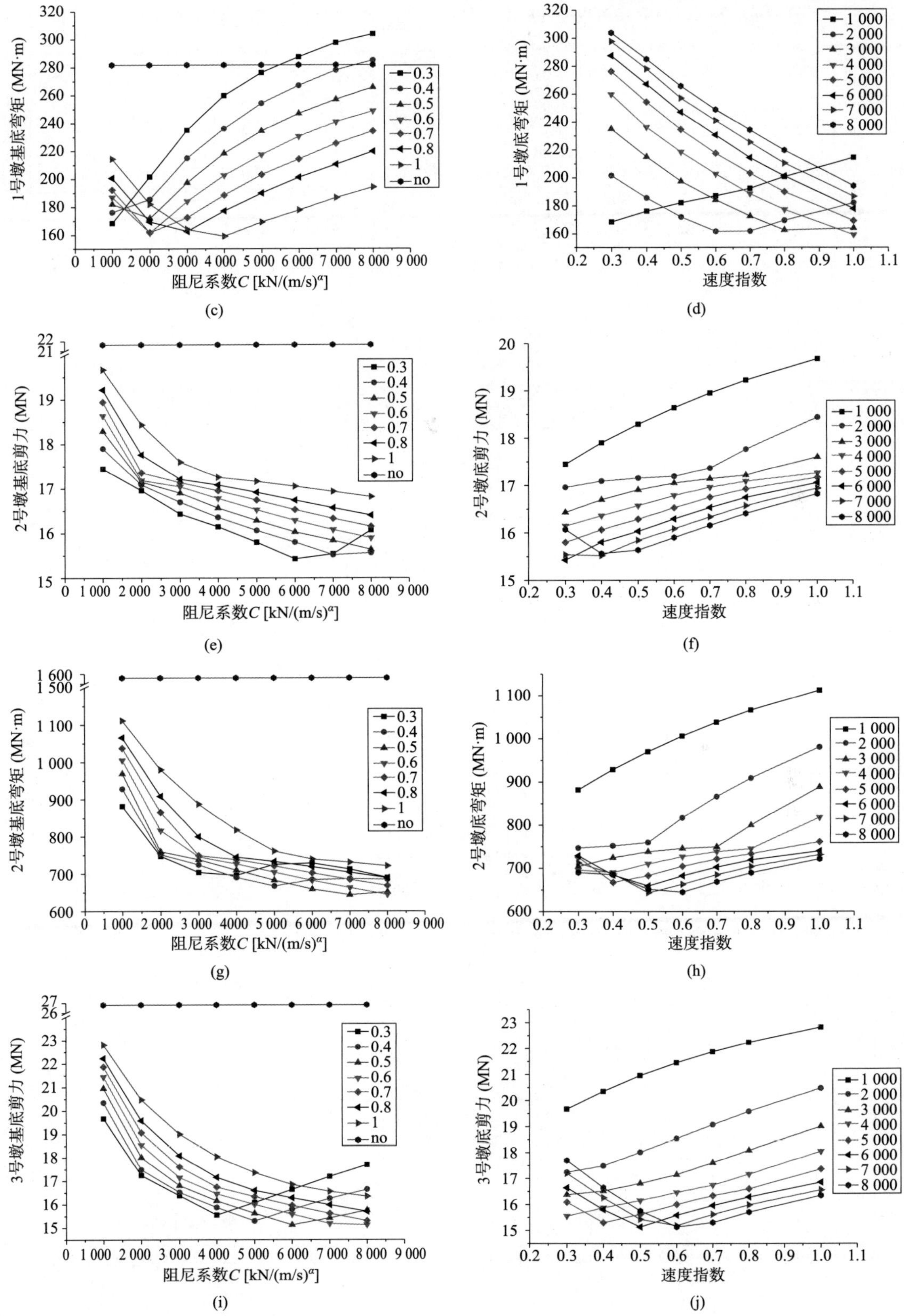
1号墩基底弯矩 (MN·m)
阻尼系数C [kN/(m/s)^α]
0.3
0.4
0.5
0.6
0.7
0.8
1
no
(c)
1号墩底弯矩 (MN·m)
速度指数
1 000
2 000
3 000
4 000
5 000
6 000
7 000
8 000
(d)
2号墩基底剪力 (MN)
阻尼系数C [kN/(m/s)^α]
(e)
2号墩底剪力 (MN)
速度指数
(f)
2号墩基底弯矩 (MN·m)
阻尼系数C [kN/(m/s)^α]
(g)
2号墩底弯矩 (MN·m)
速度指数
(h)
3号墩基底剪力 (MN)
阻尼系数C [kN/(m/s)^α]
(i)
3号墩底剪力 (MN)
速度指数
(j)

图 8-4

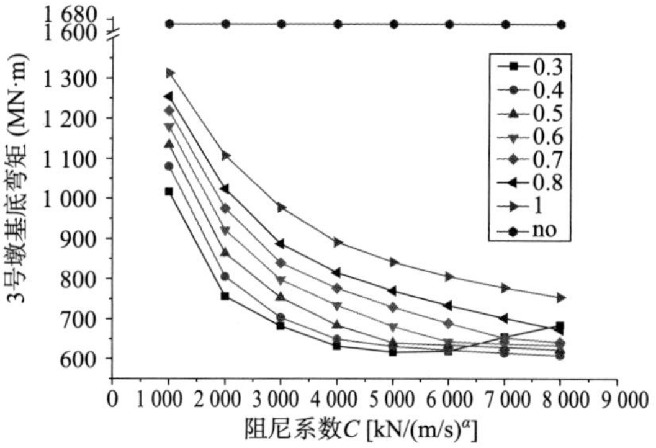


(k)

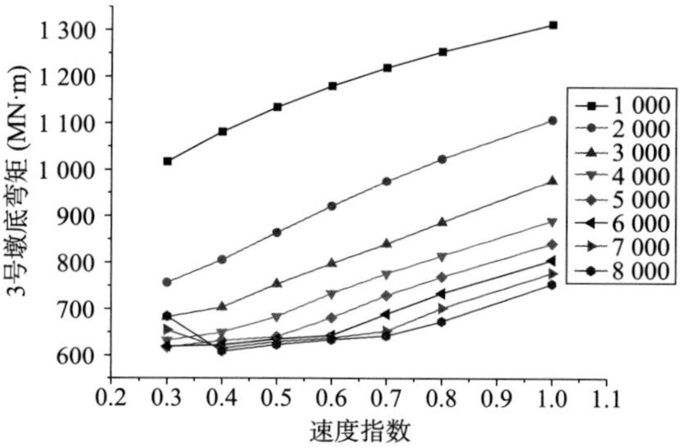


(l)

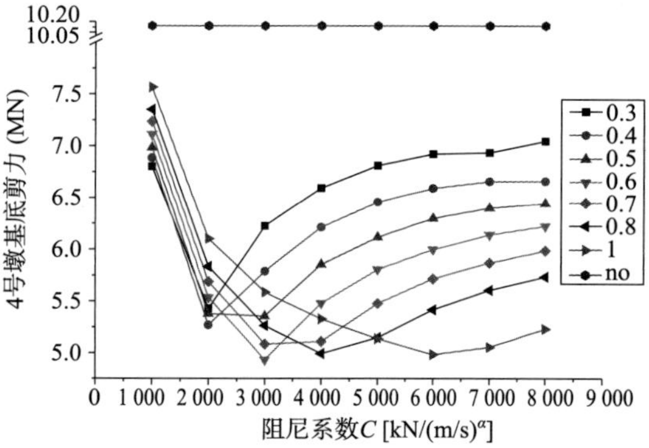


(m)

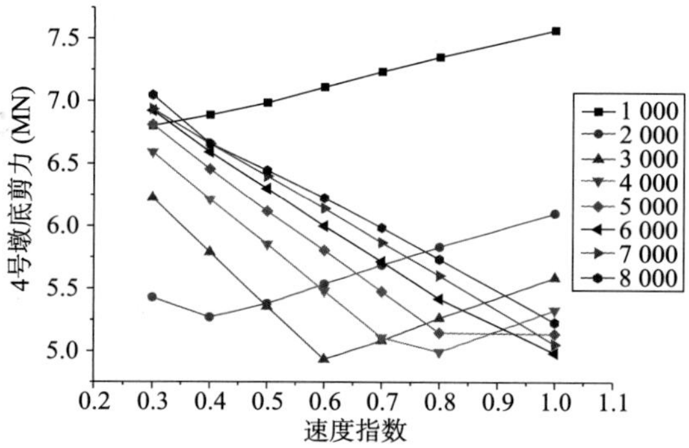


(n)

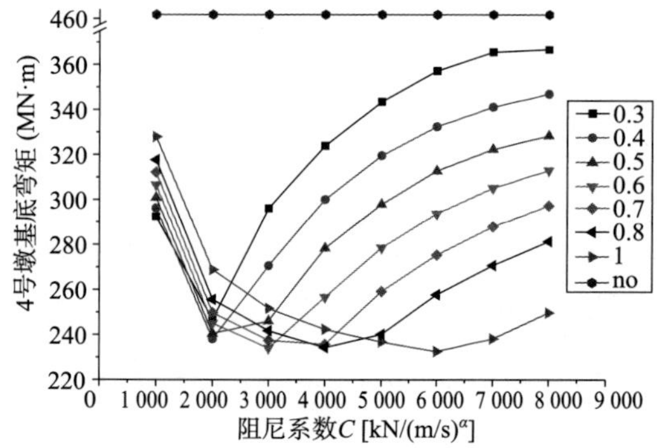


(o)

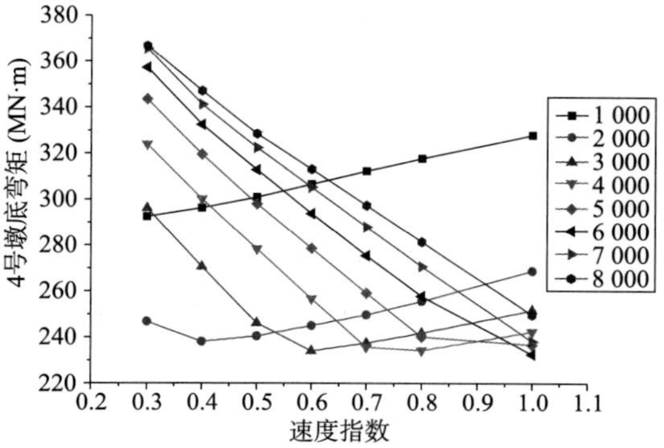


(p)

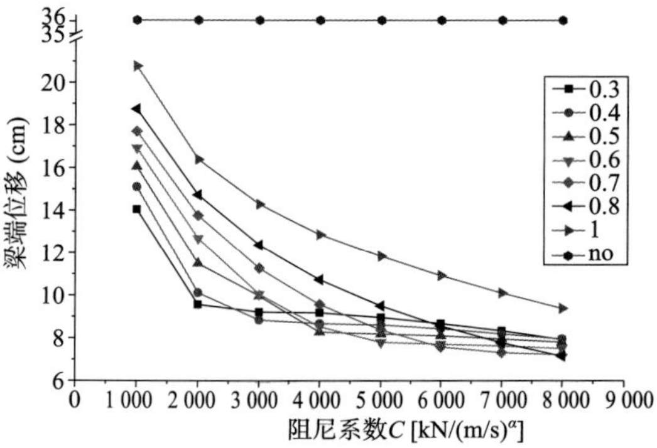


(q)

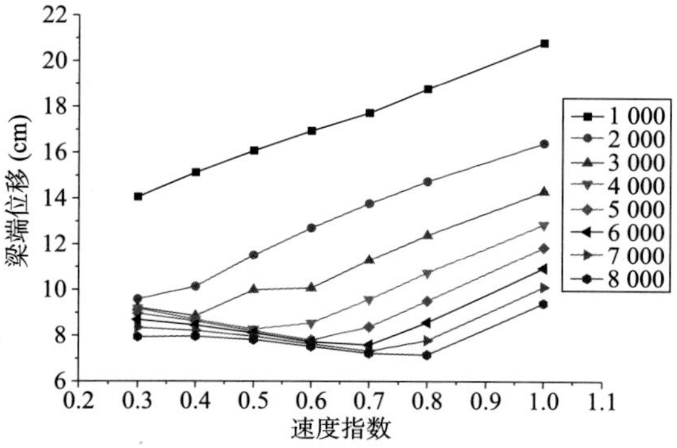


(r)

图 8-4

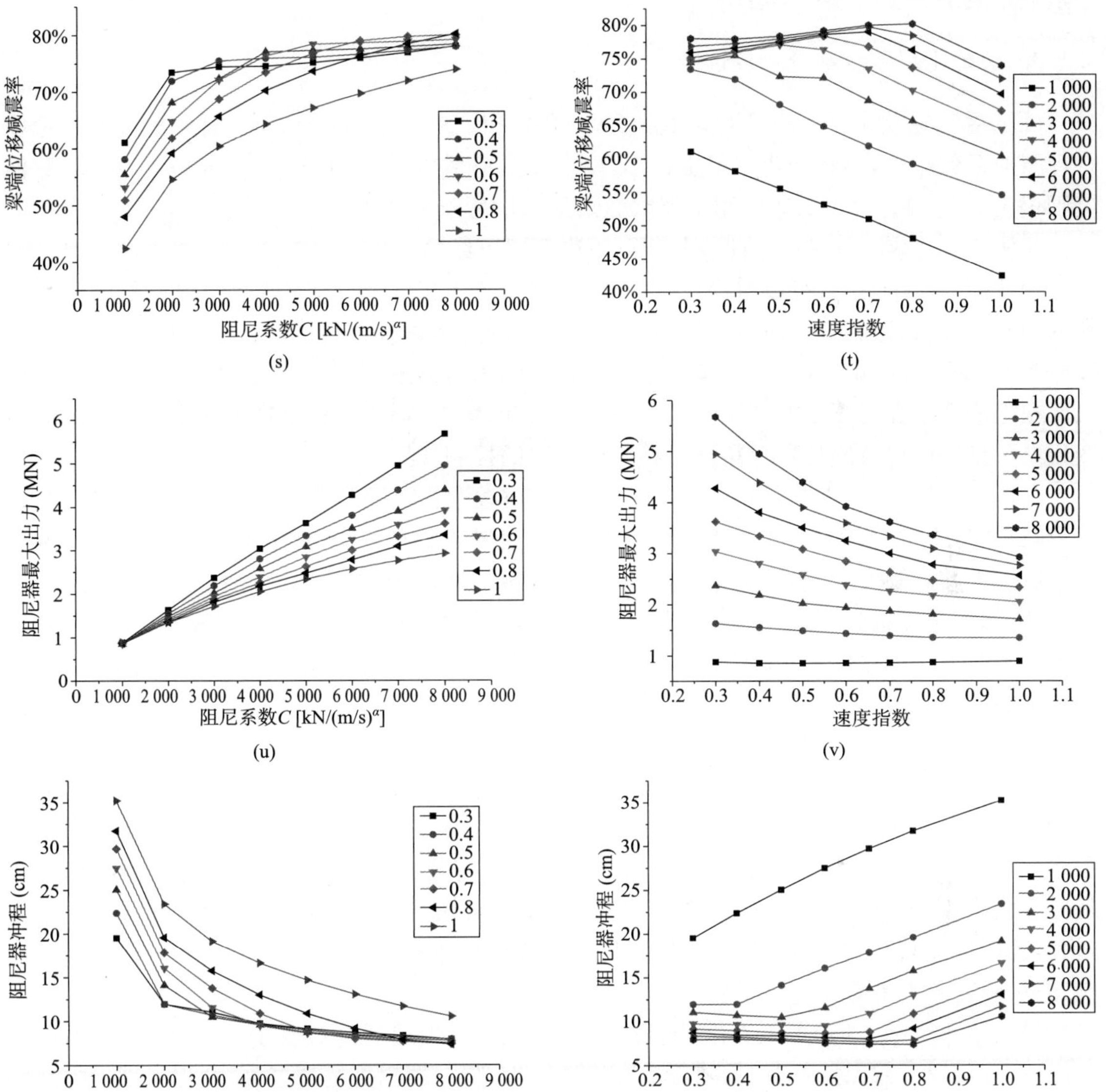


图 8-4　活动墩台全布置阻尼器不同参数下的减震效果的变化曲线

3)从图 8-4(e)～(l)可以看出，随着阻尼系数增加，墩底剪力和弯矩先减少，当阻尼系数增大一定程度会有增大，当速度指数越小，剪力和弯矩的最低点越早出现；速度指数在较小的阻尼系数条件下，随着速度指数增大，剪力和弯矩增大，当在较大阻尼系数条件下，剪力和弯矩会出现先减小后增大的变化；如图 8-4(g)所示，在较小速度指数下，阻尼器系数增大，弯矩变化曲线有略微浮动，显然 3 号墩比 2 号墩的剪力和弯矩曲线更规律，这是由于 3 号墩为固定墩，剪力和弯矩曲线变化表现为全桥阻尼器减震效果。

4)从图 8-4(u)～(x)可以看出，随着阻尼系数增大，速度指数减小时，阻尼器的最大出力增大；随着阻尼系数增大，阻尼器最大变形减小，随着速度指数增大，较小阻尼系数下增大，较大阻尼系数下表现出先减小后增大。

### 8.3.3 边墩阻尼器参数分析及选择

确定活动主墩和桥台处阻尼器参数 $C=5\ 000$ 和 $\alpha=0.4$ 保持不变，参数分析考虑到边墩合理阻尼系数较小，参数变化范围也较小，以边墩阻尼系数取 2 000～5 000 $\mathrm{kN/(c/s)^{\alpha}}$，$\alpha$ 取值范围仍为 0.3～1。以下为边墩阻尼器参数对结构的影响分析。

从图 8-5 的减震效果变化曲线分析可以得到以下结论：

1）从图 8-5(q)～(t)可以看出，在速度指数保持不变的情况下，随着边墩阻尼器的阻尼系数的增大，速度指数为 0.3 时，梁端位移线性增大，减震率逐渐线性减小；而速度指数为 0.4～0.6 时，两端位移先减小后增大；速度指数大于 0.6 时，梁端位移线性减小，位移减震率线性增大。在阻尼系数保持不变的情况下，随着速度指数的增大，梁端位移呈现先减小后增大的曲线变化。可见边墩设置阻尼器对梁端位移起到一定的控制作用。

2）从图 8-5(a)～(d)、(m)～(p)可以看出，在边墩设置阻尼器，随着阻尼系数增大，在速度指数较小时，边墩底部剪力和弯矩逐渐增大，随着速度指数增大，边墩底部剪力和弯矩呈现先减小后增大的曲线变化，当速度指数再增大，则边墩的底部剪力和弯矩线性减小；保持阻尼系数不变，随着速度指数增大，边墩的底部剪力和弯矩呈现先减小后增大的曲线变化；随着阻尼系数不断增大，可导致减震效果出现效果“反弯点”，可见边墩设置阻尼器和不同参数变化时，对边墩的底部剪力和弯矩的值产生了较大影响。

3）从图 8-5(e)～(l)可以看出，随着阻尼系数增加，主墩的底部剪力基本上呈现线性减小，只有在 3 号墩呈现出先减小后增大曲线变化；阻尼器系数不变时，随速度指数增加，底部剪力保持逐渐增大；3 号墩的底部弯矩与边墩弯矩变化规律基本保持一致，而 4 号固定墩基本上保持线性减小的变化，只有在速度指数为 0.3 和 0.4 时，表现出先减小后增大的变化规律，而在阻尼系数为 4 000 和 5 000，速度指数较小时，底部弯矩表现出较大幅度的减小，随着速度指数增大，表现出逐渐增大。可以看出边墩阻尼器参数取值不同虽然对主墩产生了一定规律的影响，但从减震效果来看，并不明显。

4）从图 8-5(u)～(x)可以看出，随着阻尼系数增大，阻尼器的最大出力增大；阻尼器最大变形减小；阻尼系数保持不变时，随着速度指数增大，阻尼器出力逐渐减小，冲程表现出先减小后增大的曲线变化规律。

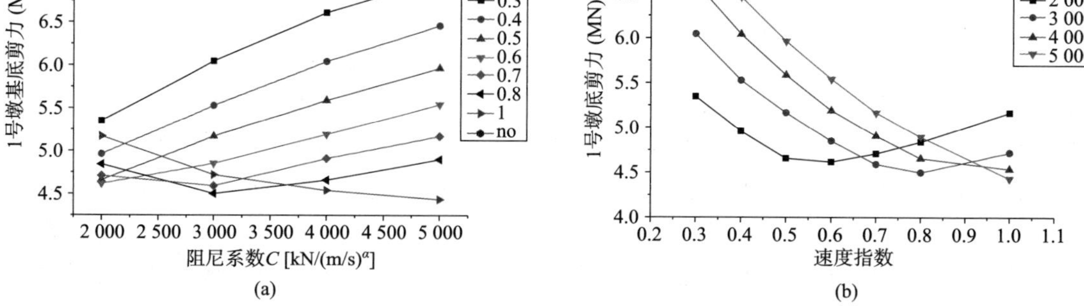


(a) (b)

图 8-5

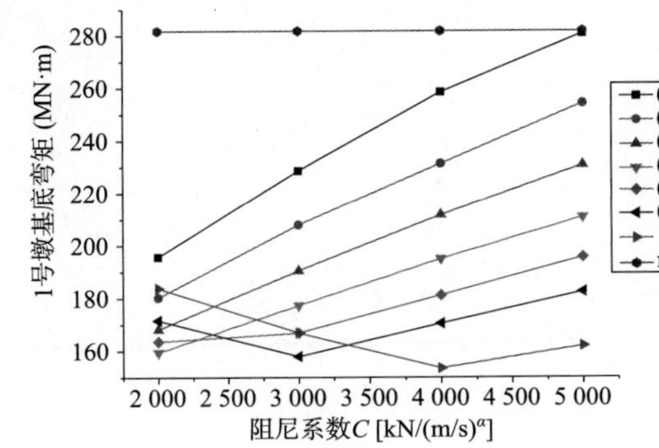


(c)

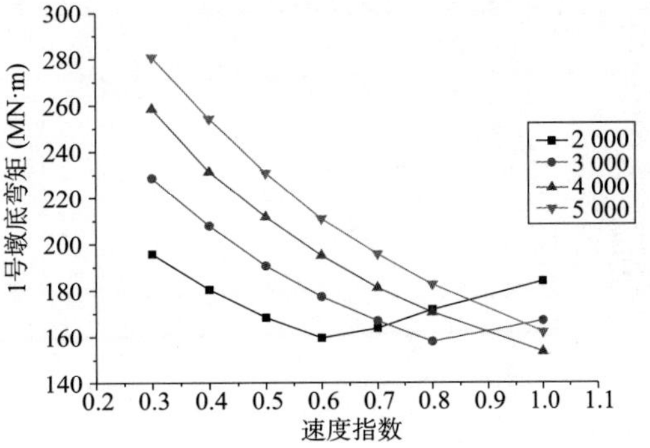


(d)

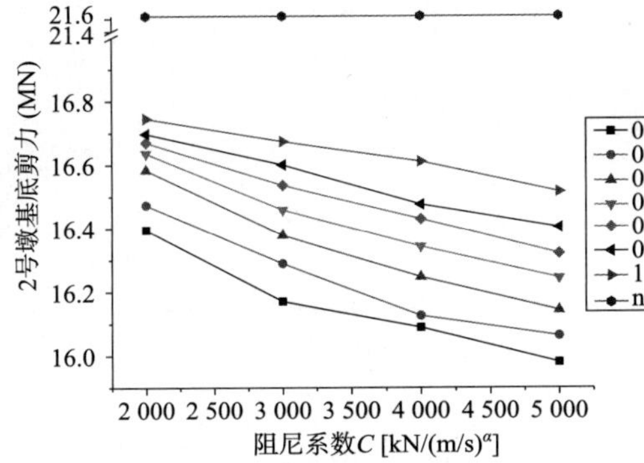


(e)

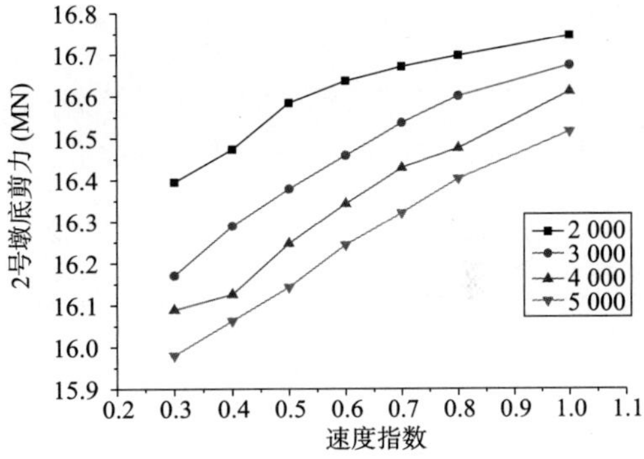


(f)

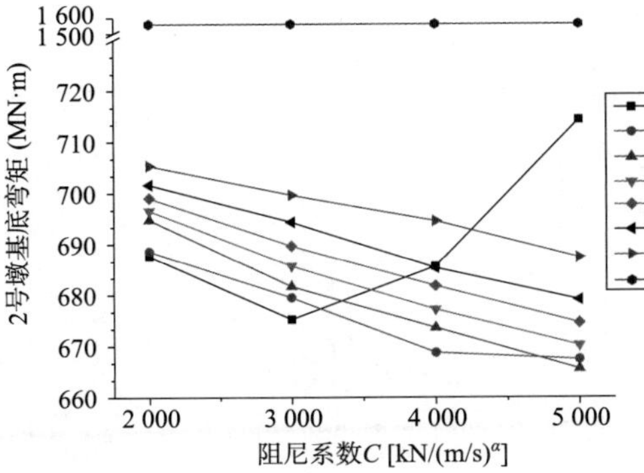


(g)

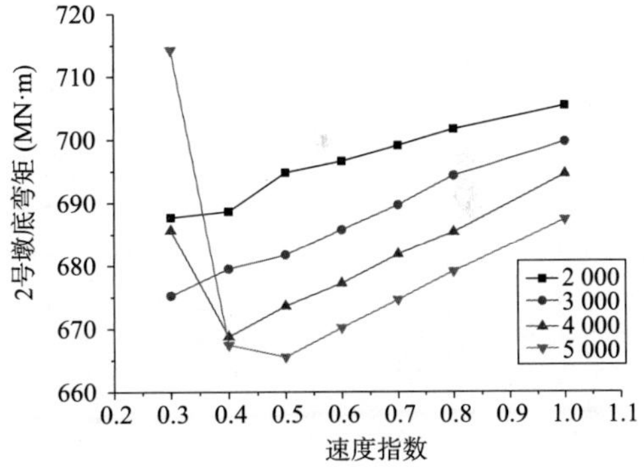


(h)

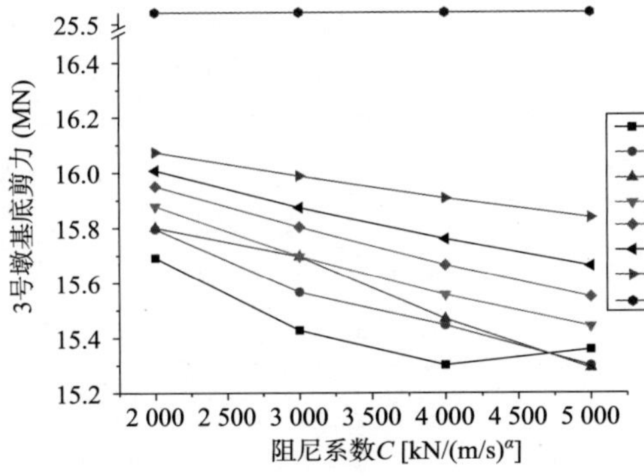


(i)

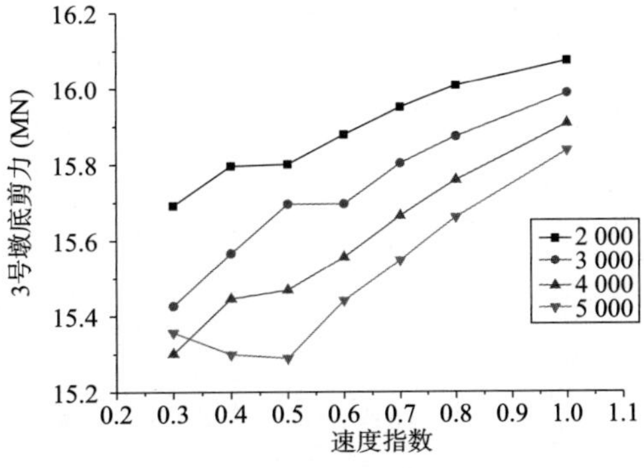


(j)

图 8-5

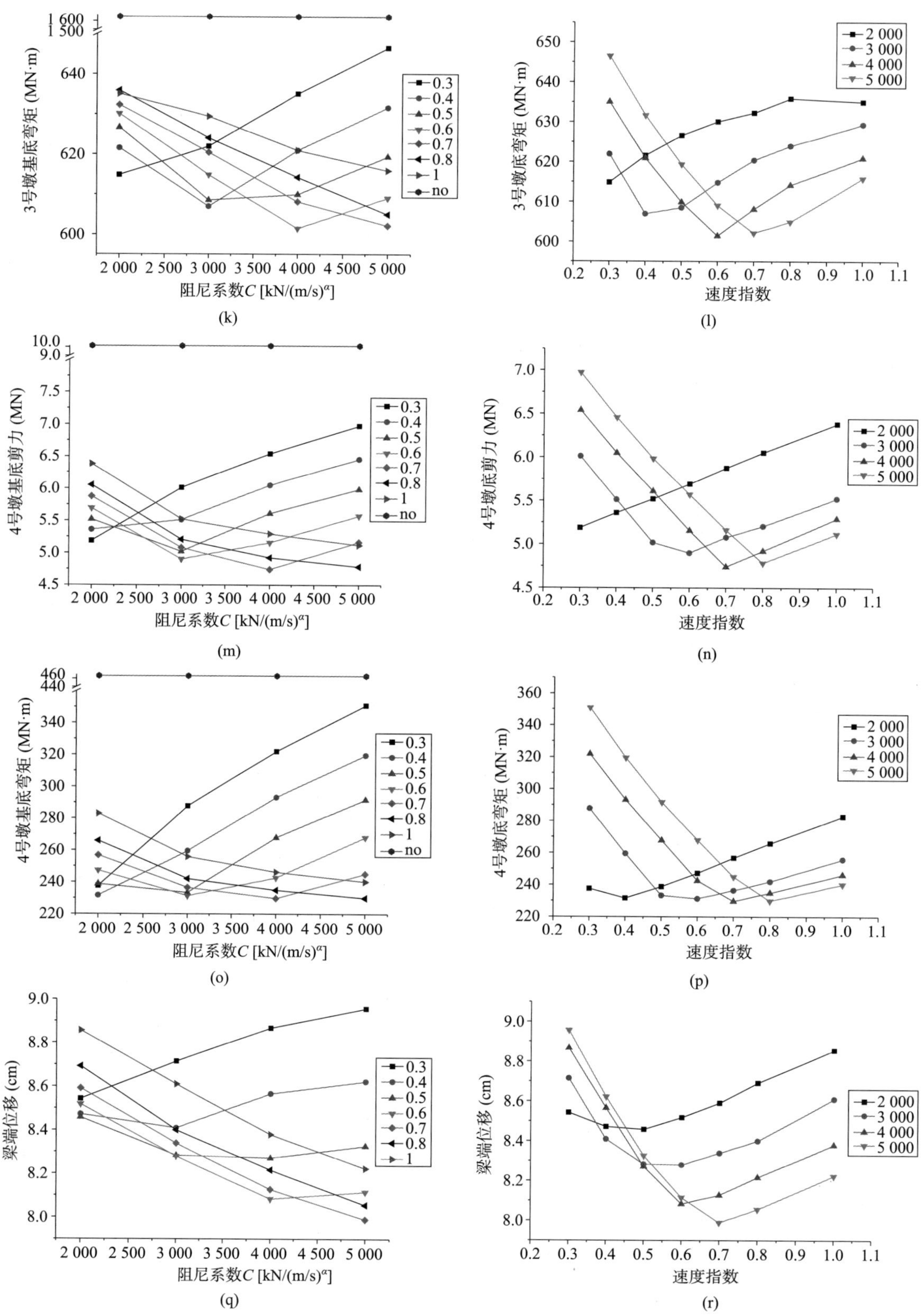
3号墩基底弯矩 (MN·m)
阻尼系数C [kN/(m/s)^α]
0.3
0.4
0.5
0.6
0.7
0.8
1
no
(k)
3号墩底弯矩 (MN·m)
速度指数
2 000
3 000
4 000
5 000
(l)
4号墩基底剪力 (MN)
阻尼系数C [kN/(m/s)^α]
(m)
4号墩底剪力 (MN)
速度指数
(n)
4号墩基底弯矩 (MN·m)
阻尼系数C [kN/(m/s)^α]
(o)
4号墩底弯矩 (MN·m)
速度指数
(p)
梁端位移 (cm)
阻尼系数C [kN/(m/s)^α]
(q)
梁端位移 (cm)
速度指数
(r)

图 8-5

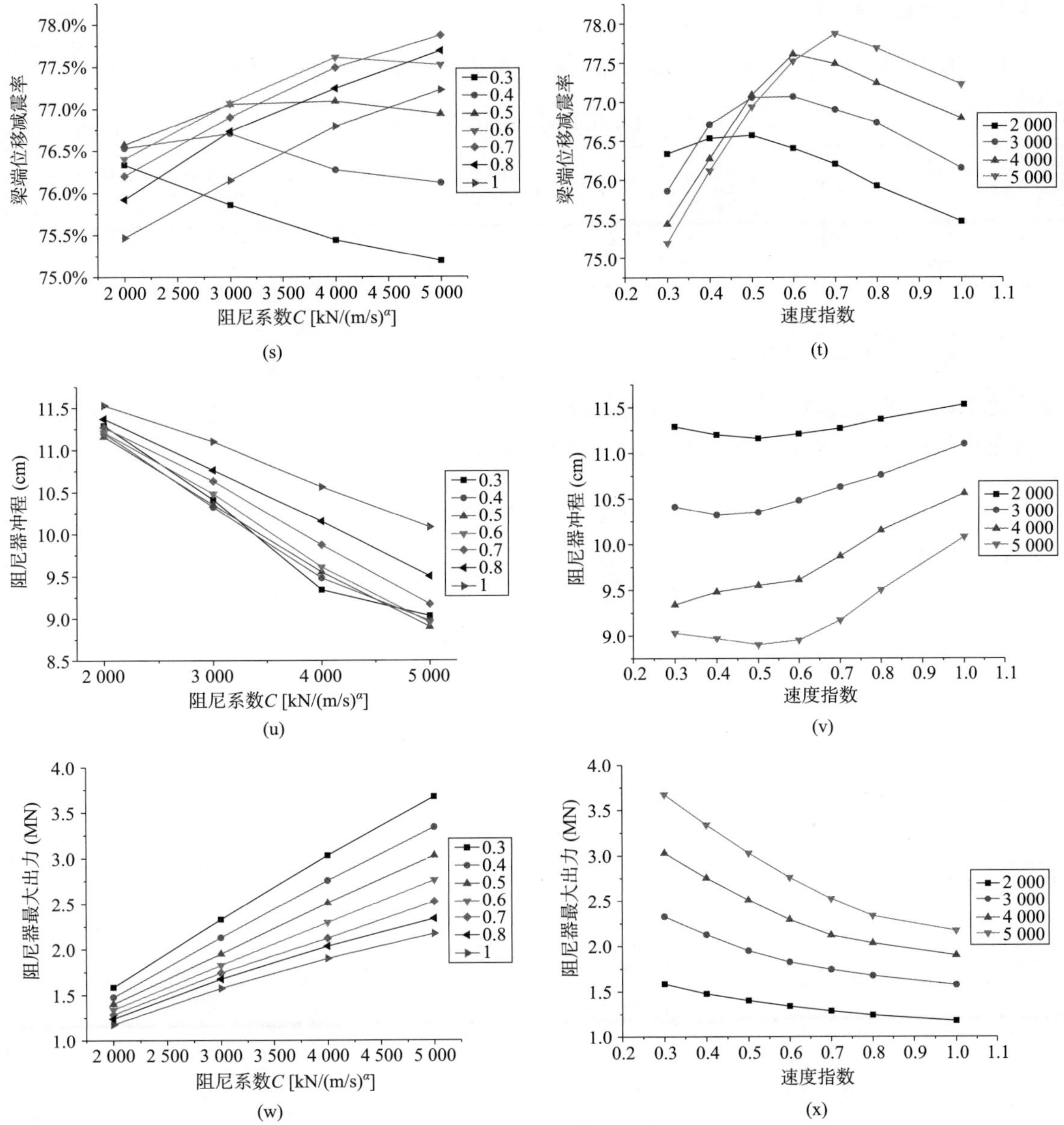


图 8-5 边墩阻尼器不同参数减震效果的变化曲线

## 8.4 阻尼器参数优化结果及方案设计

通过参数优化分析，考虑梁端位移，主墩、边墩和桥台阻尼器最大出力的减震效果和经济效益，主墩及桥台设置阻尼系数为 5 000 kN/(m/s)$^{\alpha}$ 和速度指数为 0.4，主要控制梁端位移和主墩底部剪力、弯矩；边墩设置阻尼系数为 3 000 kN/(m/s)$^{\alpha}$ 和速度指数为 0.8，主要控制减小边墩的底部剪力和弯矩，对梁端位移也起到一定的减震效果。

### 8.4.1 阻尼器最终参数

假定阻尼安装温度为 20℃，大桥所在地极端温度的两种情况下位移变化见表 8-5。

**表 8-5 温度变化引起的主梁与桥台相对位移**

| 工况名称 | 温度工况 | 主梁与桥台相对位移(mm) | 阻尼器设计位移(mm) |
| --- | --- | --- | --- |
| 升温 | 20℃至 45℃ | 176 | 176 |
| 降温 | 20℃至−5℃ | 147 | 147 |

阻尼器最大位移行程：176 mm+84 mm+40 mm(其他组合参数)=300 mm

阻尼器最大冲程根据荷载组合：恒载+(徐变和收缩)+地震影响+温度变化+支座移动+施工误差确定。该组合温度变化起控制作用。

主桥及桥台、边墩及桥台阻尼器参数分别见表 8-6、表 8-7。

**表 8-6 主墩及桥台阻尼器参数**

| 编号 | 参　数 | 数　值 |
| --- | --- | --- |
| 1 | 最大阻尼力(kN) | 3 500 |
| 2 | 最小安全系数 | 1.5 |
| 3 | 最大冲程(mm) | ±300 |
| 4 | 阻尼系数 $C[kN/(m/s)^{\alpha}]$ | 5 000 |
| 5 | 阻尼的速度指数 $\alpha$ | 0.4 |
| 6 | 使用温度 | −5～60℃ |

**表 8-7 边墩及桥台阻尼器参数**

| 编号 | 参　数 | 数　值 |
| --- | --- | --- |
| 1 | 最大阻尼力(kN) | 2 000 |
| 2 | 最小安全系数 | 1.5 |
| 3 | 最大冲程(mm) | ±300 |
| 4 | 阻尼系数 $C[kN/(m/s)^{\alpha}]$ | 3 000 |
| 5 | 阻尼的速度指数 $\alpha$ | 0.8 |
| 6 | 使用温度 | −5～60℃ |

### 8.4.2 阻尼器布置方案设计

阻尼器设计方案及布置简图分别见表 8-8、图 8-6。

**表 8-8 阻尼器设计方案**

| 纵向计算方案 | 纵向阻尼器布置 | 阻尼器参数 |
| --- | --- | --- |
| 方案一 | 活动墩台各设置 2 个阻尼器 | 主墩及桥台：$\alpha=0.4$，$C=5\ 000\ kN/(m/s)^{\alpha}$；<br>边墩：$\alpha=0.8$，$C=3\ 000\ kN/(m/s)^{\alpha}$ |
| 方案二 | 主墩和桥台各设置 2 个阻尼器 | 主墩：$\alpha=0.4$，$C=5\ 000\ kN/(m/s)^{\alpha}$ |

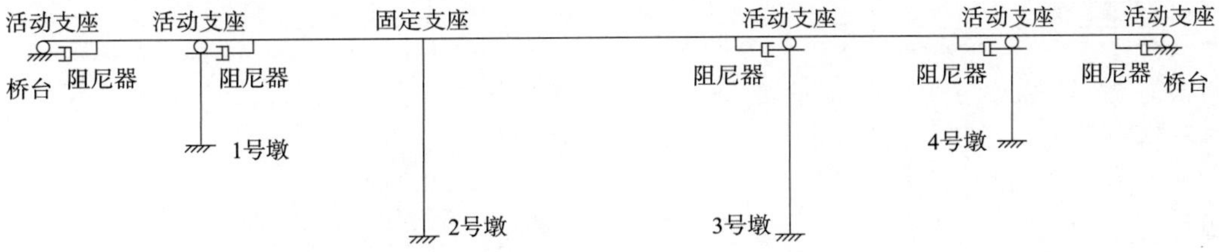


图 8-6 方案一全桥阻尼器布置简图

## 8.5 非线性时程分析的减震效果

### 8.5.1 黏滞阻尼器的减震效果

通过采用非线性时程振型叠加法分析计算，采用上述阻尼器参数以及方案设计，减震分析对比结果如图 8-7～图 8-15 所示。

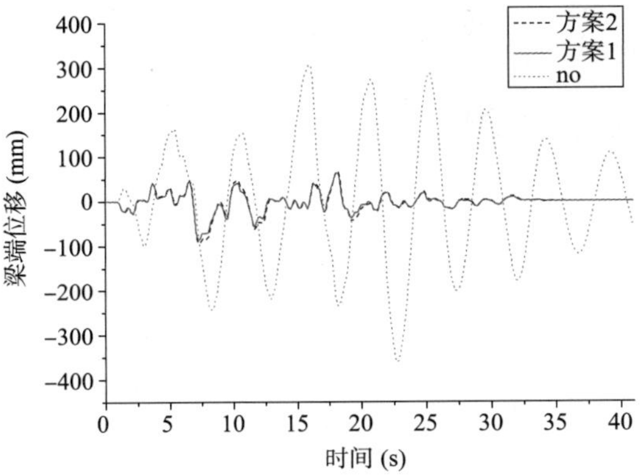


图 8-7 梁端位移在不同方案下减震效果对比

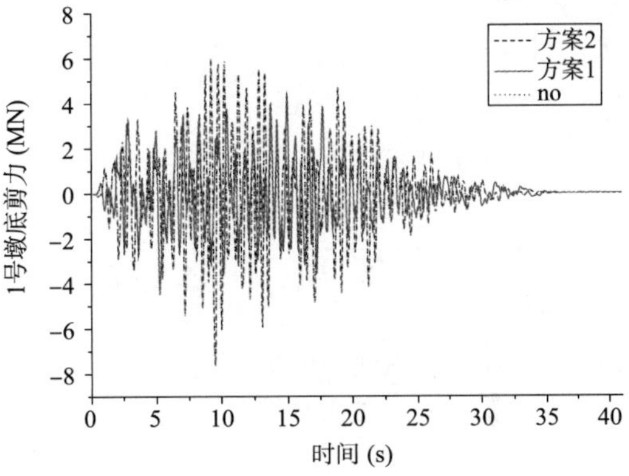


图 8-8 1 号墩底剪力在不同方案下减震效果对比

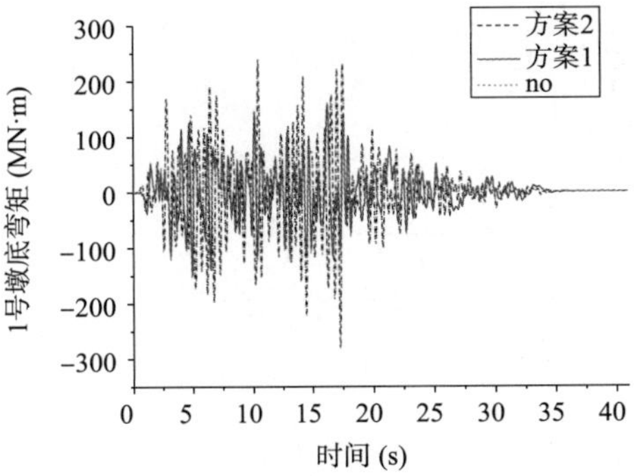


图 8-9 1 号墩底弯矩在不同方案下减震效果对比

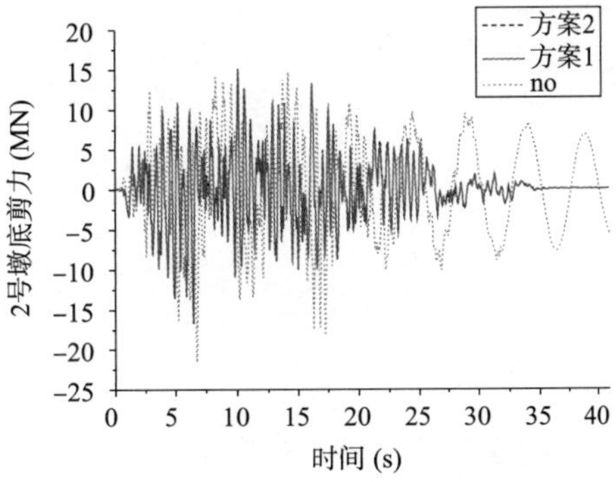


图 8-10 2 号墩底剪力在不同方案下减震效果对比

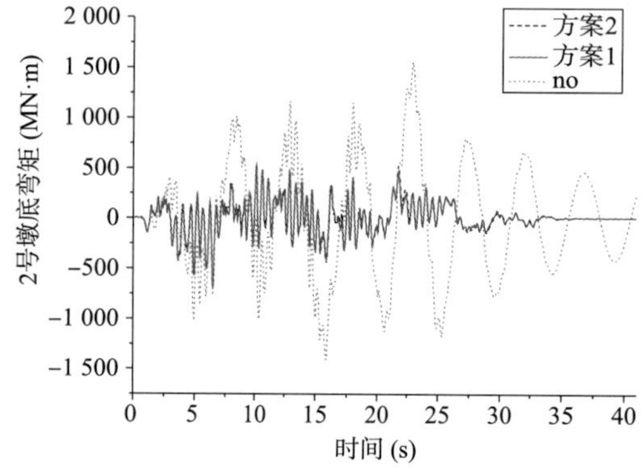


图 8-11　2 号墩底弯矩在不同方案下减震效果对比

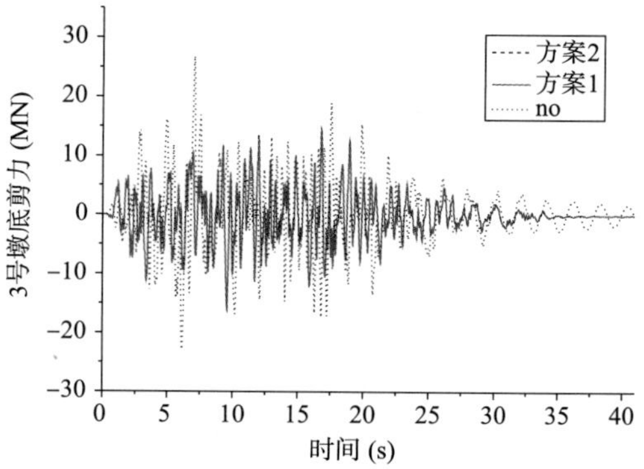


图 8-12　3 号墩底剪力在不同方案下减震效果对比

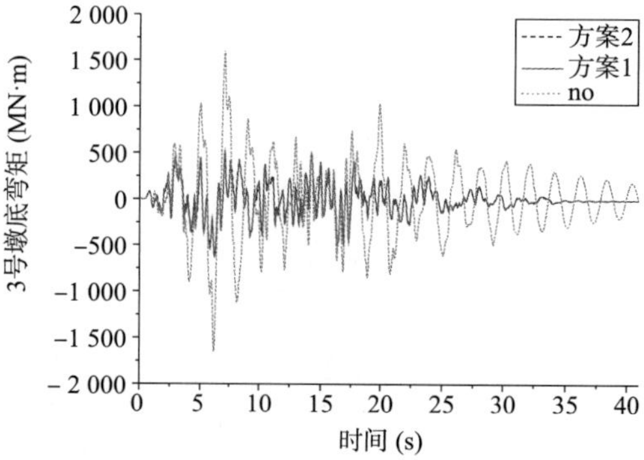


图 8-13　3 号墩底弯矩在不同方案下减震效果对比

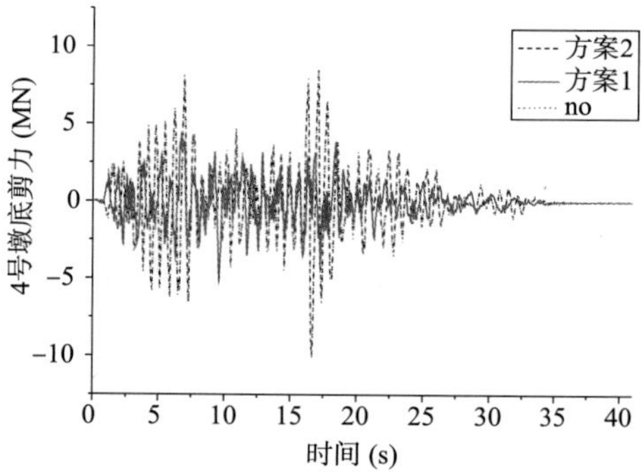


图 8-14　4 号墩底剪力在不同方案下减震效果对比

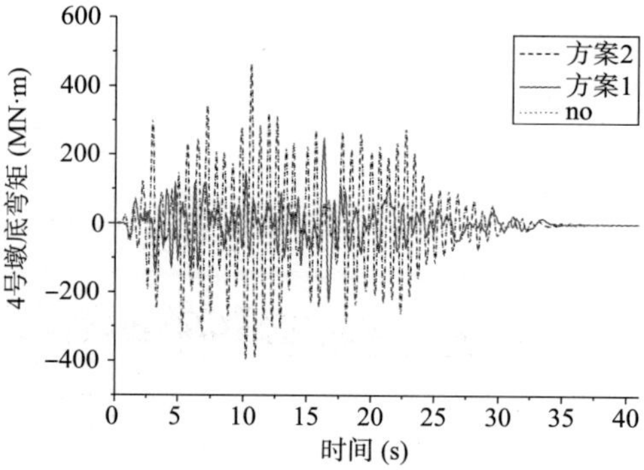


图 8-15　4 号墩底弯矩在不同方案下减震效果对比

罕遇地震作用下，该桥线性和非线性时程结果对比见表 8-9～表 8-11。

### 8.5.2　设计地震

设计地震作用下，该桥线性和非线性时程结果对比见表 8-12～表 8-14。

**表 8-9 罕遇地震作用下阻尼器的位移减震效果**

| 位置 | 无阻尼器 | 方案一 | | 方案二 | |
|---|---|---|---|---|---|
| | | 相对位移最大值(mm) | 减震率 | 相对位移最大值(mm) | 减震率 |
| 0 号桥台与梁 | 344.2 | 81.54 | 76.31% | 90.58 | 73.68% |
| 1 号墩梁之间 | 351.6 | 97.49 | 72.27% | 115.8 | 67.06% |
| 3 号墩梁之间 | 599.0 | 60.18 | 89.95% | 65.70 | 89.03% |
| 4 号墩梁之间 | 392.3 | 107.6 | 72.57% | 134.8 | 65.64% |
| 5 号桥台与梁 | 361.0 | 84.00 | 76.73% | 93.75 | 74.03% |

**表 8-10 罕遇地震作用下阻尼器的墩底剪力减震效果**

| 位置 | 无阻尼器 | 方案一 | | 方案二 | |
|---|---|---|---|---|---|
| | | 剪力(kN) | 减震率 | 剪力(kN) | 减震率 |
| 1 号墩底 | 7 642.93 | 4 500.65 | 41.11% | 7 611.62 | 0.41% |
| 2 号墩底 | 21 644.33 | 16 600.66 | 23.30% | 16 944.32 | 21.71% |
| 3 号墩底 | 26 812.79 | 15 873.61 | 40.80% | 16 354.36 | 39.01% |
| 4 号墩底 | 10 145.69 | 5 206.28 | 48.68% | 9 938.45 | 2.04% |

**表 8-11 罕遇地震作用下阻尼器的墩底弯矩减震效果**

| 位置 | 无阻尼器 | 方案一 | | 方案二 | |
|---|---|---|---|---|---|
| | | 弯矩(kN·m) | 减震率 | 弯矩(kN·m) | 减震率 |
| 1 号墩底 | 281 705.16 | 157 905.3 | 43.95% | 281 299.22 | 0.14% |
| 2 号墩底 | 1 560 050.17 | 694 335.27 | 55.49% | 721 464.61 | 53.75% |
| 3 号墩底 | 1 650 220.18 | 624 007.24 | 62.19% | 633 148.22 | 61.63% |
| 4 号墩底 | 466 691.5 | 242 055.85 | 48.13% | 464 401.21 | 0.49% |

**表 8-12 设计地震作用下阻尼器的位移减震效果**

| 位置 | 无阻尼器 | 方案一 | | 方案二 | |
|---|---|---|---|---|---|
| | | 相对位移最大值(mm) | 减震率 | 相对位移最大值(mm) | 减震率 |
| 0 号桥台与梁 | 227.3 | 53.26 | 76.57% | 57.08 | 74.89% |
| 1 号墩梁之间 | 228.0 | 57.09 | 74.96% | 66.33 | 70.91% |
| 3 号墩梁之间 | 315.2 | 28.94 | 90.82% | 30.24 | 90.41% |
| 4 号墩梁之间 | 238.5 | 65.82 | 72.40% | 90.45 | 62.08% |
| 5 号桥台与梁 | 234.2 | 52.66 | 77.51% | 57.28 | 75.54% |

**表 8-13 设计地震作用下阻尼器的墩底剪力减震效果**

| 位置 | 无阻尼器 | 方案一 | | 方案二 | |
|---|---|---|---|---|---|
| | | 剪力(kN) | 减震率 | 剪力(kN) | 减震率 |
| 1 号墩底 | 5 443.34 | 3 088.02 | 43.27% | 5 426.58 | 0.31% |
| 2 号墩底 | 13 088.16 | 10 920.16 | 16.56% | 11 138.29 | 14.90% |
| 3 号墩底 | 20 597.34 | 11 177.83 | 45.73% | 11 444.51 | 44.44% |
| 4 号墩底 | 6 437.78 | 3 464.48 | 46.19% | 6 551 | −1.76% |

**表 8-14 设计地震作用下阻尼器的墩底弯矩减震效果**

| 位置 | 无阻尼器 | 方案一 | | 方案二 | |
|---|---|---|---|---|---|
| | | 弯矩(kN·m) | 减震率 | 弯矩(kN·m) | 减震率 |
| 1 号墩底 | 193 009.2 | 105 812.5 | 45.18% | 193 208.5 | −0.10% |
| 2 号墩底 | 948 866.7 | 399 644.9 | 57.88% | 419 901.7 | 55.75% |
| 3 号墩底 | 1 212 670 | 415 536.2 | 65.73% | 423 065.2 | 65.11% |
| 4 号墩底 | 294 881.7 | 157 435.6 | 46.61% | 293 203 | 0.57% |

## 8.5.3 多遇地震

多遇地震作用下，该桥线性和非线性时程结果对比见表 8-15～表 8-17。

**表 8-15 多遇地震作用下阻尼器的位移减震效果**

| 位置 | 无阻尼器 | 方案一 | | 方案二 | |
|---|---|---|---|---|---|
| | | 相对位移最大值(mm) | 减震率 | 相对位移最大值(mm) | 减震率 |
| 0 号桥台与梁 | 136.0 | 29.46 | 78.34% | 32.56 | 76.06% |
| 1 号墩梁之间 | 141.8 | 32.81 | 76.86% | 40.88 | 71.17% |
| 3 号墩梁之间 | 218.9 | 11.75 | 94.63% | 12.58 | 94.25% |
| 4 号墩梁之间 | 160.3 | 34.32 | 78.59% | 53.51 | 66.62% |
| 5 号桥台与梁 | 144.7 | 28.73 | 80.15% | 31.93 | 77.93% |

**表 8-16 多遇地震作用下阻尼器的墩底剪力减震效果**

| 位置 | 无阻尼器 | 方案一 | | 方案二 | |
|---|---|---|---|---|---|
| | | 剪力(kN) | 减震率 | 剪力(kN) | 减震率 |
| 1 号墩底 | 3 272.2 | 1 946.96 | 40.50% | 3 259.85 | 0.38% |
| 2 号墩底 | 9 871.01 | 8 160.13 | 17.33% | 8 303.76 | 15.88% |
| 3 号墩底 | 10 842.48 | 8 180.29 | 24.55% | 8 357.24 | 22.92% |
| 4 号墩底 | 4 207.9 | 2 243.6 | 46.68% | 4 057.7 | 3.57% |

**表 8-17 多遇地震作用下阻尼器的墩底弯矩减震效果**

| 位置 | 无阻尼器 | 方案一 | | 方案二 | |
|---|---|---|---|---|---|
| | | 弯矩(kN·m) | 减震率 | 弯矩(kN·m) | 减震率 |
| 1 号墩底 | 112 297 | 67 435.24 | 39.95% | 112 105.3 | 0.17% |
| 2 号墩底 | 627 168.7 | 287 288.2 | 54.19% | 288 141 | 54.06% |
| 3 号墩底 | 688 138.5 | 309 197.7 | 55.07% | 316 314.5 | 54.03% |
| 4 号墩底 | 178 112.5 | 95 486.92 | 46.39% | 176 073.5 | 1.14% |

# 9 东平水道桥消能减震设计

## 9.1 结构体系和减震方案

东平水道特大桥隶属于珠江三角洲城际轨道交通广佛环线项目，为跨越东平水道的(96+176+96)m 双塔双索面预应力混凝土部分斜拉桥。

东平桥桥梁支座采用了特制的双曲面球形减隔震支座。双曲面减隔震支座在正常条件下，同普通球形支座一样起承载、转动和滑移作用；发生地震时，当地震产生的水平力大于一定值时，限位装置自动解除，同时支座以设定的曲率半径和摩擦系数滑移，延长桥梁震动周期，降低动力加速度，滑移过程消耗地震能量。地震过后，支座能够进行自动复位。

东平桥各支座分布情况如图 9-1、图 9-2 所示，其中固定支座设置在 13 号墩，12 号、14 号和 15 号墩采用活动墩，技术参数见表 9-1。

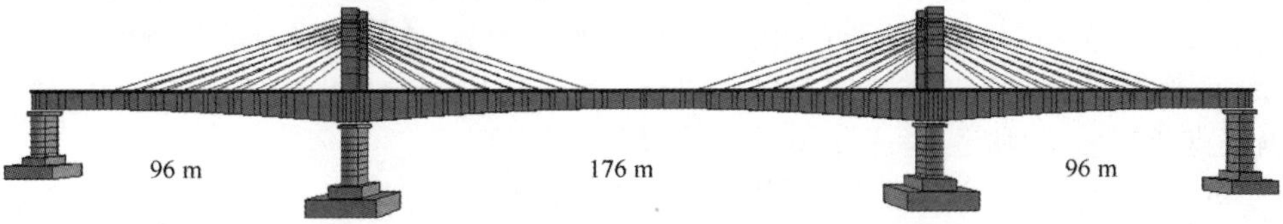


图 9-1 桥型和桥墩分布

**表 9-1 双曲线球形减隔震支座技术参数**

| 墩号 | 支座型号 | 竖向承载(kN) | 水平极限承载力纵向(kN) | 水平极限承载力横向(kN) | 纵向位移(mm) | 横向位移(mm) | 等效曲面半径(m) | 摩擦系数 | 转角(rad) |
|---|---|---|---|---|---|---|---|---|---|
| 12 号/15 号 | KZQZ8000ZX | 8 000 | — | 3 600 | ±200 | — | 3.2 | 0.03 | 0.02 |
| 13 号 | KZQZ95000GD | 95 000 | 9 500 | 9 500 | — | — | 8.5 | 0.03 | 0.02 |
| 14 号 | KZQZ95000ZX | 95 000 | — | — | ±150 | — | 8.5 | 0.03 | 0.02 |

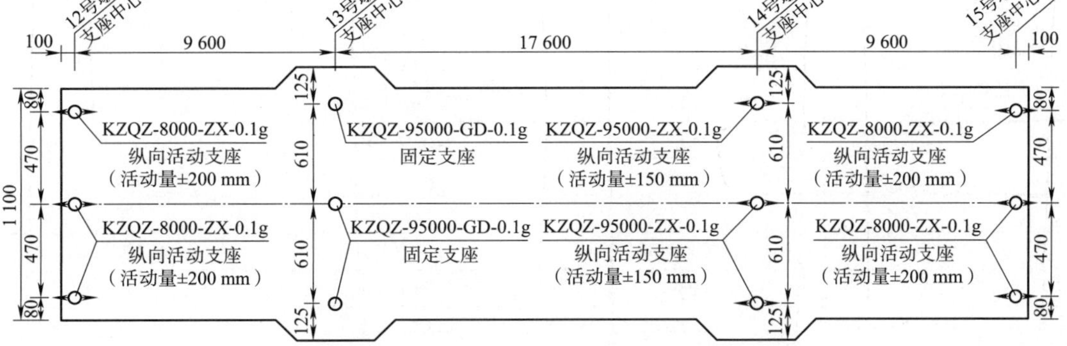


图 9-2 东平桥各支座分布情况

结合结构特性和抗震理念，东平水道特大桥总体的消能减震方案如下：

在固定墩 13 号墩设置 8 套阻尼器，在 14 号墩设置 4 套具有后熔断功能的速度锁定装置和大吨位阻尼器，如图 9-3 所示，并达到如下控制目标：

(1)在小震、风振和刹车力作用下，通过 14 号墩速度锁定装置锁定桥塔之间的变形，使 13 号和 14 号墩协调工作，共同分担地震作用；

(2)熔断力设置在小震和中震中间区域，而后 14 号墩阻尼器进入工作状态；

(3)在中震和大震作用下，桥体主要通过 13 号和 14 号墩设置的阻尼器降低地震作用；

(4)阻尼器采用边界条件为黏弹性阻尼器单元模拟，采用 Maxwell 模型，其中阻尼系数 $C=7\,500\ \mathrm{kN/(m/s)^{0.5}}$，速度指数 $\alpha=0.5$，锁定装置等效刚度 $K=225\ \mathrm{kN/mm}$。

## 9.2 结构模型和模态分析

### 9.2.1 结构模型介绍

结构三维有限元模型和消能减震分析采用 MIDAS Civil 模型，在分析中：

(1)针对小震、中震和大震分别采用不同的边界条件进行分析，在小震情况下约束 13 号墩与主梁之间的纵向变形，释放 12 号、14 号和 15 号墩的纵向变形，同时在 14 号设置锁定装置等效刚度，模拟锁定装置引起的结构模态变化；在大震下释放 12 号～15 号墩的纵向变形，采用漂移模型进行分析；在中震下同时考虑上述两种情况判断支座在剪断前后桥体受力情况。

(2)不考虑摩擦摆支座对抗震的有利因素，仅考虑阻尼器消能减震作用；在大震中采用摩擦复摆隔震支座屈服后刚度，考虑支座的变形及等效刚度。

(3)各桥墩承台固结，不考虑桩基周围土抗力的影响。

主桥有限元模型如图 9-4 所示。

### 9.2.2 部分固结模型模态分析

采用多重 Ritz 向量法对模型特征值进行分析。通过分析，得出大桥第一振型为主梁一阶竖向弯曲振动，第二振型为主梁纵向漂移振动，第三振型为主梁一阶水平弯曲振动，第四振型为主梁二阶反对称竖向弯曲振动。振型分析时取 Ritz 向量数 $U_x$、$U_y$ 和 $U_z$ 各 30 个，共 90 个向量，振型累计质量三个方向达到 99%以上。表 9-2 为前 10 个模态的振动频率和周期，结构振动基本周期为 1.28 s，主梁纵漂周期为 1.094 s。表 9-3 为结构振型质量参与情况。

**表 9-2 结构动力特性**

| 模态号 | 圆频率(rad/s) | 频率(Hz) | 周期(s) |
|---|---|---|---|
| 1 | 4.886 169 | 0.777 658 | 1.285 912 |
| 2 | 5.740 62 | 0.913 648 | 1.094 513 |
| 3 | 6.681 622 | 1.063 413 | 0.940 368 |
| 4 | 9.488 948 | 1.510 213 | 0.662 158 |
| 5 | 11.732 73 | 1.867 322 | 0.535 526 |
| 6 | 11.951 16 | 1.902 087 | 0.525 738 |
| 7 | 13.452 77 | 2.141 074 | 0.467 055 |
| 8 | 14.049 78 | 2.236 093 | 0.447 209 |
| 9 | 16.542 96 | 2.632 894 | 0.379 81 |
| 10 | 17.529 13 | 2.789 848 | 0.358 442 |

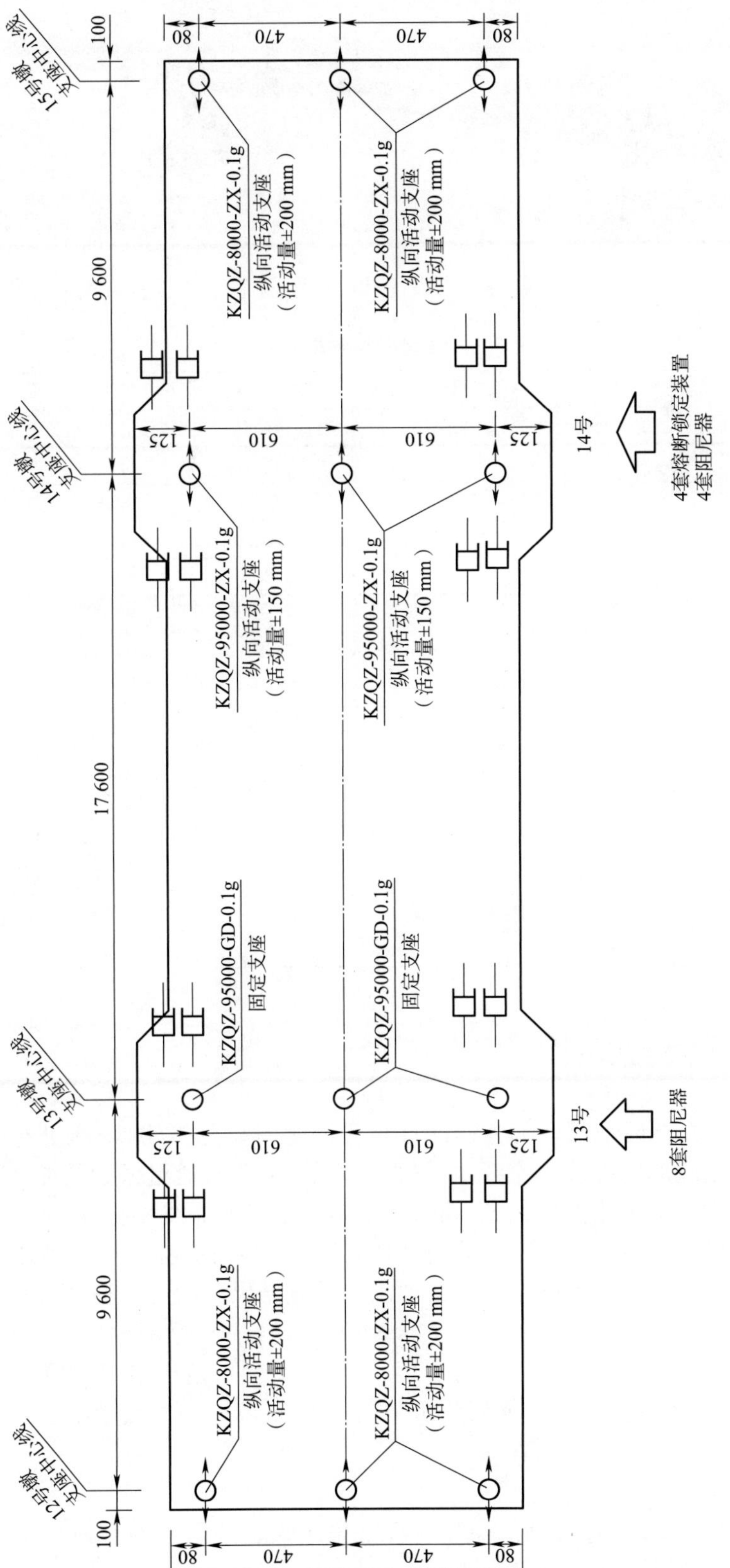


图 9-3 阻尼器和锁定装置布置图(单位:cm)

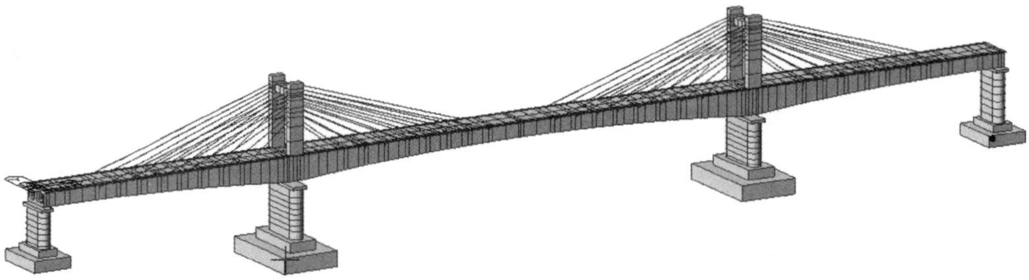

图 9-4 主桥有限元模型

**表 9-3 振型质量参与**

| 模态号 | TRAN-X | TRAN-Y | TRAN-Z | ROTN-X | ROTN-Y | ROTN-Z |
|---|---|---|---|---|---|---|
| | 质量合计(%) | 质量合计(%) | 质量合计(%) | 质量合计(%) | 质量合计(%) | 质量合计(%) |
| 1 | 4.84 | 0 | 2.42 | 0 | 0.07 | 0 |
| 2 | 54.42 | 0 | 2.77 | 0 | 0.58 | 0 |
| 3 | 54.42 | 14 | 2.77 | 8.03 | 0.58 | 0.04 |
| 4 | 54.48 | 14 | 2.77 | 8.03 | 9.13 | 0.04 |
| 5 | 54.48 | 44.08 | 2.77 | 19.9 | 9.13 | 24.63 |
| 6 | 54.48 | 64.45 | 2.77 | 28.17 | 9.13 | 57.11 |
| 7 | 54.55 | 64.45 | 25.78 | 28.17 | 9.13 | 57.11 |
| 8 | 54.55 | 65.31 | 25.78 | 28.69 | 9.13 | 57.68 |
| 9 | 54.55 | 65.35 | 25.78 | 29.97 | 9.13 | 57.71 |
| 10 | 54.55 | 65.35 | 25.78 | 29.97 | 26.78 | 57.71 |
| — | — | — | — | — | — | — |
| 48 | 99.89 | 99.95 | 84.57 | 98.37 | 79.3 | 99.93 |
| 49 | 99.89 | 99.95 | 97.3 | 98.37 | 79.39 | 99.93 |
| 50 | 99.89 | 99.95 | 98.19 | 98.37 | 97.91 | 99.93 |

## 9.3 地震作用下减震设计

对结构附加非线性黏滞阻尼器较为通用的计算方法是时程分析法，即通过对附加非线性阻尼单元的有限元模型施加地震波加速度，阻尼力作为外部荷载，通过振型叠加法计算结构地震响应。这种方法考虑结构是线弹性状态，同时考虑阻尼单元的非线性。

在计算中采用边界单元模拟黏滞阻尼器的特性，并采用多条地震波对模型进行动力时程分析，给出最大包络值，即最大地震反应的一条地震动计算结果。动力时程分析采用快速振型非线性模态时程分析法(Fast Nonlinear Analysis Method，FNA)，分析步长 0.01 s，分析时间 30 s；质量矩阵采用集中质量矩阵(省时，减少动力方程自由度)；结构阻尼采用质量和刚度因子法(以便与步步积分法统一对比)；特征值分析采用 Lanczos 法，振型数量取 100 个。

### 9.3.1 地震记录

根据本工程需要，场地设计地震动加速度时程是采用人造地震动的合成技术通过拟合场地设计地震动加速度反应谱和强度包络函数来合成的，场地设计地震动加速度时程曲线可以作为工程结构动力反应分析计算的地震输入时程。在场地设计地震动加速度时程的计算过程中，目标反应谱的拟合控制点数目共59个，控制点最小周期为0.04 s，最大周期为8.0 s，拟合谱与目标谱的迭代控制相对误差控制在5%以内。

设计地震动加速度时程数据文件为文本格式，文件名中的“63%”、“10%”和“2%”表示50年设计基准期的超越概率水平。本项目报告对50年超越概率水平63%、10%、2%分别提供6条设计地震动加速度的随机样本时程曲线，文件名末位数字1、2、3、4、5、6表示随机样本时程的序号。如图9-5所示。

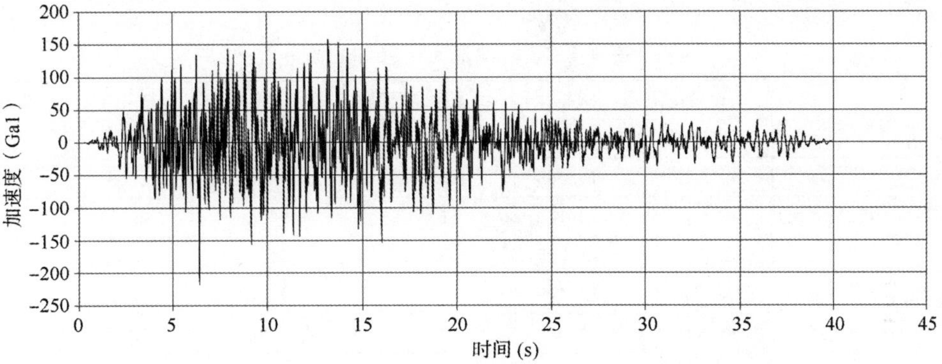


(a) 50 (2%) -1地震波形和对应的拟加速度反应谱

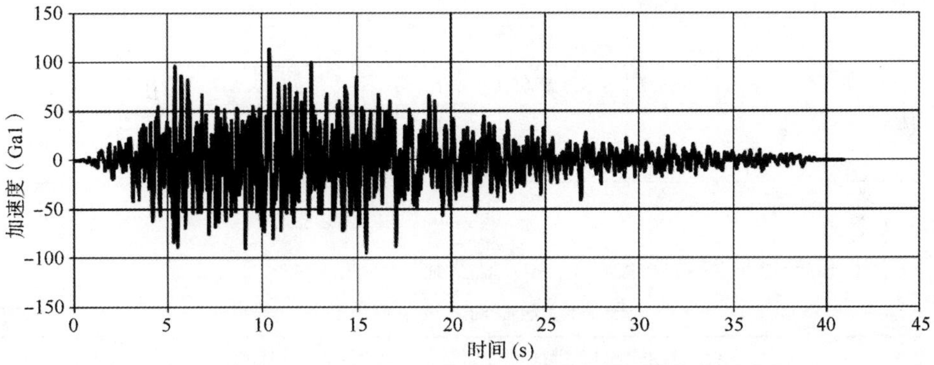


(b) 50 (10%) -1地震波形和对应的拟加速度反应谱

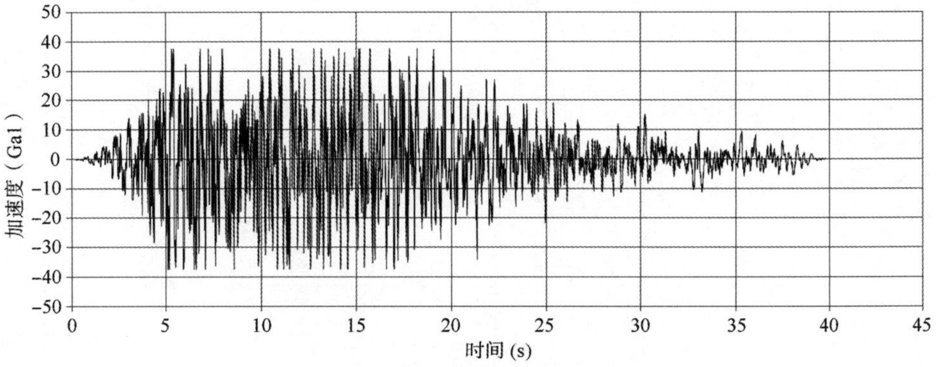


(c) 50 (63%) -1地震波形

图9-5 计算中采用的不同地震波形

### 9.3.2 小震作用(50 年 63%)

在小震作用下,通过 14 号墩速度锁定装置锁定桥塔之间的变形,使 13 号和 14 号墩协调工作,共同分担地震作用。分别考虑两种减震情况:(1)不考虑 14 号墩阻尼器有利作用,只设置锁定装置;(2)考虑 14 号墩阻尼器,同时设置锁定装置和阻尼器。

1. 梁端位移

梁端位移的控制结果见表 9-4,可见在不考虑阻尼器的减震作用情况下,仅通过锁定装置对梁端位移约束控制较弱,而考虑阻尼器后控制效果提高。

**表 9-4 顺桥向最大位移**(mm)

| 梁端节点 | 地震波 | 未设置阻尼器(未剪断) | | 设置锁定装置(不考虑阻尼器) | | 设置锁定装置(考虑阻尼器) | |
|---|---|---|---|---|---|---|---|
| | | max | min | max | min | max | min |
| 梁端位移 1 | tt63%-1 | 10.409 | −11.268 | 10.88 | −11.20 | 7.89 | −7.60 |
| | tt63%-2 | 10.332 | −12.133 | 11.89 | −10.20 | 6.37 | −5.65 |
| | tt63%-3 | 12.162 | −11.265 | 10.88 | −10.83 | 6.66 | −7.28 |
| | tt63%-4 | 12.17 | −12.479 | 11.51 | −10.60 | 7.72 | −7.16 |
| | tt63%-5 | 13.386 | −11.653 | 12.30 | −11.18 | 6.72 | −6.61 |
| | tt63%-6 | 13.519 | −11.018 | 11.58 | −11.46 | 7.07 | −7.06 |
| 梁端位移 141 | tt63%-1 | 12.243 | −13.361 | 11.71 | −12.18 | 8.41 | −7.92 |
| | tt63%-2 | 11.112 | −14.297 | 12.54 | −10.98 | 6.73 | −5.94 |
| | tt63%-3 | 13.891 | −13.28 | 11.60 | −11.83 | 7.13 | −7.78 |
| | tt63%-4 | 13.658 | −13.918 | 12.41 | −11.34 | 8.16 | −7.60 |
| | tt63%-5 | 14.688 | −12.738 | 13.39 | −12.27 | 7.20 | −7.28 |
| | tt63%-6 | 14.369 | −12.503 | 12.01 | −12.14 | 7.53 | −7.35 |

2. 墩底受力

计算表明,设置阻尼器后墩底轴力无明显变化。详见表 9-5。

**表 9-5 墩底轴力减震前后**(kN)

| 墩号 | 地震波 | 未设置阻尼器(未剪断) | | 设置锁定装置(不考虑阻尼器) | | 设置锁定装置(考虑阻尼器) | |
|---|---|---|---|---|---|---|---|
| | | max | min | max | min | max | min |
| 13 号墩底 | tt63%-1 | −208 290.72 | −211 800.57 | −209 182.4 | −210 672.48 | −209 166.83 | −210 675.85 |
| | tt63%-2 | −208 430.78 | −211 935.02 | −209 035.39 | −210 692.57 | −209 181.28 | −210 664.95 |
| | tt63%-3 | −207 865.42 | −212 064.67 | −209 154.64 | −210 689.21 | −209 259.93 | −210 655.91 |
| | tt63%-4 | −208 005.48 | −211 957.12 | −209 342.79 | −210 707.07 | −209 216.85 | −210 735.09 |
| | tt63%-5 | −208 068.54 | −212 014.16 | −208 972.46 | −210 691.94 | −209 205.77 | −210 722.16 |
| | tt63%-6 | −207 835.11 | −211 915.21 | −209 016.49 | −210 795.02 | −209 210.06 | −210 867.12 |
| 14 号墩底 | tt63%-1 | −203 809.35 | −206 774.55 | −204 432.52 | −205 782.77 | −204 368.11 | −205 753.28 |
| | tt63%-2 | −203 753.16 | −206 680.52 | −204 483.18 | −205 819.2 | −204 549.41 | −205 757.26 |
| | tt63%-3 | −203 202.33 | −207 123.24 | −204 598.76 | −205 859.54 | −204 634.03 | −205 687.66 |
| | tt63%-4 | −203 327.83 | −207 194.18 | −204 473.45 | −205 774.42 | −204 661.79 | −205 606.51 |
| | tt63%-5 | −203 207.86 | −207 183.11 | −204 469.43 | −205 728.52 | −204 587.28 | −205 674.71 |
| | tt63%-6 | −203 407.12 | −207 069.3 | −204 250.25 | −205 796.32 | −204 534.39 | −205 770.56 |

计算表明，在考虑阻尼器后13号墩底剪力显著降低，而14号墩底剪力有所增大。而不考虑阻尼器仅通过锁定装置墩底受力均增大。墩底剪力、弯矩减震前后对比详见表9-6、表9-7。

**表9-6 墩底剪力减震前后**(kN)

| 墩号 | 地震波 | 未设置阻尼器(未剪断) | | 设置锁定装置(不考虑阻尼器) | | 设置锁定装置(考虑阻尼器) | |
|---|---|---|---|---|---|---|---|
| | | max | min | max | min | max | min |
| 13号墩底 | tt63%-1 | 16 487.08 | −15 126.35 | 12 800.66 | −18 377.19 | 7 828.04 | −14 074.59 |
| | tt63%-2 | 17 219.58 | −14 713.15 | 11 168.23 | −19 890.12 | 5 158.51 | −12 214.58 |
| | tt63%-3 | 16 128.02 | −16 948.42 | 12 279.49 | −18 228.76 | 7 378.7 | −12 738.65 |
| | tt63%-4 | 17 411.51 | −17 366.26 | 11 788.55 | −19 077.35 | 6 877.86 | −13 708.1 |
| | tt63%-5 | 16 782.76 | −18 954.5 | 12 569.39 | −20 119.57 | 6 386.95 | −12 683.36 |
| | tt63%-6 | 15 595.73 | −18 814.7 | 13 134.41 | −18 794.58 | 6 852.14 | −13 223.9 |
| 14号墩底 | tt63%-1 | 6 302.73 | −5 126.34 | 11 220.05 | −5 016.8 | 10 153.96 | −3 786.27 |
| | tt63%-2 | 6 268.79 | −6 589.41 | 9 943.85 | −5 531.4 | 8 912.19 | −2 894.2 |
| | tt63%-3 | 7 129.85 | −5 927.1 | 10 523.35 | −7 349.62 | 9 665.66 | −3 963.12 |
| | tt63%-4 | 6 862.48 | −5 399.44 | 10 660.46 | −4 889.92 | 9 341.59 | −3 661.26 |
| | tt63%-5 | 6 344.14 | −6 643.34 | 11 167.12 | −5 826.06 | 9 671.26 | −3 078.96 |
| | tt63%-6 | 6 157.57 | −6 516.21 | 12 463.88 | −6 971.77 | 9 270.03 | −3 489.18 |

**表9-7 墩底弯矩减震前后**(kN·m)

| 墩号 | 地震波 | 未设置阻尼器(未剪断) | | 设置锁定装置(不考虑阻尼器) | | 设置锁定装置(考虑阻尼器) | |
|---|---|---|---|---|---|---|---|
| | | max | min | max | min | max | min |
| 13号墩底 | tt63%-1 | 276 872.98 | −298 172.69 | 332 849.19 | −242 275.23 | 247 294.13 | −149 941.36 |
| | tt63%-2 | 282 274.38 | −324 219.02 | 362 569.27 | −201 489.49 | 225 557.95 | −101 493.63 |
| | tt63%-3 | 311 136.94 | −291 027.43 | 335 261.52 | −224 355.32 | 252 094.43 | −138 964.15 |
| | tt63%-4 | 327 681.57 | −313 077.48 | 348 258.78 | −215 484.39 | 249 624.13 | −124 985.95 |
| | tt63%-5 | 353 277.55 | −316 724.47 | 363 227.39 | −227 256.56 | 243 624.64 | −133 486.35 |
| | tt63%-6 | 349 011.18 | −295 610.61 | 335 147.03 | −252 679.68 | 246 666.09 | −130 455.91 |
| 14号墩底 | tt63%-1 | 48 832.7 | −60 608.43 | 74 739.41 | −165 064.12 | 57 396.26 | −162 908.43 |
| | tt63%-2 | 63 776.57 | −61 249.38 | 78 251.70 | −156 638.84 | 48 206.50 | −142 100.45 |
| | tt63%-3 | 57 314.21 | −69 345.6 | 78 231.07 | −167 006.71 | 64 139.68 | −155 031.99 |
| | tt63%-4 | 52 559.53 | −65 693.04 | 71 709.22 | −163 622.50 | 55 368.35 | −153 331.18 |
| | tt63%-5 | 64 580.01 | −62 612.49 | 84 023.92 | −169 270.56 | 48 856.28 | −157 086.37 |
| | tt63%-6 | 66 315.1 | −57 641.06 | 84 276.24 | −176 967.56 | 56 391.80 | −147 017.38 |

### 9.3.3 中震作用(50年10%)

熔断力设置在小震和中震中间区域，熔断后14号墩阻尼器进入工作状态；在中震作用下，桥体主要通过阻尼器降低地震作用。

在试算分析中，分别考虑三种情况：(1)未设置阻尼器(未剪断)；(2)未设置阻尼器(剪断)；

(3)设置阻尼器(未剪断)。结果表明,在减震前固定墩剪力销被剪断,而在设置阻尼器后固定墩所受水平力仍小于三个固定支座水平力设计值,固定墩未被剪断,在结果中最终给出的结果为"(2)未设置阻尼器(剪断)"和"(3)设置阻尼器(未剪断)"两种情况。

1. 梁端位移

在中震下,在未设置阻尼器时,固定支座被剪断,梁端位移显著放大,而在设置后由于水平地震力小于固定支座设计承载力,梁端位移量很小。详见表 9-8。

**表 9-8　中震顺桥向最大位移**(mm)

| 梁端节点 | 地震波 | 未设置阻尼器(剪断) | | 设置阻尼器(未剪断) | |
|---|---|---|---|---|---|
| | | max | min | max | min |
| 梁端位移 1 | tt10%-1 | 93.04 | −134.20 | 12.60 | −11.25 |
| | tt10%-2 | 144.21 | −131.90 | 12.96 | −10.68 |
| | tt10%-3 | 126.29 | −125.10 | 11.53 | −11.20 |
| | tt10%-4 | 133.08 | −127.03 | 13.14 | −9.55 |
| | tt10%-5 | 96.92 | −134.49 | 13.98 | −9.74 |
| | tt10%-6 | 163.40 | −168.29 | 11.05 | −15.21 |
| 梁端位移 141 | tt10%-1 | 93.04 | −134.20 | 13.34 | −13.06 |
| | tt10%-2 | 144.21 | −131.89 | 14.33 | −11.88 |
| | tt10%-3 | 126.30 | −125.10 | 12.83 | −12.34 |
| | tt10%-4 | 133.08 | −127.03 | 14.09 | −10.28 |
| | tt10%-5 | 96.89 | −134.49 | 15.54 | −11.08 |
| | tt10%-6 | 163.40 | −168.29 | 12.45 | −16.74 |

2. 墩底受力

在中震下,在未设置阻尼器时,固定支座被剪断,固定墩水平力释放,墩底剪力和弯矩下降。详见表 9-9～表 9-11。

**表 9-9　中震墩底轴力减震前后**(kN)

| 墩号 | 地震波 | 未设置阻尼器(剪断) | | 设置阻尼器(未剪断) | |
|---|---|---|---|---|---|
| | | max | min | max | min |
| 13 号墩底 | tt10%-1 | −210 024.64 | −210 071.26 | −208 138.99 | −211 994.94 |
| | tt10%-2 | −210 018.71 | −210 077.4 | −208 363.69 | −211 632.57 |
| | tt10%-3 | −210 013.96 | −210 080.72 | −208 532.44 | −211 912.64 |
| | tt10%-4 | −210 032.5 | −210 061.68 | −208 345.97 | −211 535.18 |
| | tt10%-5 | −210 025.74 | −210 071.3 | −208 457.99 | −211 525.85 |
| | tt10%-6 | −210 023.04 | −210 074.62 | −207 939.06 | −211 752.75 |
| 14 号墩底 | tt10%-1 | −205 209.82 | −205 254.83 | −203 730.49 | −206 610.19 |
| | tt10%-2 | −205 201.83 | −205 258.7 | −203 996.46 | −206 508.05 |
| | tt10%-3 | −205 196 | −205 260.9 | −203 869.04 | −206 609.07 |
| | tt10%-4 | −205 216.29 | −205 246.12 | −204 003.87 | −206 449.49 |
| | tt10%-5 | −205 206.53 | −205 253.16 | −204 166.7 | −206 535.57 |
| | tt10%-6 | −205 205.67 | −205 259.15 | −203 377 | −206 753.92 |

表 9-10 中震墩底剪力减震前后(kN)

| 墩号 | 地震波 | 未设置阻尼器(剪断) | | 设置阻尼器(未剪断) | |
|---|---|---|---|---|---|
| | | max | min | max | min |
| 13 号墩底 | tt10%-1 | 13 297.99 | −13 097.02 | 16 858.15 | −17 941.03 |
| | tt10%-2 | 10 277.23 | −12 311.23 | 15 568.55 | −17 882.13 |
| | tt10%-3 | 14 201.48 | −10 892.85 | 15 756.63 | −16 390.78 |
| | tt10%-4 | 13 642.24 | −9 672.89 | 14 641.78 | −18 764.81 |
| | tt10%-5 | 13 667.69 | −14 624.51 | 13 939.35 | −20 208.29 |
| | tt10%-6 | 14 251.81 | −11 603.3 | 21 843.08 | −16 244.23 |
| 14 号墩底 | tt10%-1 | 11 083.79 | −12 288.85 | 16 332.02 | −10 604.94 |
| | tt10%-2 | 10 505.03 | −12 325.38 | 11 796.06 | −12 645.1 |
| | tt10%-3 | 13 386.5 | −11 253.53 | 12 458.12 | −10 634.04 |
| | tt10%-4 | 11 901.95 | −9 028.85 | 11 892.73 | −10 565.98 |
| | tt10%-5 | 11 924 | −12 442.03 | 10 141.6 | −12 682.6 |
| | tt10%-6 | 11 824.35 | −13 277.19 | 12 667.24 | −9 818.27 |

表 9-11 中震墩底弯矩减震前后(kN·m)

| 墩号 | 地震波 | 未设置阻尼器 | | 设置阻尼器 | |
|---|---|---|---|---|---|
| | | max | min | max | min |
| 13 号墩底 | tt10%-1 | 146 643.35 | −160 551.43 | 343 772.27 | −344 271.31 |
| | tt10%-2 | 145 779.84 | −118 208.22 | 338 522.79 | −286 537.90 |
| | tt10%-3 | 129 635.79 | −172 783.5 | 304 490.78 | −299 251.54 |
| | tt10%-4 | 112 160.88 | −151 189.51 | 360 539.69 | −304 447.99 |
| | tt10%-5 | 173 229.58 | −154 078.95 | 378 950.17 | −275 452.68 |
| | tt10%-6 | 124 942.63 | −162 789.66 | 298 730.92 | −415 438.37 |
| 14 号墩底 | tt10%-1 | 116 445.59 | −113 934.44 | 159 459.92 | −231 230.12 |
| | tt10%-2 | 120 702.47 | −96 655.67 | 185 072.98 | −183 364.69 |
| | tt10%-3 | 109 515.67 | −136 260.07 | 163 200.68 | −189 505.52 |
| | tt10%-4 | 90 862.26 | −112 514.4 | 159 408.22 | −172 958.46 |
| | tt10%-5 | 126 968.9 | −114 578.8 | 187 392.68 | −151 971.19 |
| | tt10%-6 | 127 371.66 | −114 964.98 | 156 202.91 | −189 555.08 |

3. 支座受力

固定双曲摩擦摆支座水平力设计值为 9 500 kN,共设置 3 套,则固定支座合计可承受水平剪力为 28 500 kN。通过分析可以得出,在设置阻尼器前,在中震作用下固定墩被剪断,而设置阻尼器后固定墩仍然可承受中震的冲击。详见表 9-12。

表 9-12 固定支座受力(kN)

| 墩号 | 地震波 | 未设置阻尼器(未剪断) | | 设置阻尼器(未剪断) | | 固定墩设计值 |
|---|---|---|---|---|---|---|
| | | max | min | max | min | |
| 13 号固定支座 | tt10%-1 | 31 344.79 | −32 598.15 | 20 256.56 | −18 786.87 | 28 500 |
| | tt10%-2 | 27 711.76 | −33 298.75 | 15 578.88 | −18 519.78 | 28 500 |
| | tt10%-3 | 31 544.6 | −32 969.63 | 16 806.81 | −16 287.41 | 28 500 |
| | tt10%-4 | 32 670.86 | −34 270.28 | 17 500.93 | −18 931.65 | 28 500 |
| | tt10%-5 | 27 891.22 | −33 251.67 | 15 494.52 | −19 650.42 | 28 500 |
| | tt10%-6 | 32 714.26 | −34 338.39 | 22 853.34 | −15 588.19 | 28 500 |

### 9.3.4 大震作用(50 年 2%)

在大震作用下,支座固定支座被剪断,13 号和 14 号墩阻尼器均进入工作状态,以下分析中讨论的两种情况为:(1)在未设置阻尼器时,固定支座被剪断的情况;(2)设置阻尼器,固定支座被剪断的情况。

1. 梁端位移

罕遇地震作用下,固定双曲摩擦摆支座剪切销被剪断。摩擦摆处于摆动耗能状态,此处未考虑摩擦摆的耗能作用,而仅采用摩擦摆等效刚度进行模拟,此处简化取为支座第二等效刚度。表 9-13 给出的位移显示,在设置阻尼器后,有效约束了主梁的纵向位移。

表 9-13 大震顺桥向最大位移(mm)

| 梁端点 | 地震波 | 未设置阻尼器(剪断) | | 设置阻尼器(剪断) | |
|---|---|---|---|---|---|
| | | max | min | max | min |
| 梁端位移 1 | tt2%-1 | 158.54 | −207.24 | 22.61 | −23.74 |
| | tt2%-2 | 172.02 | −203.79 | 34.98 | −22.31 |
| | tt2%-3 | 194.80 | −213.71 | 9.10 | −43.99 |
| | tt2%-4 | 193.33 | −206.14 | 22.37 | −38.89 |
| | tt2%-5 | 236.14 | −222.79 | 16.86 | −53.05 |
| | tt2%-6 | 205.77 | −229.73 | 37.47 | −16.38 |
| 梁端位移 141 | tt2%-1 | 158.55 | −207.24 | 22.79 | −23.98 |
| | tt2%-2 | 171.99 | −203.77 | 35.07 | −22.39 |
| | tt2%-3 | 194.85 | −213.67 | 9.04 | −44.29 |
| | tt2%-4 | 193.34 | −206.15 | 22.32 | −38.89 |
| | tt2%-5 | 236.14 | −222.79 | 16.86 | −53.13 |
| | tt2%-6 | 205.81 | −229.68 | 37.70 | −16.49 |

2. 墩底受力

大震墩底减震前后的轴力、剪力、弯矩分别见表 9-14～表 9-16。

**表 9-14 大震墩底轴力减震前后(kN)**

| 墩号 | 地震波 | 未设置阻尼器(剪断) | | 设置阻尼器(剪断) | |
|---|---|---|---|---|---|
| | | max | min | max | min |
| 13 号墩底 | tt2%-1 | −209 993.88 | −210 101.95 | −208 472 | −211 744 |
| | tt2%-2 | −210 005.32 | −210 080.66 | −208 712 | −211 480 |
| | tt2%-3 | −209 991.16 | −210 101.72 | −208 521 | −211 533 |
| | tt2%-4 | −209 985.2 | −210 103.39 | −208 619 | −211 533 |
| | tt2%-5 | −210 005 | −210 092.36 | −208 331 | −211 422 |
| | tt2%-6 | −210 004.15 | −210 097.81 | −208 699 | −211 464 |
| 14 号墩底 | tt2%-1 | −205 182.26 | −205 285.81 | −204 036 | −206 508 |
| | tt2%-2 | −205 196.87 | −205 273.05 | −204 190 | −206 374 |
| | tt2%-3 | −205 173.84 | −205 282.77 | −204 081 | −206 506 |
| | tt2%-4 | −205 179.28 | −205 285.3 | −204 065 | −206 421 |
| | tt2%-5 | −205 187.03 | −205 271.87 | −203 881 | −206 676 |
| | tt2%-6 | −205 185.68 | −205 273.6 | −204 204 | −206 348 |

**表 9-15 大震墩底剪力减震前后(kN)**

| 墩号 | 地震波 | 未设置阻尼器(剪断) | | 设置阻尼器(剪断) | |
|---|---|---|---|---|---|
| | | max | min | max | min |
| 13 号墩底 | tt2%-1 | 18 182.42 | −20 677.47 | 15 485.83 | −16 365.8 |
| | tt2%-2 | 24 548.76 | −17 122.06 | 16 979.74 | −16 271.7 |
| | tt2%-3 | 23 310.58 | −17 236.96 | 18 077.79 | −13 242 |
| | tt2%-4 | 24 033.31 | −19 623.23 | 17 681.24 | −13 414.6 |
| | tt2%-5 | 25 879.13 | −19 255.32 | 12 146.01 | −15 193.8 |
| | tt2%-6 | 19 824.3 | −22 290.68 | 13 960.83 | −19 775.4 |
| 14 号墩底 | tt2%-1 | 18 402.36 | −20 987.07 | 16 138.23 | −16 427.9 |
| | tt2%-2 | 21 585.41 | −19 456.68 | 17 441.54 | −16 064.2 |
| | tt2%-3 | 23 204.71 | −18 996.98 | 18 430.42 | −13 472.1 |
| | tt2%-4 | 20 916.91 | −21 161.34 | 17 543 | −13 298.1 |
| | tt2%-5 | 22 323.29 | −18 533.15 | 12 597.23 | −15 274.5 |
| | tt2%-6 | 17 283.11 | −21 337.86 | 14 518.02 | −19 931.1 |

**表 9-16 大震墩底弯矩减震前后(kN·m)**

| 墩号 | 地震波 | 未设置阻尼器(剪断) | | 设置阻尼器(剪断) | |
|---|---|---|---|---|---|
| | | max | min | max | min |
| 13 号墩底 | tt2%-1 | 235 735.23 | −216 738.24 | 263 049.03 | −243 498.33 |
| | tt2%-2 | 199 022.73 | −289 871.66 | 256 725.82 | −268 819.82 |
| | tt2%-3 | 204 004.63 | −284 062.99 | 207 910.01 | −291 528.45 |
| | tt2%-4 | 224 419.71 | −281 837.53 | 213 701.20 | −270 004.72 |

续上表

| 墩号 | 地震波 | 未设置阻尼器(剪断) | | 设置阻尼器(剪断) | |
|---|---|---|---|---|---|
| | | max | min | max | min |
| 13 号墩底 | tt2%-5 | 227 372.06 | −302 641.27 | 240 913.61 | −208 620.70 |
| | tt2%-6 | 249 242.5 | −232 516.9 | 307 779.78 | −236 818.94 |
| 14 号墩底 | tt2%-1 | 199 048.57 | −165 669.83 | 233 947.56 | −223 371.42 |
| | tt2%-2 | 174 645.4 | −212 248.34 | 225 587.11 | −248 961.66 |
| | tt2%-3 | 186 718.86 | −236 793.13 | 188 418.18 | −257 631.50 |
| | tt2%-4 | 202 640.09 | −206 064.59 | 188 969.98 | −245 423.52 |
| | tt2%-5 | 173 912.99 | −217 376.37 | 217 040.58 | −193 038.47 |
| | tt2%-6 | 207 528.75 | −162 356 | 272 681.98 | −220 155.46 |

## 9.4 熔断锁定装置和阻尼器性能

### 9.4.1 熔断锁定装置性能

熔断锁定装置需要达到的性能是在小震中锁定，而在遇到中震时装置需要熔断，所以熔断力需要设置在小震和中震之间的区域。通过分析小震作用和中震作用，可得到设置在 14 号墩的锁定装置受力和变形情况，见表 9-17。

**表 9-17 小震和中震下熔断装置受力和变形**

| 地震波 | 锁定力(kN) | | 锁定位移(mm) | |
|---|---|---|---|---|
| | max | min | max | min |
| tt63%-1 | 7 160.55 | −1 072.45 | 4.59 | −4.56 |
| tt63%-2 | 6 137.04 | −449.71 | 3.45 | −3.86 |
| tt63%-3 | 6 939.74 | −995.7 | 4.35 | −4.47 |
| tt63%-4 | 6 755.69 | −970.01 | 4.14 | −4.44 |
| tt63%-5 | 6 788.37 | −472.46 | 4.18 | −3.89 |
| tt63%-6 | 6 651.55 | −811.24 | 4.03 | −4.27 |
| tt10%-1 | 13 739.6 | −6 261.14 | 11.9 | −10.32 |
| tt10%-2 | 11 794.36 | −4 851.09 | 9.74 | −8.76 |
| tt10%-3 | 11 691.65 | −6 462.28 | 9.63 | −10.55 |
| tt10%-4 | 10 592.27 | −4 957.03 | 8.4 | −8.87 |
| tt10%-5 | 10 587.92 | −6 899.59 | 8.4 | −11.03 |
| tt10%-6 | 13 277.68 | −6 183.82 | 11.39 | −10.24 |

由表 9-17 的计算结果，单个锁定装置在地震(常遇)工况下的出力达到 1 750 kN 左右，而中震工况下达到 3 000 kN 左右，因此熔断力可设置在 1 750 kN 和 3 000 kN 之间。当出现大风、刹车和小震工况下，锁定装置可以将全桥锁定；中震、大震时，该装置率先熔断，结构的保护全部由其余常规阻尼器承担。地震之后，四个锁定装置可以更换熔断片，恢复全部使用。

综上所述，本项目锁定装置建议采用的参数见表 9-18。

**表 9-18 后熔断锁定装置参数**

| 锁定最大力(熔断力)(kN) | 最大冲程(mm) | 锁定速度(mm/s) | 等效刚度(kN/mm) | 使用温度(℃) | 数量 |
|---|---|---|---|---|---|
| 2 500 | ±150 | 0.25 | 225 | −5～45 | 4 |

## 9.4.2 阻尼器装置性能

在大震作用下的阻尼器出力和变形分别见表 9-19、表 9-20。

**表 9-19 大震下阻尼器受力**

| 地震波 | 14 号墩<br>4 套阻尼器出力(kN) | | 13 号墩<br>8 套阻尼器出力(kN) | |
|---|---|---|---|---|
| | max | min | max | min |
| tt2%-1 | 12 224.07 | −12 681.66 | 11 703.34 | −12 543.51 |
| tt2%-2 | 13 165.92 | −12 184.78 | 13 042.83 | −12 062.32 |
| tt2%-3 | 13 395.53 | −10 755.24 | 13 238.43 | −10 394.77 |
| tt2%-4 | 13 116.04 | −10 898.1 | 13 139.93 | −10 578.98 |
| tt2%-5 | 10 379.47 | −12 253.96 | 10 082.06 | −11 868.73 |
| tt2%-6 | 11 670.5 | −14 156.13 | 11 410.31 | −14 143.96 |

**表 9-20 大震下阻尼器出力**

| 地震波 | 14 号墩<br>4 套阻尼器出力(kN) | | 13 号墩<br>8 套阻尼器出力(kN) | |
|---|---|---|---|---|
| | max | min | max | min |
| tt2%-1 | 22.12 | −21.3 | 21.52 | −20.82 |
| tt2%-2 | 20.64 | −33.81 | 20.07 | −33.2 |
| tt2%-3 | 43.44 | −7.91 | 42.39 | −7.45 |
| tt2%-4 | 37.31 | −20.75 | 36.65 | −20.2 |
| tt2%-5 | 51.28 | −15.47 | 50.55 | −14.96 |
| tt2%-6 | 15.09 | −35.61 | 14.52 | −34.94 |

在温度为−5～50℃之间，以 20℃为阻尼器安装时的环境温度，经计算 14 号墩的变形量为−44～53 mm；结合地震作用下的阻尼器变形，最终确定阻尼器的冲程为：14 号墩阻尼器冲程±150 mm，13 号墩阻尼器冲程±100 mm。阻尼器参数详见表 9-21。

**表 9-21 阻尼器参数表**

| 参数 | 14 号墩 | 13 号墩 |
|---|---|---|
| 阻尼器出力 | 3 600 kN | 1 800 kN |
| 阻尼器冲程 | ±150 mm | ±100 mm |
| 阻尼系数 | $C$=7 500 kN/(m/s)$^{0.5}$ | $C$=3 750 kN/(m/s)$^{0.5}$ |
| 速度指数 | 0.5 | 0.5 |
| 安全系数 | 1.5 | 1.5 |
| 数量 | 4 | 8 |

# 10　景洪澜沧江大桥抗震性能评估的 Pushover 分析

非线性静力(Pushover)分析广泛地用于房屋结构的抗震设计和性能评估，但在桥梁结构仍处在探索和方法验证阶段。由于桥梁结构受到高阶振型影响较大，故采用传统 Pushover (SPA)、模态 Pushover(MPA)和上界 Pushover(UBPA)方法，以四种侧向力的模式作用于结构，本章将介绍利用 Pushover 方法应用于实际工程——景洪澜沧江大桥的抗震性能评估。以非线性时程分析(NL-THA)方法的结果为标准，全面评估桥梁整体和局部构件抗震性能及其误差范围。对比结果表明：综合考虑 MPA 和 UBPA 方法的优点，UBPA 对钢管混凝土拱桥纵向抗震性能评估与 NL-THA 方法更接近，误差范围可达到 10%以内，验证了 Pushover 方法对 CFST 拱桥抗震性能评估的适用性，对实际工程的抗震性能评估具有一定的借鉴意义。

## 10.1　引　　言

传统抗震设计是基于承载能力极限状态为准则，而基于性能抗震设计是在不同水准的地震作用下，所设计的结构能够满足各种预定性能目标下的要求，而具体性能要求根据相应的地震设防水准的研究来确定。基于性能抗震设计的分析方法主要有 Pushover 和 NL-HRA 方法。NL-HRA 可以考虑地震动输入后的整个结构屈服和破坏过程，发现结构薄弱环节出现顺序，被公认为是对结构非线性分析最有效的方法；但该方法计算非常耗时，且有输入输出比较繁琐等缺点。在结构初步设计阶段就采用 NL-HRA 方法显然不现实，因此，对结构初步设计的抗震性能评估，Pushover 分析方法就体现了简化计算和提高分析效率等优点，在近些年来得到各国学者的推崇。

19 世纪 70 年代初，美国学者 Freeman 等首次提出能力谱法并完成一个结构抗震评估项目后，传统 Pushover 分析(SPA)方法引起了世界各国研究人员的重视。Chopra 等提出考虑高阶模态影响的模态 Pushover 方法(MPA)，介绍了 MPA 基本步骤，并对规则和非规则建筑作性能评估，与非线性时程分析对比得出评估结果准确性满足工程要求。Jan 等提出另一种考虑高阶模态影响的上界 Pushover 方法(LBPA)，认为结构动力反应主要由前两阶模态控制，仅考虑第二模态对侧向力和目标位移的贡献；Poursha 等将其拓展到非规则建筑并得到较准确的性能评估。以上方法都是基于建筑结构的应用研究，而对桥梁结构的研究数量却有限。Paraskeva 等将 MPA 方法应用于桥梁结构，提出了基本分析步骤，并以弯桥横向性能评估为例得出 MPA 方法评估较 SPA 方法更为准确。国内学者对 MPA 方法在桥梁结构的应用进行了适应性探索，对 UBPA 方法在桥梁结构应用较少，仍未发现有关 UBPA 方法应用在桥梁结构上的相关文献。

目前国内学者运用 Pushover 方法对桥梁整体结构或桥墩构件能力曲线的评估，极少有关在地震作用下对桥梁整体结构的位移需求及构件性能评估。本章主要侧重 MPA 和 UBPA 方法在 CFST 拱桥抗震性能评估的应用。以实际工程——景洪澜沧江大桥为例，以 NL-HRA 方法为标准对比，验证了 Pushover 方法用于 CFST 拱桥纵向地震性能评估的可行性。

## 10.2 侧向荷载模式

侧向荷载分布对结构性能评估起决定性作用。只有选取合理的侧向荷载，才能真实地反映地震作用下结构质点惯性力的分布特性，所求的响应才能真实反映地震作用下结构的性能表现。固定侧向荷载模式应至少采用两种以上。本章介绍采用 SPA、MPA 和 UBPA 方法的四种侧向力分布模式。

(1)常加速度荷载模式(记作 SPA-M)，节点侧向力与相应节点质量成正比。即荷载向量为：

$$f_s = ma \tag{10-1}$$

(2)第一阶模态形状侧向力模式(记作 SPA-$\phi_1$)，相应节点侧向力与第一阶模态形状成正比。即荷载向量为：

$$f_s = \phi_1 \tag{10-2}$$

(3)MPA 侧向力模式(记作 MPA)，前四阶模态侧向力分别加载，各阶模态相应节点力与前四阶模态形状和相应节点质量乘积成正比。即荷载向量为：

$$f_s = m\overline{\phi_n} \tag{10-3}$$

式中，$n$ 取 1～4；$\overline{\phi_n}$为归一化振型向量。

(4)上界 Pushover 侧向力模式(记作 UBPA)，通过第二模态对目标位移的贡献来确定第二模态侧向力模式的贡献率，以考虑第二模态贡献率的第一模态侧向力分布。即荷载向量为：

$$f_s = \omega_1^2 m\phi_1 + \omega_2^2 m\phi_2\left(\frac{q_2}{q_1}\right) \tag{10-4}$$

$$\frac{q_2}{q_1} = \left|\frac{\Gamma_2 \cdot D_2}{\Gamma_1 \cdot D_1}\right| \tag{10-5}$$

式中 $\omega_1,\omega_2$——结构第一和第二模态圆频率；

$\Gamma_1,\Gamma_2$——第一和第二模态振型参与系数；

$D_1,D_2$——等效单自由度模态位移。

## 10.3 实例分析

### 10.3.1 工程概况

景洪澜沧江双线大桥位于景洪市市区上游 1.4 km，其中主桥长为 353.5 m，桥跨布置为(70＋200＋70)m，下承式 CFST 拱加劲连续刚构拱桥立面图如图 10-1 所示，梁体截面类型为单箱单室直腹板变截面箱梁，除零号段外，其余各段的梁底下缘按二次抛物线 $Y=4.5+X^2/921.655$(m)变化。拱肋计算跨度 $L=200$ m，矢高 $f=40$ m，矢跨比 $f/L=1:5$。拱轴线采用二次抛物线，设计拱轴线方程 $y=x^2/250+0.8x$。全桥共设 19 组吊杆，顺桥向间距 9 m。主墩采用实腹轨道型截面如图 10-2 所示，最大墩高 27 m，承台高 4.5 m，主墩基础均为钻孔群桩基础，桩径 2.2 m，每个墩柱下共 12 根成行列式布置。

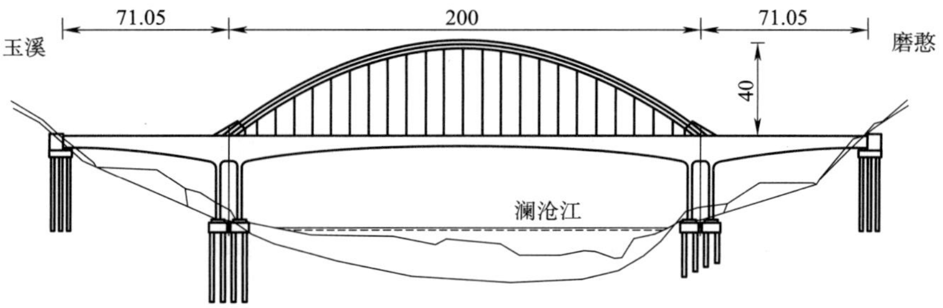


图 10-1 景洪澜沧江大桥总体立面图(单位:m)

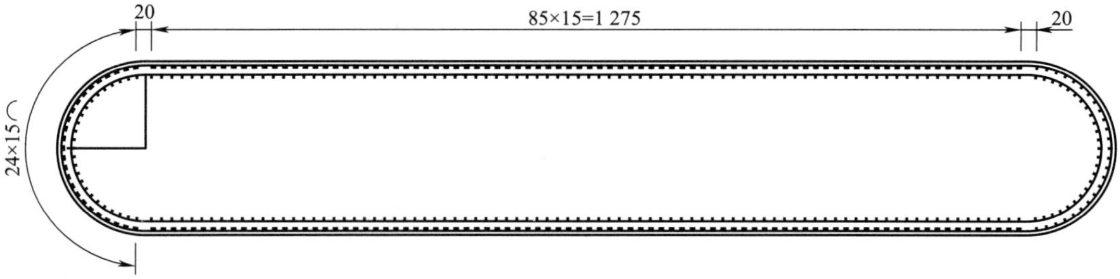


图 10-2 景洪澜沧江大桥主墩截面图(单位:cm)

### 10.3.2 模型建立

在 MIDAS 有限元软件中建模,模型如图 10-3 所示。主梁、拱肋、桥墩和基础采用一般梁单元,吊杆采用只受拉桁架单元,以施加初始内力,桩基础以等效门式桁架来模拟墩-土相互作用。根据《铁路工程抗震设计规范》(GB 50111),桥墩在罕遇地震作用下可以进入塑性状态,桥梁其他构件不考虑塑性。桥墩材料采用 C35 混凝土,主筋采用 HRB400,桥墩截面配筋率为 1.79%。单元非弹性铰特性采用集中铰骨架曲线,作用类型为强度 P-M,钢筋混凝土的滞回模型采用武田三折线。

桥梁的边界条件是拱肋与主梁刚接,主梁与主墩刚接,边跨纵向活动支座采用弹性连接的一般连接模拟,液体黏滞阻尼器采用一般连接单元的 Maxwell 模型模拟。对结构进行非线性时程分析时,结构体系的阻尼采用经典 Rayleigh 阻尼。

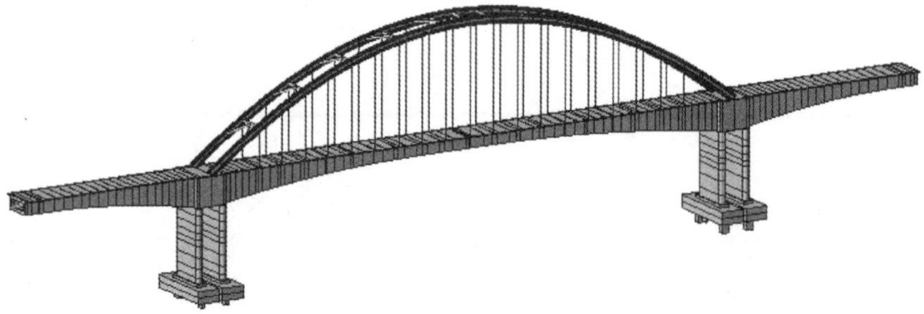

图 10-3 元江大桥三维有限元模型

### 10.3.3 结构纵向自振特性分析

在进行 Pushover 分析前,本章采用多重 Ritz 向量法计算该桥的结构自振特性,取该桥前

70 阶振型时，$x$(顺桥向)、$y$(横桥向)、$z$(竖向)方向振型参与质量达到 99.6%以上。由于本章仅对顺桥向 Pushover 分析，给出顺桥向振型参与质量大于 1%的前 4 阶模态，见表 10-1，顺桥向前 4 阶振型参与质量总和为 89%。顺桥向前 4 阶模态形状如图 10-4 所示。

**表 10-1　结构纵向自振特性参数**

| 模态号 | 周期(s) | 振型参与质量(%) | 振型参与系数(正则化) | 振型特性 |
|---|---|---|---|---|
| 1 | 1.23 | 70.1 | 1.28 | 一阶纵弯 |
| 2 | 0.61 | 3.2 | −0.56 | 纵弯＋竖弯 |
| 3 | 0.13 | 9.5 | 1.04 | 二阶纵弯 |
| 4 | 0.12 | 1.1 | 0.33 | 三阶纵弯 |

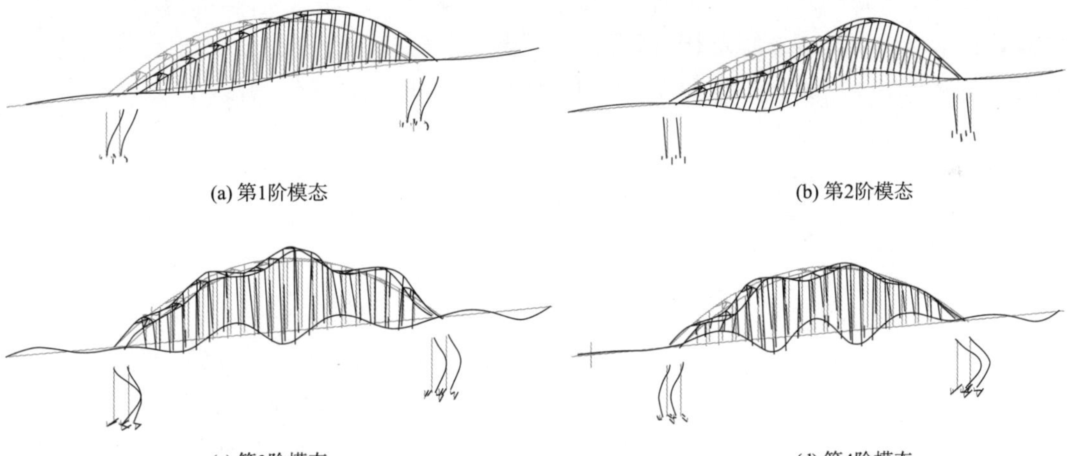
(a) 第1阶模态　(b) 第2阶模态　(c) 第3阶模态　(d) 第4阶模态

图 10-4　结构模态形状

### 10.3.4　地震动输入

安全性评价报告提供的该桥罕遇地震(100 年超越概率 3%)抗震设防水准目标反应谱，其特征周期为 0.55 s。采用 SIMQKW 随机生成与目标反应谱对应的 3 条人工地震波如图 10-5

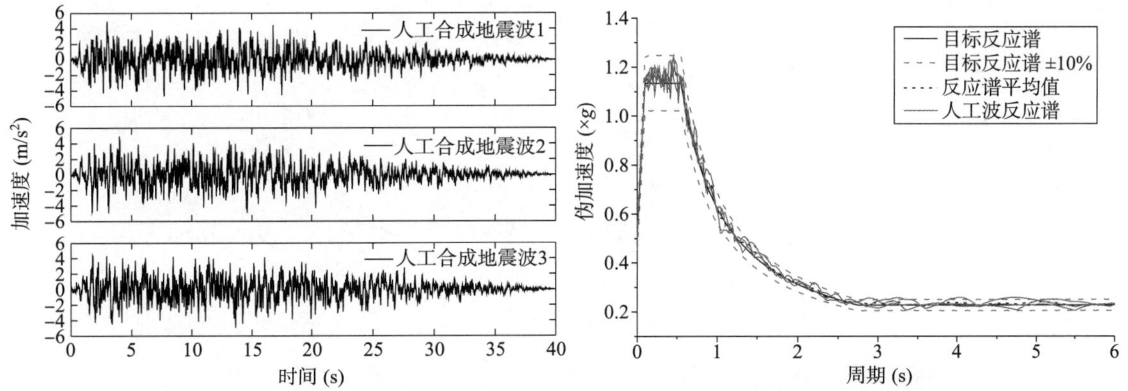

(a) 人工地震波　(b) 目标反应谱及人工地震波反应谱

图 10-5　地震动输入地震波及拟合反应谱

(a)所示，其峰值加速度为 0.504$g$，地震动持续时间为 40 s。3 条地震波伪加速度反应谱与目标反应谱对比如图 10-5(b)所示，由图可见，人工地震波与目标反应谱拟合得较好，其中 3 条波平均值控制在目标反应谱的±5%，能有效反映场地预定超越概率下的地震动水平。

## 10.4 结果分析

在进行 Pushover 前，先考虑桥梁成桥状态下静力荷载对结构的影响，根据第 10.2 节中四种不同分布力模式采用基于目标位移的位移控制法分别对桥梁进行 Pushover 分析。结构整体能力曲线一般定义为结构的基底剪力与顶部水平位移，能力曲线取决于控制点选取，本节以主梁的中心节点为控制点。将结构能力曲线转化为等效单自由度能力谱曲线，采用能力谱方法计算等效单自由度的等效阻尼比，把弹性地震需求谱折减为非弹性地震需求谱。结合等效单自由度能力谱曲线与弹塑性地震需求谱确定控制点的地震需求。MPA 方法通过前四阶模态侧向力模型获得各控制点位移，采用随机理论的 SRSS 组合规则求得桥梁结构的总需求位移。UBPA 方法仅考虑第二阶模态对控制点位移的贡献求得桥梁结构的总需求位移。

### 10.4.1 桥梁整体结构能力评估

图 10-6 和图 10-7 分别为不同 Pushover 方法的整体能力曲线的比较和伪加速度与模态位移反应谱(ADSP)曲线。从图 10-6 可以看出，在控制点最大位移为 0.3 m 的范围内，对于不同侧向力模式(除了 mode 3 和 mode 4 侧向力模式)，桥墩明显进入塑性状态，并且屈服位移接近于 0.06 m。由于前四种侧向力模式求得的能力曲线并不一定代表桥梁所有构件的实际响应，如当施加 mode 3 和 mode 4 侧向力时，桥梁结构不会进入非弹性状态。在相同位移需求下，不同的侧向力模式对桥梁的非弹性反应影响较大。当分别施加 SPA-M、mode 2、UBPA、mode 1 和 SPA-$\phi_1$ 侧向力时，结构的基底剪力逐渐减小。由于 SPA-$\phi_1$ 侧向力模式对应的最大位移出现在 P1 墩顶，墩底剪力较高仅对应于 P1 墩，而 SPA-M 侧向力模式，所有桥墩墩底剪力大致相同。因此，在相同的位移需求下，最大基底剪力发生在 SPA-M 侧向力模式情况下。

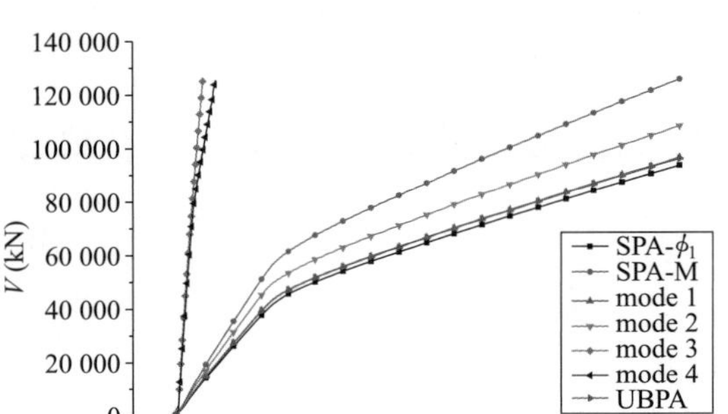


图 10-6 基底剪力与控制点位移关系

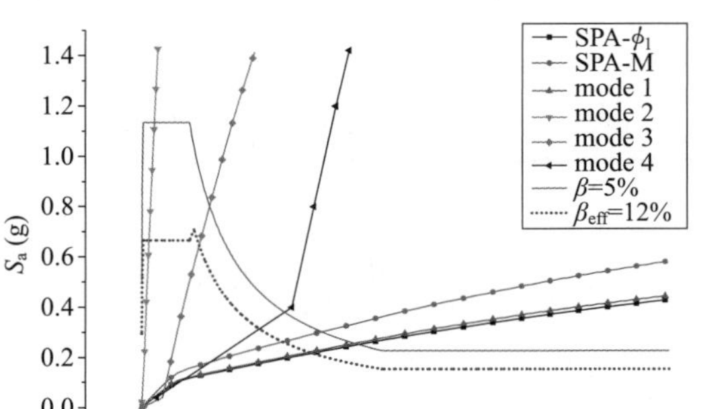


图 10-7 ADRS 曲线

从图 10-7 可以看出，通过 SPA-$\phi_1$ 和 SPA-M 侧向力模式求得的等效单自由度能力曲线与以等效阻尼比为 12%折减后的非弹性需求谱的交点，确定结构的控制点地震需求位移分别为 0.212 m 和 0.178 m。同样可求得在 mode 1 侧向力模式下结构控制点地震需求位移为 0.212 m，在高阶模态(mode 2、mode 3 和 mode 4)侧向力作用下，求得等效单自由度能力曲线与以 5%结构阻尼比的弹性需求谱的交点，确定结构的控制点地震需求位移分别为 0.015 m、0.006 m 和 0.002 m。MPA 方法通过采用 SRSS 组合规则将求得的控制点地震需求位移进行组合，从而得到控制点地震需求位移峰值为 0.213 m。UBPA 通过第二阶模态对控制点地震需求位移的贡献，采用公式$u_r = u_1[1+(\Gamma_2 \cdot D_2/\Gamma_1 \cdot D_1)]$求得控制点地震需求位移为 0.215 m。

### 10.4.2 控制点位移

采用四种 Pushover 方法和 NL-THA 方法求得该桥关键位置控制节点位移及其误差如图 10-8 所示。其中误差定义为$|1-R_{\text{Pushover}}/R_{\text{NL-THA}}|\times 100\%$，$R_{\text{Pushover}}$为 Pushover 方法的响应值，$R_{\text{NL-THA}}$为非线性时程积分方法的响应值。以下所有误差都采用此公式计算。采用 UBPA 方法求得桥墩顶和梁端控制点的位移几乎与 NL-THA 方法一致，误差最大为 1.8%，对拱顶位移略微偏高，误差在 3.46%。采用 MPA 方法求得桥墩顶和拱顶位移几乎与 NL-THA 方法一致，最大误差为 1.9%，而梁端位移误差达 6%。SPA-$\phi_1$ 方法对拱顶位移最大误差达 12.55%，而 SPA-M 方法对控制点的最大误差为 23.81%。MPA 方法对梁端位移高估，由于没有考虑模态塑性发展过程中的刚度矩阵变化，采用 SRSS 组合规则对梁端位移放大所致。通过拱顶位移比较看出，高阶的模态对拱顶位移的贡献起重要的作用。

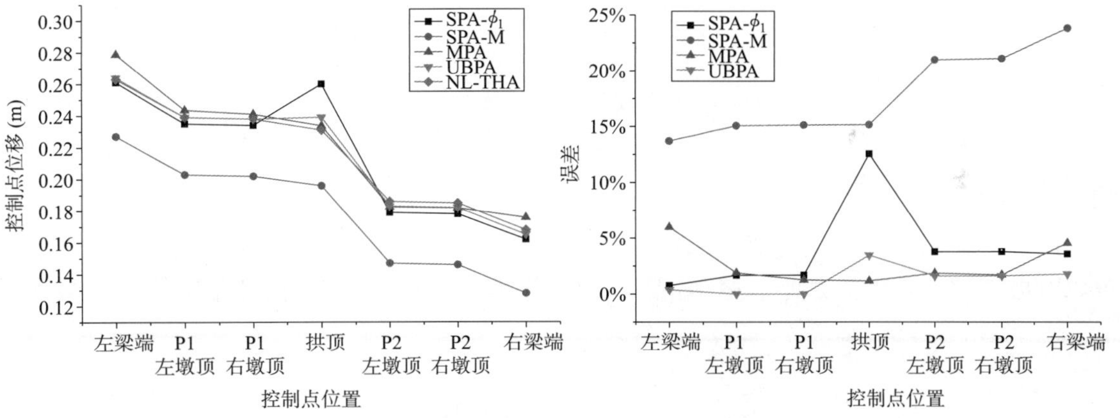


图 10-8 桥梁结构控制点纵向位移及其误差

### 10.4.3 墩身纵向位移

采用四种 Pushover 方法和 NL-THA 方法求得 P1 左墩和 P2 左墩墩身纵向位移及其误差如图 10-9 和图 10-10 所示。SPA-M 方法比其他三种分析方法评估墩身位移误差较大，最大误差为 21%，这是由于纵向地震作用使结构表现为弯曲破坏模式，而常加速荷载使结构呈现剪切破坏模式。UBPA 方法对墩身侧移评估随着墩高减小误差逐渐增大，在墩高 17 m 以上，UBPA 方法对墩身侧移评估精度最高，而在 17 m 以下，MPA 方法对墩身侧移评估精度最高，可以得出高阶模态对墩身位移具有重要影响。综合考虑 UBPA 和 MPA 方法，对墩身侧移误差评估精度可以达到 9.6%。

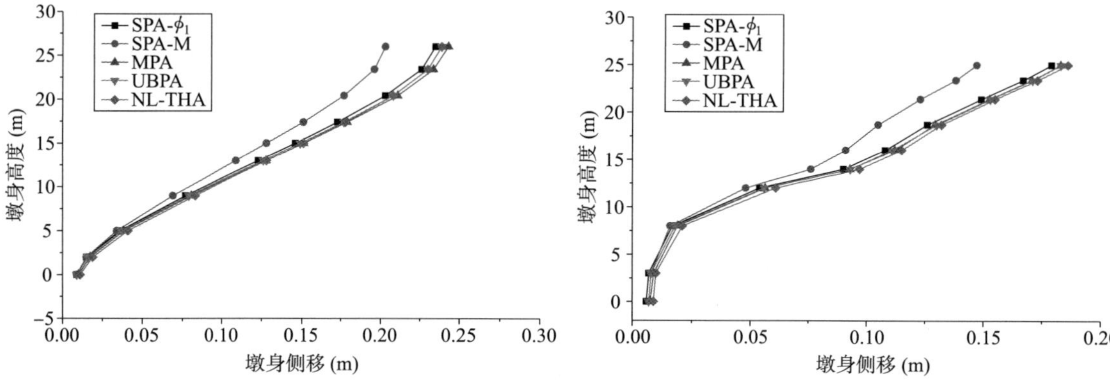


图 10-9　P1 和 P2 左墩高度变化下纵向位移

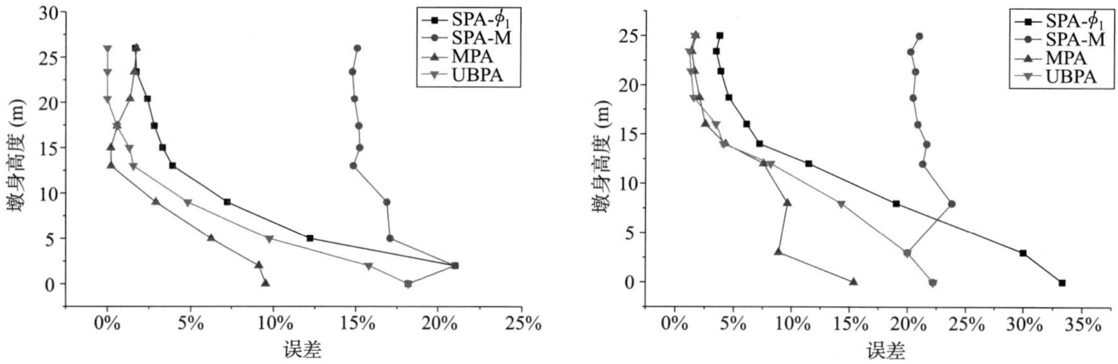


图 10-10　P1 和 P2 左墩高度变化下的纵向位移误差

### 10.4.4　墩底剪力和弯矩

图 10-11 和图 10-12 分别为桥墩墩底塑性铰区剪力及其误差和弯矩及其误差。由图10-11 可以看出，在 P1 墩底剪力评估偏小，偏于不安全，四种 Pushover 方法评估剪力误差最大为

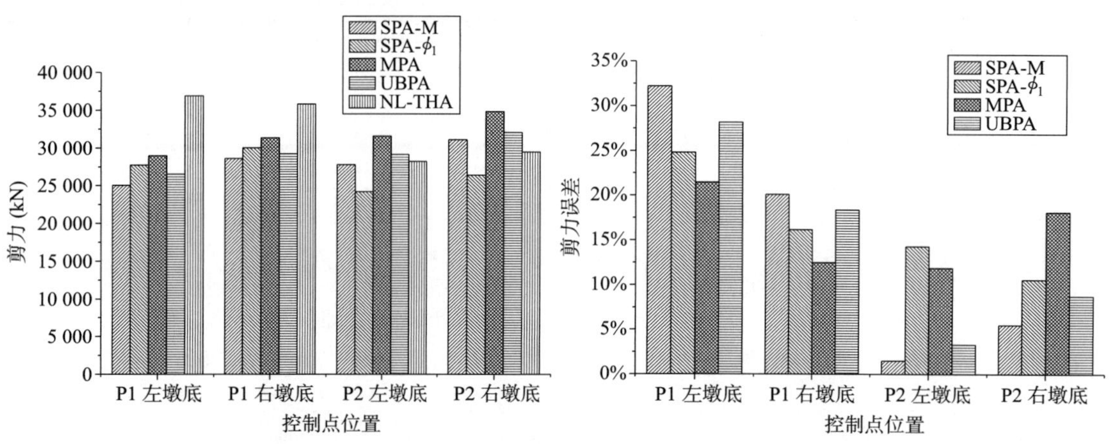


图 10-11　各墩底塑性铰区剪力及其误差

32.21%，其中，MPA 方法评估误差最小，误差为 21.45%。对于 P2 墩底的剪力，SPA-$\phi_1$ 方法对剪力评估偏小，偏于不安全，其他三种方法相对偏大，最大误差分别为 14.28%和 18.1%。由图 10-12 可以看出，MPA 和 UBPA 方法对墩底塑性铰区弯矩评估相近，最大误差分别为 9.6%和 12.86%，SPA-M 和 SPA-$\phi_1$ 最大误差分别为 16.3%和 24.5%，可见 MPA 和 UBPA 方法可以有效评估桥梁墩底塑性铰区剪力和弯矩。

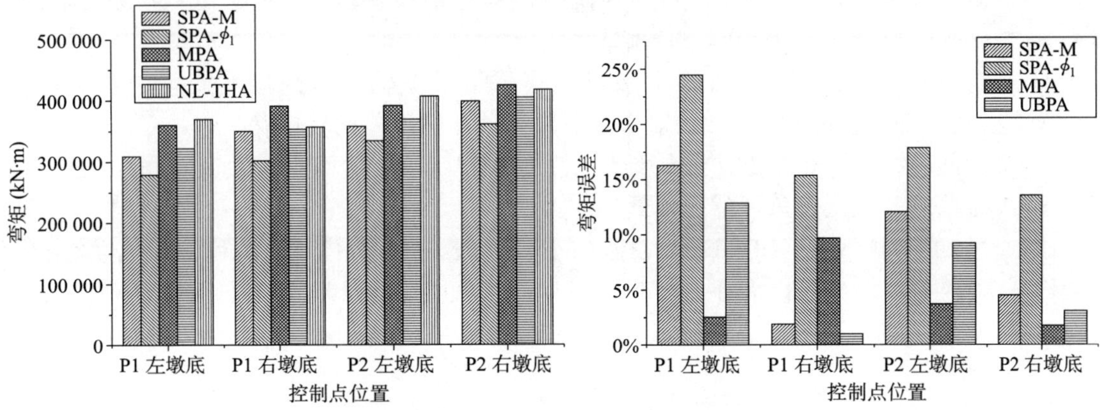


图 10-12　各墩底塑性铰区弯矩及其误差

### 10.4.5　塑性转角

图 10-13 为桥墩底截面塑性转角及其误差。由图可知，SPA-M 和 MPA 方法对墩底截面塑性转角评估精度比 SPA-$\phi_1$ 和 UBPA 较差，墩底截面塑性转角的最大误差分别为 26.18%、24.08%、12.04%和 8.38%。显然，在 P1 墩底，MPA 方法对塑性转角评估偏大，偏于安全，其他三种方法相对偏小，偏于不安全，尤其 SPA-M 最大低估误差达 19.61%。在 P2 墩底，四种方法对塑性转角评估都相对偏小，SPA-M 方法对塑性转角误差最大为 26.18%，而 UBPA 最大误差为 8.37%。由此可以看到，UBPA 方法对塑性转角误差评估更准确、合理。

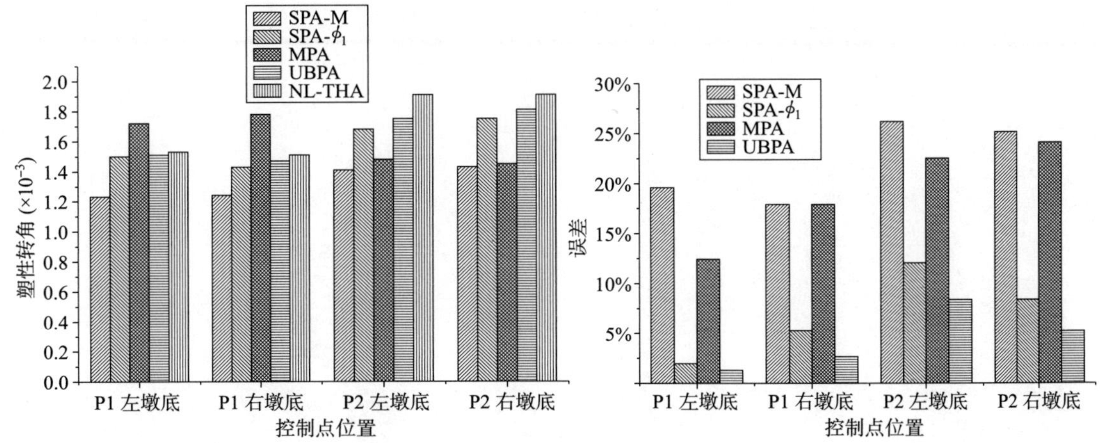


图 10-13　桥墩底截面塑性转角及其误差

## 10.5 结　论

(1)采用四种侧向力模式对桥梁进行 Pushover 分析,通过等效单自由度能力曲线与非弹性需求谱组合求得性能点,预计目标节点的地震需求位移。

(2)控制点位移:SPA-M 方法对桥梁控制点位移评估误差较大,而 UBPA 方法评估误差最小,通过拱顶位移对比,高阶模态的影响较大。

(3)墩身纵向位移:SPA-M 方法对墩身侧移评估误差较大且随墩高变化相对稳定,而 UBPA 对墩身上部侧移和 MPA 方法对墩身下部侧移评估误差比较精确。

(4)墩底截面特性:MPA 方法较好地评估墩底剪力和弯矩,而对塑性区转角评估误差较大,UBPA 方法对塑性区转角评估误差最小。

(5)通过 SPA-M、MPA 和 UBPA 方法的结果比较,综合考虑 MPA 和 UBPA 方法的优点,对 CFST 拱桥纵向抗震性能评估与 NL-THA 方法更接近,误差范围可达到 10%以内。

# 第 三 篇

# 铁路桥梁刹车减震控制

# 11 概　　述

## 11.1 引　　言

桥梁是高速铁路线路上的重要基础设施，特别是大跨和高架桥梁在高速铁路上占有相当大的比重。日本的高速铁路新干线桥梁占全线30%左右，我国京沪高速铁路沪宁段设计方案中高架桥也占30%以上。桥梁所占的比重如此之大，有必要对其进行深入的研究，使结构既能保证安全，又能满足经济合理的要求。近年来，铁路车辆的行车速度不断提高，高速铁路和城市轻轨的大批兴建，使得铁路桥梁在列车运行荷载作用下的安全这一话题得到广泛关注。

一方面，高速运行的车辆对所通过的结构产生动力冲击作用，直接影响其工作状态和使用寿命；另一方面，结构的振动又对运行车辆的平稳性和安全性产生影响，使之成为评估结构动力参数合理与否的重要因素。因此，新建和大量原有的铁路桥梁必须考虑提速后列车对桥梁的振动影响，有些桥梁需要接受加固和改造，我们应该把这些作为特殊重要问题对待。

采用加设减震设备帮助铁路桥梁提高抗震性能的办法已经得到了铁路桥梁设计界的认可。从目前的科技发展水平来看，只要选择合适的减震设备，采用不同类型的控制方法都可以起到很好的减震控制效果。世界铁路上已经有一些减震设备应用的工程，可以给我们提供正反两方面的参考。如：韩国高铁使用500多个英国 Colebrand Device 生产的锁定装置的漏油教训和阻尼器生产厂家的破产给我们在铁路上选用减震设备方面敲响了警钟；台湾高铁地震区 C-270 段成功应用的介于阻尼器和锁定装置之间的产品——带“放血”的锁定装置；西雅图高架轻轨铁路的阻尼器成功减震；正在经受实际考验的、我国已投入使用的某公铁两用大桥上的磁流变阻尼器和并用抗震阻尼器；还应提及的有上海浦东机场磁悬浮铁路上德国生产的 TMD 系统。当然，最近的发展使我们更加重视这个领域的研究和应用。如，将要安置在津秦高速铁路的大量锁定装置、跨黄河特大铁路桥梁上设计的阻尼器以及将在某长江铁路大桥上并用安置的特殊带熔断的锁定装置和阻尼器。这些必将大大推动阻尼器在我们铁路工程上的广泛、正确的应用。同时，普通抗震用的阻尼器能否在铁路超大运行荷载下长期工作，其计算理论和推断都应该经受实际工程的检验。

应当承认，无论国内外，目前对铁路桥梁上阻尼器的研究和应用都远不及公路桥梁。大家知道，因为铁路荷载的特殊性，车辆本身的蛇行振动、转向和刹车带来的桥梁振动都比普通卡车带来的振动要大得多，要想控制减少车辆带给大跨桥梁和高架桥梁的振动，所需考虑的问题也要比公路桥复杂和困难得多。目前我国正处于铁路大规模提速和扩容阶段，减震控制是大量新建铁路和加固铁路桥梁所必须考虑的问题。

图11-1示出的是美国泰勒公司在美国和我国台湾所完成的阻尼器用于铁路和轻轨工程。

用在铁路桥梁上的阻尼器，与公路桥上用阻尼器的最大不同是它所承受的工作荷载，包括火车运行和刹车荷载、火车的横向荷载。只要选择合适的液体黏滞阻尼器，都可以起到很好的

(a) 台湾高速铁路C-270段

(b) 西雅图高架轻轨铁路用阻尼器

(c) Cross Keys铁路桥改造加固工程

图 11-1 铁路桥应用阻尼器的工程实例

减震作用。铁路工程有很多不同于公路的特殊性，对它的振动控制也就有许多特殊要求，我们应该采取一些特殊办法实现控制作用。这是本节所要讨论的重点所在。

## 11.2 铁路荷载的特殊性

除了我们通常必须考虑的地震、大风和其他突遇荷载外，铁路运行中的各种荷载也是必须考虑的因素。桥梁在列车移动荷载作用下的受力及振动特性一直是人们关心的重要问题。

列车在通过桥梁的过程中，会发生加速、转向和制动等不同情况，给桥梁带来纵向、横向振动荷载，这些荷载比一般的公路桥梁荷载要大得多，属于较为复杂而剧烈的动力荷载，而且出现的频率极高，几乎在每次列车通过桥梁时都会发生，这也是对铁路桥梁的抗疲劳能力和稳定性的最大考验。反过来，桥梁的振动对车辆的运行安全也会产生直接影响。再有，由于列车轨道的不平整，机车、主体、转向架和轮对引起列车的沉浮、点头、横摆、摇头和侧滚等运动。一旦横向运动的振动与桥梁主体的振动频率相同引起共振，就会导致很大的横向运动。这不仅会使车桥动力响应加剧，引起较大的挠度和振幅，也将直接影响列车的安全和乘客的舒适度，甚至产生意外破坏。

近年来，铁路车辆的行车速度不断提高和高速铁路不断兴建，以及城市轻轨大批建设，使得车桥动力相互作用这一话题日益得到广泛关注。一方面，高速运行的车辆对所通过的结构产生动力冲击作用，直接影响其工作状态和使用寿命；另一方面，结构的振动又对运行车辆的平稳性和安全性产生影响，使其成为评估结构动力参数合理与否的重要因素。

近几十年来，随着计算机的广泛应用、计算技术的迅速发展以及高速铁路建设的迫切需要，各国学者在研究中已尽可能地考虑各种因素，先后提出日趋完善的车桥系统动力分析模型，并以不同的方法导出考虑各种因素相互关系的运动方程式，然后按照实际的车辆和桥梁参数，根据不同的情况和要求在计算机上进行仿真分析，得出许多有益的研究成果。车桥系统动力分析的计算机仿真方法已经在日本、法国和其他欧洲国家的高速铁路桥梁设计中得到了广泛的应用。

### 11.2.1 列车制动力

在行车动力荷载中，列车的制动力已经成为铁路桥梁设计考虑的重要荷载之一。根据大量分析和实测结果可以得出，由于闸瓦摩擦系数会随着列车运行速度的降低而不断增大，并在列车运行速度趋于零的瞬间跃升至最大，因此列车轨道面制动力在闸瓦压力达到额定之后仍旧不断增大，并在列车停止的瞬间达到峰值(图 11-2)。

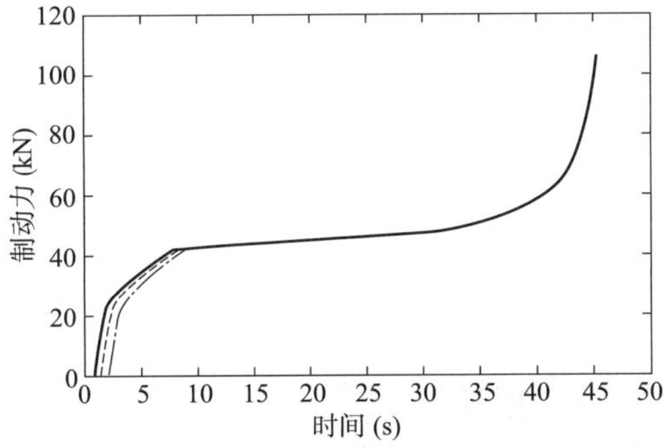


图 11-2　制动初速度为 80 km/h 时各节车厢制动力时程曲线

我国行车试验和动态分析均已证明，列车紧急制动停车前的 2 s 时间内，列车轨面的制动力最大值由一半跃升到 100%的最大制动力，具有十分明显的动力特性。这种动力荷载由于瞬间增大较快，往往造成梁体产生很大的纵向位移，并使桥墩底部弯矩瞬间增大，影响桥梁的使用和安全。特别对于一些全漂浮体系的铁路斜拉桥还可能造成加速度过大，舒适度超标等问题。另外，不同结构形式的铁路桥梁，受力传递方式和受力特点都不相同，这些动力荷载需要通过各自的桥墩、桥台、梁体和桥上线路共同组成的复合式结构系统传递。因此，车辆荷载的动力分析显得十分复杂，难以通过常规办法准确控制。

### 11.2.2 列车横向振动

铁路上的横向振动是我们需要考虑的另一种特殊振动，它对车辆及车辆上乘客的舒适度也存在影响。铁路车辆及其引起的桥梁横向振动的主要原因可归纳为以下几种：

(1)蒸汽机车动轮左右偏心块相差 90°相位角的不平衡冲击力会引起桥梁的横向扭转振动。

(2)列车以一定速度过桥时的动力作用，即车体、转向架和轮对质量的振动惯性力对桥梁的冲击作用。

(3)轮轨间的蛇行运动。由于车轮踏面的锥度以及轮缘与钢轨内侧的间隙，导致车辆运行时产生蛇行运动，成为列车乃至车桥系统横向振动的激励源。

(4)轨道的轨距水平、左右轨面水平以及轨距不平顺(包括几何不平顺及弹性不平顺)，使车辆对结构产生附加的动力作用，也是车桥系统横向振动重要的自激激励源之一。

(5)车桥动力相互作用，即桥梁(包括上部结构和墩台)及桥上轨道结构振动对运行列车的动力影响。

(6)曲线上列车离心力通过轮对所形成的横向力移动荷载列引起的系统横向和扭转振动。

(7)地震的作用，即地震激励所诱发的车桥系统的横向振动、地震动的空间变异性对大跨度桥梁的影响。

(8)风的作用。平均风荷载可引起桥梁整体横向和竖向变形，导致轨道弯曲半径过小，影响行车安全；脉动横风引起的桥梁抖振；风荷载直接作用于运动车体本身，带有横向平均风压的移动车辆对桥梁产生动力作用。

作用在车辆上的以上横向力都会通过车轮作用到桥梁上，在一定列车速度下会引起车桥系统的共振。在铁路桥梁上，因为车辆刹车荷载和横向振动的强度和频率一般要比公路桥梁大得多，所使用减震设备的功率和工作时间的要求经常会远大于公路桥梁上所应用的阻尼器。这是我们应该注意的另一个问题，我们将在以下内容中讨论。

对于客运车辆，乘客数量多，对舒适度的要求是不可回避的问题。随着铁路事业的发展，将会提出越来越多有关技术发展和科研的要求。

## 11.3 铁路桥梁的振动控制

### 11.3.1 铁路车辆荷载下纵向振动的控制

目前针对铁路桥梁纵向振动控制车辆、地震、大风荷载开发研究的减震装置已有很多种，如锁定装置、液体黏滞阻尼器、液体黏弹性阻尼器等。考虑到这些装置作用性能的有效性、稳定性和长期使用的耐久性，在桥梁工程中最为广泛应用的减震装置主要是液体锁定装置和黏滞阻尼器。

锁定装置是一种类似速度开关的约束位移装置，当桥梁运动到某一速度时启动，锁定两个安置点间的相对位移，其工作原理就像汽车上的安全带。以设定的锁定速度为界限，在慢速运动中不发生任何作用，允许桥梁在温度和正常活荷载下自由变形；在急速运动中会起到锁定运动的作用。这种装置尽管不能耗散能量。但对于制动力等荷载带来的桥梁各部分间的运动和碰撞，可有效地起到减少、转移和限制作用。锁定装置的控制速度通常选择在 0.127～0.25 mm/s之间。设计人员要预先设定一个速度开关 $v_0$，在装置两端相对速度 $v>v_0$ 时锁定装置开始锁住，可按一个刚性连杆计算。计算出的最大锁定力为 $F_{max}$。阻尼器和锁定装置速度-力曲线如图 11-3 所示。

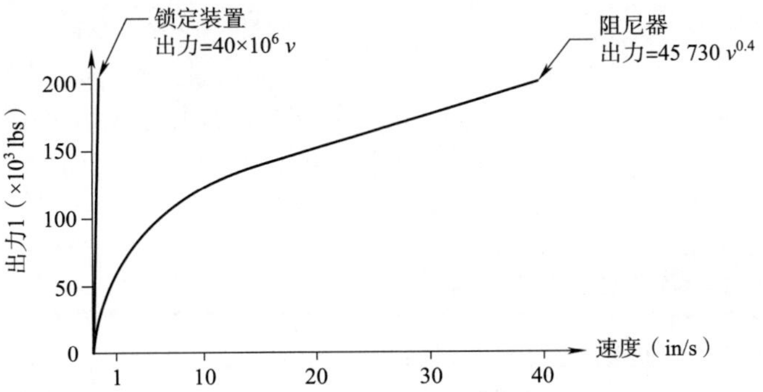


图 11-3　阻尼器和锁定装置速度-力曲线

锁定装置在国内外已得到了广泛的应用，特别适用于抗震烈度较低的地区铁路桥梁的振动控制。制动力工况下，经过锁定装置转移力的传递路径，可以将桥梁的纵向位移减少到70%以上，既为桥梁结构提供了足够的安全保证，也减少了伸缩缝的位移和造价。只要分散受力后的多个桥墩自身有足够的抗震能力，这种受力的转移和分散也可以起到很好的抗震效果。

目前黏滞阻尼器已经成为抗震区大型公路、铁路桥梁设计最愿意考虑的抗震设备之一。这种设备的出力可以精确计算，其两端运动速度和阻尼力的关系式为：

$$F=Cv^{\alpha} \tag{11-1}$$

式中　$F$——阻尼力；

$C$——阻尼器的阻尼值；

$v$——阻尼器两端间的相对运动速度；

$\alpha$——速度的非线性指数。

阻尼力和最大冲程是确定阻尼器型号的指标参数。而阻尼系数和速度指数是阻尼器控制作用效果的两个关键参数。通过设置阻尼器，结构的抗震能力将得到大幅提高，阻尼比一般可以提高到10%～20%，地震工况下，一般结构纵飘位移可减少约30%（连续梁桥）、50%以上（悬索桥、斜拉桥），基底弯矩减少20%～30%。

在铁路桥梁的抗震设计过程中，应根据铁路桥梁的具体情况、不同跨度和减震产品的不同特点选择不同的设备和安置方法。一般情况下，对于非抗震区的桥梁，考虑控制车辆运行荷载，可选择锁定装置，安置在桥出现纵向位移的控制位置上，即塔梁之间或梁墩之间，也有的安置在梁和地面之间。而对于抗震区的桥梁，黏滞阻尼器是较为适合的减震设备。

如果想同时考虑地震和列车运行荷载，根据控制目标的不同，可以选择以下两种控制办法之一。对于一些跨度较小的桥梁宜选择介于黏滞阻尼器和锁定装置之间的一种设备，这种装置的阻尼系数较大，耗能能力强，对速度十分敏感，对刹车荷载和地震荷载均有较为明显的控制效果。这种装置在台湾高速铁路项目中得到应用。该项目从设计上要求装置能同时考虑控制高频率的刹车和部分地震耗能双重目的，其关键是要选择一个适当的速度控制点。对于跨度较大的斜拉桥和悬索桥，建议尝试锁定装置和黏滞阻尼器的联合控制方法，将列车运行荷载和地震荷载分开控制，这种利用两套并联装置控制两种振动的思路已在国内刚投入使用的天兴洲公铁两用大桥中使用——将控制刹车的磁流变阻尼器和控制地震的阻尼器简单并联使用。

以下建议采用一种特殊的带熔断锁定装置，该锁定装置对控制车辆运行荷载有更好的振控效果，根据锁定装置两端的相对速度大小启动，将其连接两端的相对位移锁定，改变桥梁的传力路径。而在强烈地震工况下，该装置可以自动将其保险丝脱落，退出工作，以免受到破坏。与此同时，黏滞阻尼器正式启动进行耗能工作。地震过后，锁定装置只需简单更换保险丝，就可使桥梁继续使用，震后更换构件费用低。对于一些大中型桥梁，均可以根据计算分析结果，结合经济造价和控制效果综合比选减震装置。

### 11.3.2 铁路桥梁车桥耦合引起的横向振动

前文讨论中已介绍了铁路桥梁横向振动的原因。我国《铁路桥梁检定规范》(铁运函〔2004〕120号)规定，当列车通过时，桥跨结构在荷载平面的横向振动加速度不应超过 1.4 m/s²。秦沈客运专线综合试验段线桥养护维修技术条件中，对设计时速 300 km 桥梁规定的横向振动加速度限值为 1.0 m/s²。

实际工程和技术都已经证明，用阻尼器是可以很好地控制桥梁横向振动的。较为成功的办法有两个：通过在桥梁上直接加设液体黏滞阻尼器减震；采用 TMD 减震。

1. 阻尼器直接控制桥梁的横向振动

英国伦敦千禧桥加固中考虑到需要对桥梁的横向振动有所控制。设计者采用了沿纵向水平面上加设阻尼器的控制办法，如图 11-4 所示，这种设置类似高层建筑中对角支撑的设置办法。

图 11-4 英国伦敦千禧桥上控制横向振动的两种阻尼器

这种办法对减少沿水平方向的横向振动会起到很好的减震作用。笔者与燕山大学采用该办法对列车通过京沪线某 32 m 上承式钢板梁桥进行了详细分析。采用 SAP2000 软件模拟该桥(图 11-5)，在桥面各节点处施加固定的简谐力荷载进行模拟分析，得出的减震效果十分惊人，无论最大横向位移、横向速度和横向加速度都降低了 50%以上。阻尼器的设置见表 11-1。

**表 11-1 设置阻尼器后桥梁横向控制效果**

| 阻尼器布置方式 | 阻尼设置情况 | 上桥面 | 下桥面 |
| --- | --- | --- | --- |
| 跨中横向振幅(mm) | 无 | 5.441 | 5.441 |
| | 加 | 0.117 5 | 0.192 4 |
| 跨中横向速度(mm/s) | 无 | 72.13 | 72.13 |
| | 加 | 3.11 | 4.22 |
| 跨中横向加速度(m/s²) | 无 | 2.48 | 2.48 |
| | 加 | 0.071 | 0.085 |

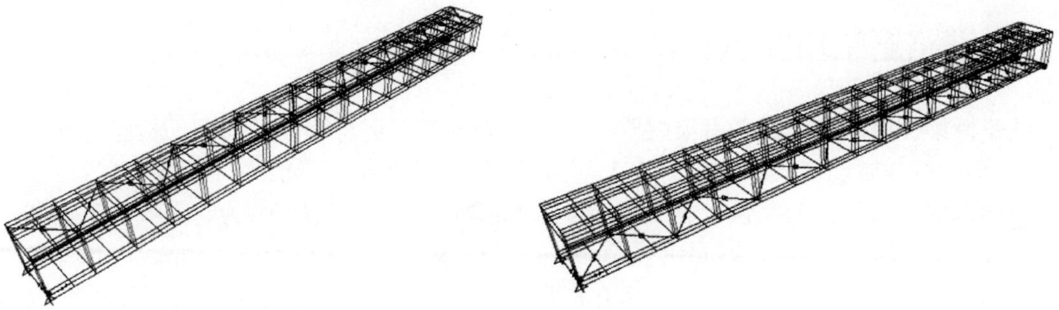

图 11-5　全桥钢桁架上下桥面加黏滞阻尼器

在全桥节点加载余弦波模拟列车通过桥梁时产生的轮对蛇行波。参照列车经过桥梁时所能产生的横向力大小的余弦波均匀分布在桥梁各个节点上，经过计算，幅值 $A=4$ kN；根据实测，列车过桥时的频率选取为 2.5 Hz；列车运行速度为 108 km/h。

按与建筑工程中使用阻尼器的类似思路，每一段(层)均设有阻尼器，阻尼器作用叠加后起到整体减震效果。根据控制目的的不同，阻尼器设置在不同位置，如侧面和顶面，减震效果都十分明显，这种方法的最大优点是不会增加任何空间，还能节省部分钢材造价。在设计新桥时，用阻尼器替代桁架的某些杆件，综合分析表明可以起到好的效果。

2. 采用 TMD 减小桥梁振动

从理论上，采用调谐质量阻尼器(TMD)减小铁路横向振动是可行的。上海磁悬浮高速铁路采用德国某厂家生产的 TMD 系统减小铁路横向振动，其减震效果及使用耐久性都有待进一步检验，如图 11-6 所示。

很多 TMD 技术成功地应用在一些铁路桥梁实际工程中，如方秦汉院士曾经采用了 TMD 技术解决九江长江大桥柔拱吊杆风致涡振现象；国外也有在钢箱梁内设置 TMD 系统减少桥梁垂直风振的先例。但应该注意的是，TMD 是个对频率非常敏感的系统，要使它真正起到很好的减震作用并不容易实现。特别是 TMD 中的阻尼器要求很高，应该使用内部摩擦较小、可消耗较大功率的特殊阻尼器。

图 11-6　上海磁悬浮高速铁路采用的 TMD 减小铁路横向振动

以上两种减震方式是目前较为成熟的横向减震办法，至于如何选择，关键是要根据桥型和荷载作出正确的选择。

## 11.4 铁路桥梁用减震设备的特殊要求

铁路桥梁使用的减震设备都要接受由列车带来的频繁运行和制动荷载的检验。和地震力相比，列车运行和制动荷载虽然出力不大，但其往复运动的频次却很高，这类阻尼器很容易达到工作能力的上限。台湾高铁计算出的 40 年内的制动力达一百万次，为它安置的阻尼器就做了一百万次抗疲劳循环测试，其最大受力 10%(250 kN)，最大冲程为±5 mm。在此有必要进一步讨论所采用设备的特殊要求，从运用的荷载功能上看，减震设备大体可以简单分成两大类，即偶发大荷载、日常小荷载的抗震阻尼器和常遇大荷载的高功率阻尼器。

### 11.4.1 偶发大荷载、日常小荷载的抗震阻尼器

通常的抗震阻尼器就属于这一类。地震是百年不遇的偶发荷载，真正达到最大冲程和最大力的荷载十分罕见，振动的时间一般也较短。日常应用时，阻尼器在风荷载、一般车辆荷载下只有微小的振动。我国公路桥梁如苏通大桥等使用的阻尼器均属于这种阻尼器。苏通大桥做了 5 万次疲劳荷载的测试，但这 5 万次试验中最大受力仅为 10%(320 kN)，最大冲程为±5 mm。

然而，相对于列车运行和制动荷载，地震作用下铁路桥梁的锁定装置和阻尼器的工作状态要更为强烈。由于估计不足，在国际上已经有了这样一些教训：韩国高铁上所采用的内置硅胶的锁定装置，在安置二三年后就出现了硅胶分离、大量泄漏的现象。

### 11.4.2 常遇大荷载的高功率阻尼器

很多情况下，经常性受到大荷载运动的阻尼器有：斜拉索阻尼器、TMD 减震系统的阻尼器、部分设备减震。设备减震又分为两种情况：①设备起动时减震，这种属于偶发荷载减震；②设备长期工作减震，这种属于常遇大荷载减震。

常遇大荷载减震设备与上述抗震设备从设备的性能要求上是截然不同的，生产该类设备时应采取有关措施以防出现严重漏油现象。

据已投入使用的某公铁两用斜拉桥设计者提供的数据，因其大跨斜拉桥的工作状态，再加上靠近市中心，可能造成刹车频繁以及制动力较大，经计算，制动所引起桥梁的纵向位移可以高达±20 mm，速度达 5 mm/s，如果考虑 40 年铁路的运行，以上这样的荷载高达 200 万次循环。该振动已经超过了一般抗震用阻尼器的允许工作能力，如果采用常规抗震阻尼器会有破坏的可能。

这种铁路桥梁如果处于频繁刹车的位置，相对应的减震设备应该已经接近或达到常遇大荷载的工作状态。对其选用的装置应该经过精心计算，在其内部结构、密封装置的选材等方面必须进行特殊处理，而不宜简单选用普通抗震阻尼器。当然，最保险的是使用更高功率的无摩擦金属密封阻尼器。

## 11.5 工程实例简介

以下几个实例为笔者参与实施的铁路连续梁桥和高架桥项目，均采用铁路阻尼器控制和

减小车辆刹车振动及地震荷载。

### 11.5.1 津秦高速铁路桥

跨京沈高速公路匝道特大桥是津秦铁路沿线主要桥梁之一，其结构为四跨变截面连续梁桥。桥墩从左到右依次编号(图 11-7)，中间 3 号墩为固定墩，其他均为滑动墩。

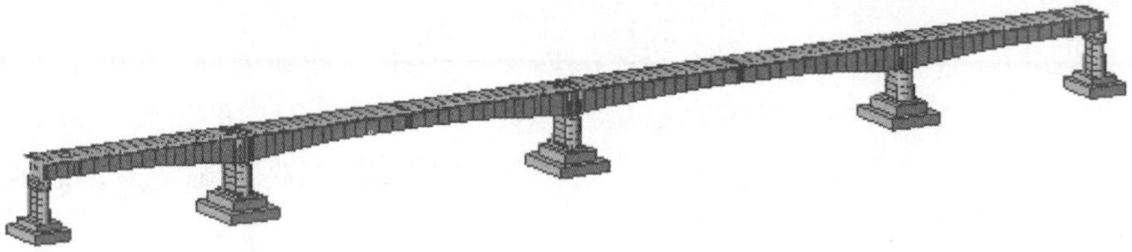

图 11-7 津秦大桥有限元模型

为了加强跨京沈高速公路匝道特大桥抵御强烈振动的能力，计划在 2 号、4 号墩顶处分别设置 4 个速度开关型液压阻尼器，即锁定装置，以确保大桥的正常使用及强震下的安全。在地震和风振发生的瞬时，液体阻尼器通过动态连接杆有效地将质量块锁在一起，此时安装了锁定装置的多结构体系就会像一个完全独立的整体做出反应。选定的锁定装置技术参数见表 11-2。

**表 11-2 锁定装置技术参数**

| 最大力(kN) | 个数 | 最大冲程(mm) | 锁定速度(mm/s) | 安全系数 | 设计使用年限 |
|---|---|---|---|---|---|
| 5 000 | 16 | ±100 | 0.25 | 1.8 | 75/50 |

对于地震作用，在设置锁定装置后，在地震动记录下墩梁相对位移均明显减小，安置阻尼器的 2 号、4 号墩尤为明显。如：在 2 号地震动激励下，2 号墩处墩梁相对位移从 23.6 cm 下降到 9.7 cm，下降幅度为 58.9%。对于未设置阻尼器的滑动墩处，上、下部结构的相对位移也得到了很好的控制，但较设置了阻尼器的桥墩处控制效果稍弱。在地震动激励下，1 号墩处墩梁相对位移从 18.0 cm 下降到 9.6 cm，下降幅度为 46.7%。图 11-8 为桥梁 2 号墩在地震动激励下设置锁定装置前后墩梁相对位移时程曲线，从图中可以更直观地看到阻尼器对于墩梁相对位移的控制效果。

通过分析计算可知，原结构在刹车荷载作用下，由于制动力在行驶方向上对主梁持续作用，连续桥主梁在列车制动力作用下的位移响应并不十分明显，除制动开始和结束阶段位移有较明显增加外，中间过程位移基本保持稳定状态，且主梁纵向位移峰值出现在停车的瞬间。列车制动结束后，主梁自由振动，随结构自身阻尼的作用振动幅度逐渐减小，直至停止。该桥在刹车荷载作用下 2 号墩与主梁间的相对位移，在停车的瞬时最大值达到 14.5 mm。

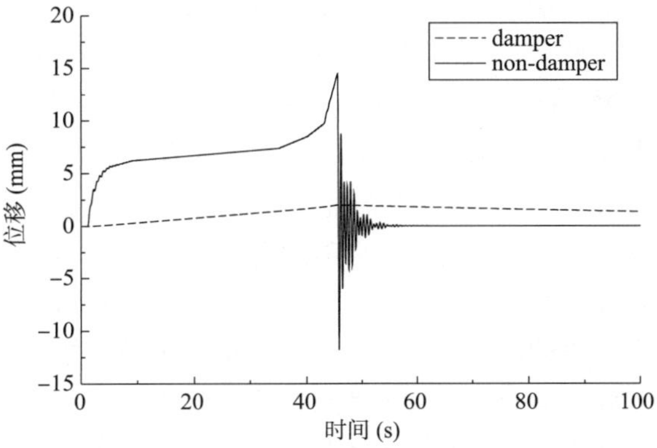


图 11-8 桥梁 2 号墩与连续梁间位移(mm)

而在刹车荷载作用下2号墩与连续梁间的相对运动速度时程曲线表明，除制动开始阶段，墩梁相对运动速度有微小的波动外，在列车制动过程中，2号桥墩与主梁间的相对速度始终非常小，最大不足1 mm/s。但制动过程结束后，主梁的速度瞬间增至0.13 m/s，此时主梁的速度响应非常明显。

### 11.5.2 乌锡线黄河特大桥

乌锡铁路是“十一五”铁路网规划连接我国内蒙古中东部的新通路，乌锡线黄河特大桥地处地震高发地带，地震烈度较高，设置阻尼装置是提高大桥抗震能力的重要手段。以下通过对大桥中的五孔和七孔的两类连续梁桥进行分析，对附加阻尼后桥体的减震效果进行对比，并给出合理的阻尼器计算参数。

阻尼系数通过枚举法进行优化，选取$C=2\ 000\sim6\ 000\ \mathrm{kN/(m/s)^{\alpha}}$进行试算，速度指数$\alpha=0.5$；每个活动墩各设置2个连接单元，共设置10个连接单元。在计算分析过程中，选取以下结构响应作为减震效果的评价依据，这里主要评估固定墩底部的受力情况和主梁梁端的位移情况，此外还包括由于阻尼器附加在活动支座对桥墩受力的影响。

从计算结果可以看出：①在设置阻尼器后，桥体的位移和固定墩底的受力均有非常明显的降低；②随着阻尼系数的增长，减震效果增大，呈单边增加的趋势；③由于选取了非线性阻尼器$\alpha=0.5$，阻尼器减震效率较高，而活动墩受力均较减震前有所增加；④阻尼器参数应保证有足够的减震效果，保证结构的受力安全，如活动墩的受力不应增加过大，对结构造成危险。

综合以上结论，同时考虑将最大阻尼出力平均分摊降低各节点受力，最终选取$C=3\ 000\ \mathrm{kN/(m/s)^{\alpha}}$的阻尼系数，减震率平均也达到了50%左右，阻尼器最大出力可以控制在4 000 kN，考虑建议选取阻尼器位移300 mm；此外，对结构进行了刹车荷载分析，在附加阻尼器后，刹车位移可以满足AASHTO的要求(不大于12 mm)，最大阻尼器力分别为503 kN和618 kN。这种改进后并用阻尼器的独特方法能更好地应用在铁路桥梁中，解决车辆刹车荷载和地震荷载的双重控制问题。

### 11.5.3 天水社棠渭河特大桥

新建宝兰铁路客运专线是规划的徐州至兰州客运专线的西段。全线总桥长82%的桥梁位于8度地震区；地震动峰值加速度为$0.3g$的桥梁长达35.2 km；全线最大跨度的桥梁——天水社棠渭河特大桥位于地震烈度最高的区域。

计算表明，在强震作用下，桥梁上、下部构件(梁、墩)之间产生过大的相对位移，很可能造成落梁破坏，导致严重的震灾，对于斜桥、曲线桥、高墩桥梁而言尤为如此，控制上、下部结构间的相对位移，是防止落梁的根本性措施。在日常使用中，由于车辆荷载及刹车荷载反复作用，使得桥梁活动墩处的墩梁产生相对滑移，且这种滑移无法自动复原。日积月累，相对滑移的距离越来越大，这对桥梁的正常使用和结构安全将造成一定威胁。

设计组最终确定的减震方案是阻尼器加双曲面球形支座，计算分析表明，通过阻尼器和摩擦摆支座的配合，梁端纵向位移相对于阻尼器加普通支座的情况略有增加，而墩底弯矩、墩底剪力均有明显减小，墩顶剪力整体减小；同时，桥梁横向位移阻尼器加双曲面球形支座桥梁横向位移较大，但墩底弯矩、墩底剪力、墩顶剪力均有很大的减小，由此可见阻尼器加双曲面球形支座减小了桥墩受力，对桥墩受力有较好的控制效果。

考虑到阻尼器需要配合摩擦摆双向减震的特点，本工程阻尼器沿主梁45°方向斜向设置。主要表现在：①阻尼器需要考虑横向变形，阻尼器需要适应在横向地震作用下桥梁的变形；②阻尼器同样需要具有适应结构一定的竖向变形的能力。

### 11.5.4　台湾高速铁路用减震装置

这是一种介于锁定装置和阻尼器之间的减震装置。20世纪90年代建设的台湾高铁在C-270地震区中采用了34个“带放血阻尼器”（图11-9），最大出力为390 t，冲程为±125 mm。依靠这些阻尼器，可以把列车产生的纵向制动力传递到周围几个桥墩上，起到了分散纵向制动力的作用。与常用锁定装置不同的是，这种装置可对列车制动所产生的小速度提供锁定力。如果有地震发生，阻尼器还可以通过这种快速“放血”起到一定的来回过油的“耗能”作用。在高架铁路上，该阻尼器是十分理想的特殊阻尼器，至今使用效果令人满意。

图11-9　台湾高速铁路C-270段

### 11.5.5　两种减震装置并用的减震方案

（1）已投入使用的天兴洲大桥是我国修建的世界最大跨度的公铁两用斜拉桥，考虑到它的列车车辆荷载特别是制动力对桥本身的动力影响很大，设计者同时考虑了制动力和地震两种荷载。该桥采用了双重控制系统：一方面在桥梁纵向采用40 t的磁流变阻尼器限制制动力引起的小振动，每个桥墩设置6个半主动控制的磁流变阻尼器；另一方面采用大型阻尼器控制主桥在强烈地震下的漂移和受力，共采用12套阻尼器，装置最大出力为200 t，最大冲程为±350 mm，阻尼系数为5 000 $kN/(m/s)^{0.4}$。这个并用的减震方案在全世界应该尚属首次。

应当指出，铁路桥梁特别是公铁两用桥梁的减震有其复杂性和特殊性，许多问题还需要进一步探讨，在实践中不断修正和完善，如磁流变阻尼器在长期工作下的稳定问题以及对于高频次的列车制动力荷载的控制效果还需要在大桥运行中进一步观测；此外，这两种不同性能的减震系统在共同工作中的衔接问题也有待探讨——磁流变阻尼器的最大允许吨位有限，在超过其最大吨位的任何荷载，如大风、地震作用时它会率先破坏。

（2）笔者参与了一座跨长江铁路斜拉桥的设计，在与该桥设计者一起制定方案过程中采用了类似思路，并联使用两种减震设备控制的方法。①在运营状态下，采用控制制动力的较小装置；②在可能的地震状态下，控制地震荷载的抗震阻尼器。但不同于前面提到的已投入使用的公铁两用大桥的是：一是设计了对刹车荷载控制更为有效的速度型液体锁定装置；二是在该锁定装置前设计串联了一个可替换的熔断开关，该开关在正常铁路运行中的一定受力下，熔断器连接,正常工作,此时另一个阻尼器的影响很小。但当较大地震发生时,熔断开关开启,断开锁定装置的连接,全部桥梁的振动由大型抗震阻尼器承担。图 11-10 为这种新型锁定装置的概念图。当然这种锁定装置的设计理念和应用效果都要经受未来实践的考验。

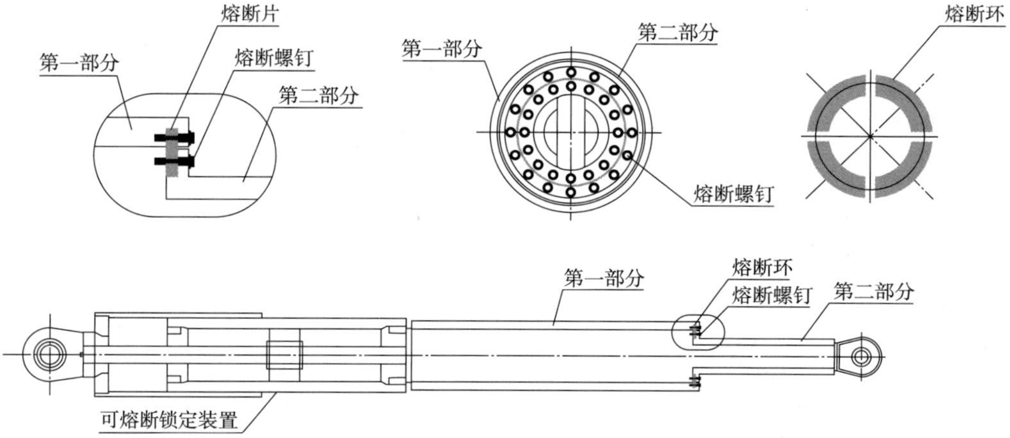


图 11-10　带熔断的特殊阻尼器示意图

## 11.6 结　　论

铁路桥梁上用不同阻尼器减震是个较新的方法,虽然已经有了一定理论研究和工程尝试,但无论国内外都缺少更多试验和应用分析的检验。在目前我国铁路事业大发展的情况下,这是个较新却又重要的课题。如果我们能在考虑解决铁路桥梁抗震的同时,成功地减小桥梁上车辆运动和刹车荷载的影响,减小火车行走中的振动,提高乘客乘坐火车时的舒适度,将对我们铁路建设的发展具有重要的意义。本章初步提出了一些问题和国内外的做法来讨论,希望能有更多的同行参与讨论,提出意见和看法。

# 12 元江大跨铁路钢桁拱桥减震设计分析

铁路钢桁拱桥与公路钢桁拱桥有所不同，它的火车车辆荷载对桥本身的动力影响很大，特别是刹车制动力。元江铁路钢桁拱桥采用刹车荷载和地震荷载并用阻尼器的办法，这种技术手段对铁路钢桁拱桥控制刹车和地震作用均起到较好的控制效果。如图 12-1 所示。

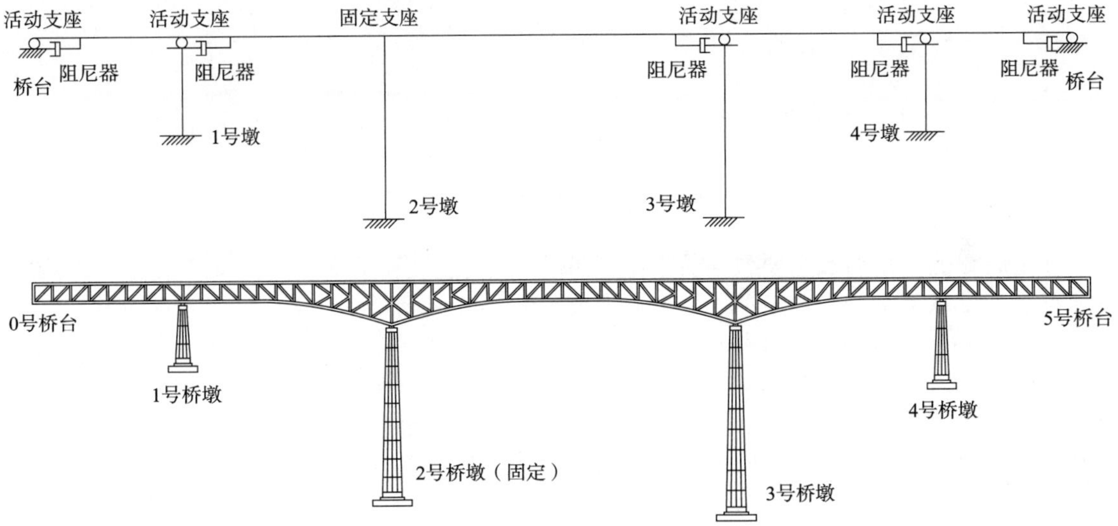


图 12-1　钢桁拱梁桥设置阻尼器的计算简图及各桥墩分布

## 12.1 引　　言

区别于以往的设计理念，元江桥设计的不同点是：从台湾高铁的成功经验出发，控制车辆刹车采用技术成熟的四个锁定装置，将刹车位移控制在 $\pm 10$ mm 以内，设计、试验、生产出新型带熔断装置的锁定装置，要求该装置在超过一定地震力时率先熔断，结构的保护全部由并列使用的四个常规阻尼器承担。强烈地震过后，四个锁定装置可以更换熔断片，全部恢复使用。熔断开关在正常铁路运行和刹车中的一定受力下，熔断器连接，正常工作，此时另一套阻尼器也起作用，但影响很小。只有当较大地震发生时，熔断开关开启，断开锁定装置的连接，全部桥梁的振动由大型抗震阻尼器承担。考虑到铁路桥梁的特殊性，这种思路能很好地解决车辆刹车荷载在桥梁动力荷载中和地震区地震荷载的双重控制问题。

## 12.2 控制刹车荷载用锁定装置方案

图 12-2 分别给出了速度锁定装置(Lock-up Device)和普通阻尼器的速度-力曲线；速度锁定装置是一种类似速度开关的限位装置，当桥梁运动到某一速度时启动，锁定装置两个安置点

间的相对位移，其工作原理就像汽车上的安全带。在慢速运动中其并不工作，而在急速运动中才会起到制动作用。这种装置不能耗散能量。用于大桥上的锁定装置在温度和正常活荷载下可以自由变形，对于中小地震荷载、较大的风荷载带来的桥梁各部分间的运动和碰撞，可有效地起到减小、转移和限制作用。通过速度锁定装置限制铁路刹车给桥梁带来的振动是目前较为普遍的做法，如台湾高铁的成功应用实例。

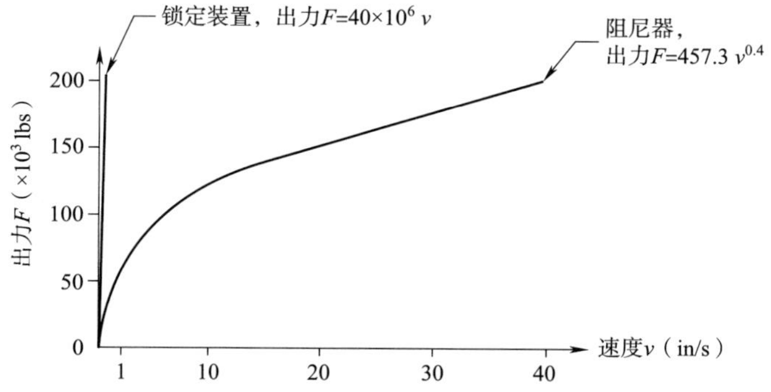


图 12-2　阻尼器和锁定装置速度-力曲线

锁定装置的设计参数主要包括装置最大冲程、控制速度和承受力。在日常情况下，装置需要在温度和常风下桥梁自由变形，由此来确定 Lock-up 装置的最大冲程；一般的锁定速度在 0.127～0.25 mm/s 之间，热膨胀速度在 0.000 254～0.002 54 mm/s 之间，而对于主要用于控制地震的作用，控制速度通常选择在 25～50 mm/s 之间；装置承受力设计一般采用刚性连杆对桥梁进行整体受力计算(反应谱法或时程积分)，从而得到刚性连杆的内力，同时计算结果需要满足锁定位移的要求。这一内力就可作为锁定装置的设计力。

## 12.3 计算过程

### 12.3.1 刹车荷载的选择

在建立列车所受纵向力的力学模型时，不考虑它与横向和竖向振动的耦合关系。以一节列车为隔离体，则该节车体在制动过程中所受纵向力为：连接车辆之间的车钩力 $F_i$、车辆惯性力 $-m_i\ddot{y}_i$、列车运行基本阻力 $W_i$ 和制动力 $B_i$，如图 12-3 所示。

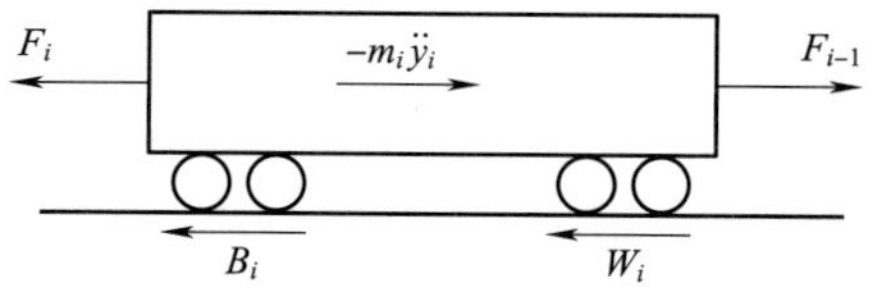


图 12-3　车体纵向受力图示

故可对一组列车($n+1$ 节车体)列出由运行到制动过程中的 $n+1$ 节车厢的动力平衡方程组：

$$\begin{cases} m_0\ddot{y}_0=-F_1-B_0-W_0 \\ m_1\ddot{y}_1=-F_1-F_2-B_1-W_1 \\ \cdots\cdots \\ m_i\ddot{y}_i=-F_{i-1}-F_i-B_i-W_i \\ \cdots\cdots \\ m_n\ddot{y}_n=F_{n1}-B_n-W_n \end{cases} \tag{12-1}$$

式中 $m_i$——第 $i$ 节车体的质量；

$y_i$——第 $i$ 节车体的位移。

1. 列车运行基本阻力

$W_i$ 为第 $i$ 节列车运行的基本阻力，它与列车运行方向相反。根据《列车牵引计算规程》(TB/T 1407)中给出的经验公式，它可表示为：

$$W_i = a + bv_i + cv_i \tag{12-2}$$

式中 $a,b,c$——常数，可依据经验所得，对于不同的列车类型(机车、空车、重车)取值不同；

$v_i$——第 $i$ 节车体的运行速度(km/h)。

2. 车钩力

$F_i$、$F_{i-1}$为第 $i$ 节列车前后的车钩力，它由车钩缓冲器刚度特性曲线所决定。目前我国货车中常采用 2 号、3 号和 MX-1 型缓冲器，2 号缓冲器属于线弹性缓冲器，3 号和 MX-1 型缓冲器属于刚性缓冲器。定性试验结果表明：2 号缓冲器性能稳定且容量大，因此在列车制动力的仿真计算中多被采用，车钩力为前后两节车厢车钩的相对位移、相对速度以及车钩游间的函数。此处，车钩游间是缓冲器力学模型的重要参数，它表示两个相邻车体间不发生相互作用的最大位移，它可由两车钩内缘之间的距离 $\delta_2$、一车钩前缘与另一车钩内缘之间的距离 $\delta_1$ 之和表示，即车钩游间 $\delta=\delta_1+\delta_2$，其状态如图 12-4 所示。当 $\delta_2$ 趋近于 0 时，相邻车钩处于受拉临界状态；当 $\delta_1$ 趋近于 0 时，相邻车钩处于受压临界状态。

根据 2 号缓冲器试验得到的滞回曲线，可简化车钩力缓冲特性曲线，其特性曲线如图 12-5 所示。图中 $q$(mm)为车钩相对位移。缓冲器的滞回曲线在其行程 $\alpha$ 内被划分为 4 条直线段：$ab$、$bc$、$cd$、$da$，其斜率分别为 $K_{ab}$、$K_{bc}$、$K_{cd}$、$K_{da}$。

当两节车厢彼此分离，即 $q>0$ 的情况，当缓冲器弹簧拉伸 $x_0$ 时，拉伸量为 $x_0=q-\delta_1$，此时若两节车厢的相对位移 $q>0$(相对位移增大)，车钩力即为如图 12-5 所示的 $F_2$，若 $q<0$(相对位移减小)，车钩力即为如图 12-5 所示的 $F_1$。而当拉伸量 $x_0$ 超过了缓冲器的行程 $\alpha$ 时，此时的斜率 $K_{ce}$则由缓冲器的结构特性所决定。

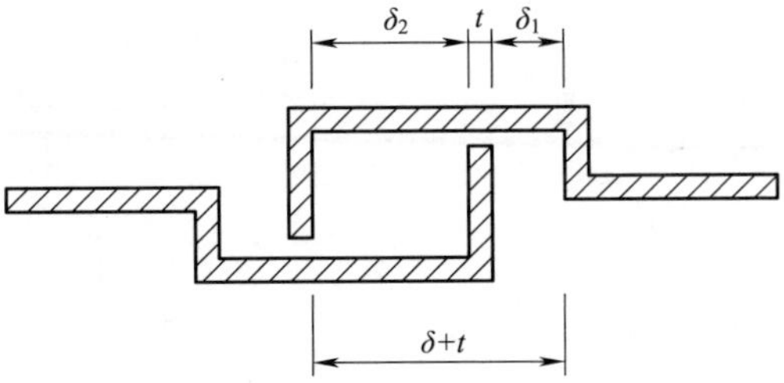


图 12-4 车体游间状态图示

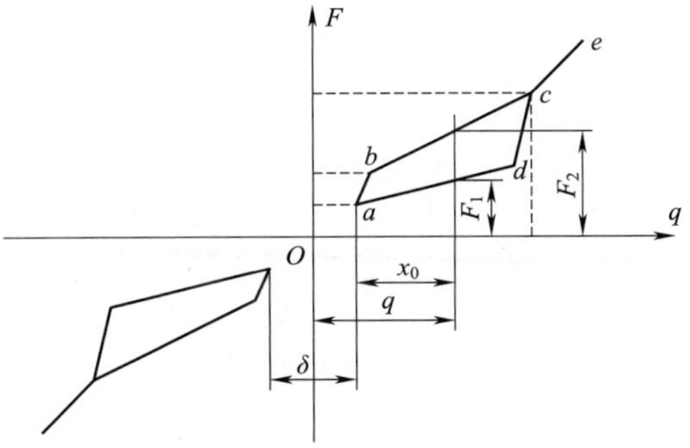


图 12-5 车钩力缓冲特性曲线轨面制动力

(1)轨面制动力 $B_i$

$B_i$ 为第 $i$ 节列车轨面制动力。目前，我国货车中普遍采用闸瓦制动方式，假定每个轮对具有相同的闸瓦压力 $K_i$ 和闸瓦摩擦系数 $\varphi_i$，轨面制动力 $B_i$ 等于第 $i$ 节车体闸瓦压力 $K_i$ 乘以闸瓦摩擦系数 $\varphi_i$ 后的总和，因此第 $i$ 节列车的轨面制动力 $B_i$ 可以表示为：

$$B_i = \frac{m_i}{m_i + \sum_{k=1}^{l} J_k / r^2} K_i \varphi_i = \frac{1}{1+\gamma} K_i \varphi_i \tag{12-3}$$

式中 $l$——一节列车的闸瓦总数；

$r$——车轮半径；

$m_i$——第 $i$ 节列车的质量；

$\gamma$——轮轴质量回转系数；

$J_k$——轮对转动惯量。

(2)闸瓦压力 $K_i$

此处闸瓦压力 $K_i$ 可以表示为制动缸体空气压强的线性函数，它可以表示为：

$$K_i=\frac{0.25\pi D_i^2 P_i \eta_i r_i n_{ci}}{l} \tag{12-4}$$

式中 $D_i$——第 $i$ 节车体制动缸直径；

$P_i$——第 $i$ 节车体制动缸压强；

$r_i$——第 $i$ 节车制动倍率；

$\eta_i$——第 $i$ 节车体传动效率；

$n_{ci}$——第 $i$ 节车体制动缸数。

(3)闸瓦摩擦系数 $\varphi_i$

闸瓦摩擦系数 $\varphi_i$ 取决于车辆运行速度和闸瓦压力 $K_i$ 的大小，我国货车通常采用中磷铸铁闸瓦制动方式，其瞬时闸瓦摩擦系数 $\varphi_i$ 可根据《列车牵引计算规程》(TB/T 1407)表示为：

$$\varphi_i=\frac{0.64(K_i+100)(3.6v_i+100)}{(5K_i+100)(14v_i+100)}+\frac{0.006(110-v_0)v_i}{6v_i+100} \tag{12-5}$$

式中 $v_0$——制动初速度；

$v_i$——第 $i$ 节车体制动后车速(km/h)。

列车制动力荷载仿真计算对于上述具有非线性性质的列车纵向运动方程组(12-1)的求解，可将车钩力、制动力、运行基本阻力的公式代入方程组(12-1)，并将此 $n+1$ 个二阶微分方程变换为 $2(n+1)$ 个一阶微分方程组，采用四阶龙格-库塔法求出整节列车纵向运动的瞬时工作状态。本节采用 1 节 $DF_4$+30 节 $C_{62}$ 重载货车进行编组。列车编组图示如图 12-6 所示。

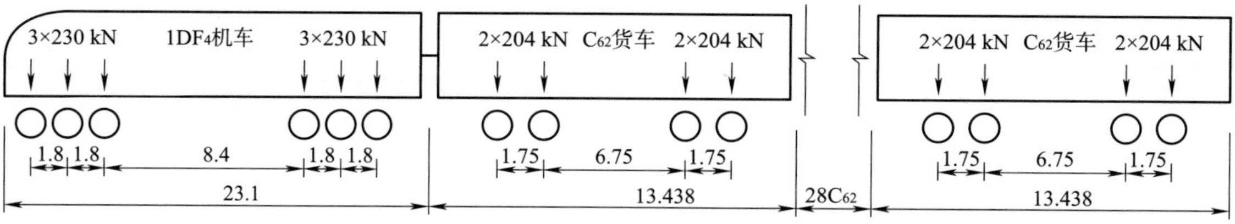


图 12-6 列车编组图示

由此可模拟出列车在 40 km/h、60 km/h 和 80 km/h 制动初速度下列车制动的全过程。图 12-7(a)给出了列车制动初速度为 80 km/h 下 $C_{62}$ 各节车厢的列车制动力的时程曲线，图 12-7(b)给出了列车制动初速度分别为 40 km/h、60 km/h 和 80 km/h 下第一节 $C_{62}$ 车厢的列车制动力的时程曲线。由图 12-7 可以看出对于采用相同的制动缸类型的列车，其制动力最大值出现在车辆停止的瞬间，并且都具有相同大小的列车制动力。因此，对于同种类型的车辆，列车制动力最大值的大小与列车制动初始速度无关，列车制动初速度仅反映列车制动开始到结束时所需的时间及制动距离。

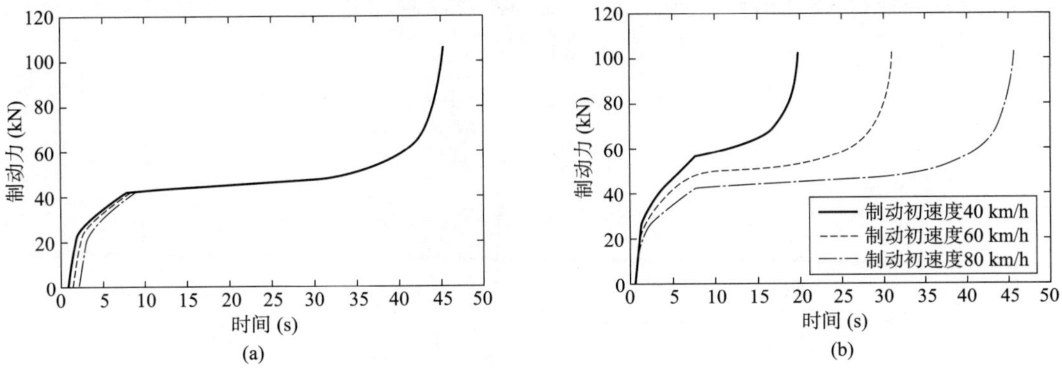


图 12-7 制动初速度不同时第一节车厢制动力时程曲线

### 12.3.2 原结构在刹车荷载下反应

以下结合元江钢桁拱桥的刹车力幅值作为计算依据，以如下刹车荷载为依据，采用 MIDAS Civil 对结构振动响应进行分析，并对减震效果进行优化。

从图 12-8 可以看出，由于制动力在行驶方向上对主梁持续作用，大桥主梁在列车制动力作用下的位移响应非常明显，主梁纵向位移峰值出现在停车的瞬间，达到 0.112 m。列车制动结束后，主梁自由振动，随桥自身阻尼的作用振动幅度逐渐减小。

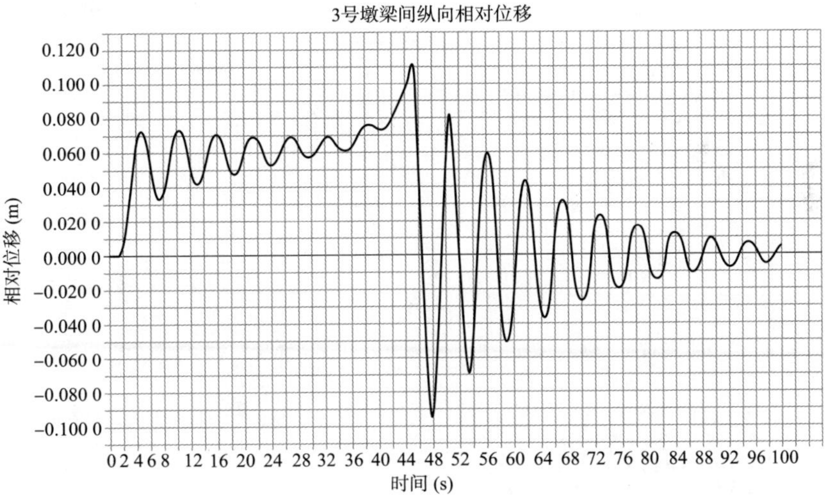


图 12-8 未设置锁定装置时主梁在刹车荷载作用下纵向相对位移图

由图 12-9 可以看出，在列车制动过程中主梁的速度不大，最大只有 0.034 6 m/s；制动过程结束后，主梁速度增大到 0.119 9 m/s，主梁速度响应则比较明显。

列车制动荷载数值大且发生的概率较大，引起桥梁位移反应不容忽视。黏滞阻尼器对提高结构阻尼和减小地震作用下结构的振动反应有很好的效果，但对于由刹车荷载引起结构的位移控制效果还没有可参考的应用实例，以下对安置黏滞阻尼器前后刹车工况下结构的位移变化作比较。

通过图 12-10 可以看出：黏滞阻尼器对主梁位移反应控制效果比较明显。但距离设计控制目标主梁纵向位移 10 mm 还差距很远，可见通过黏滞阻尼器控制刹车荷载引起的主梁位移并不十分奏效。因此采用锁定装置的办法进行尝试。

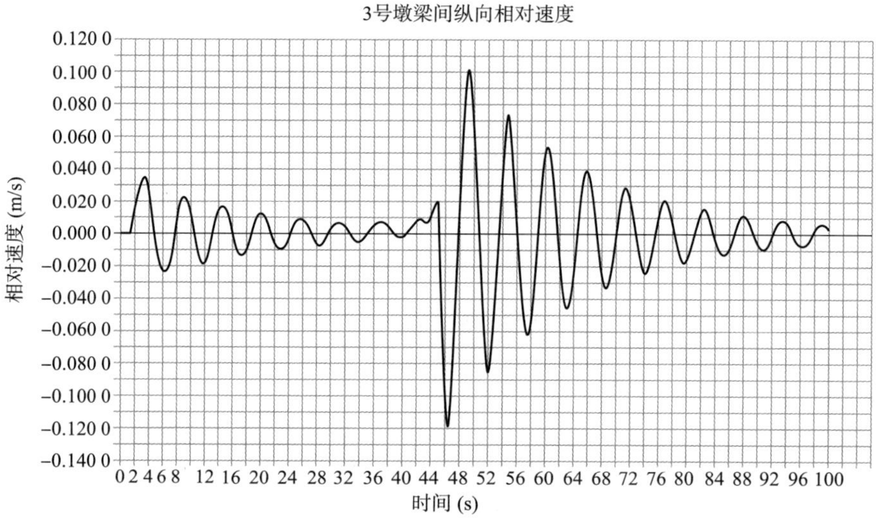


图 12-9　无锁定装置控制下主梁在刹车荷载工况下纵向相对速度图

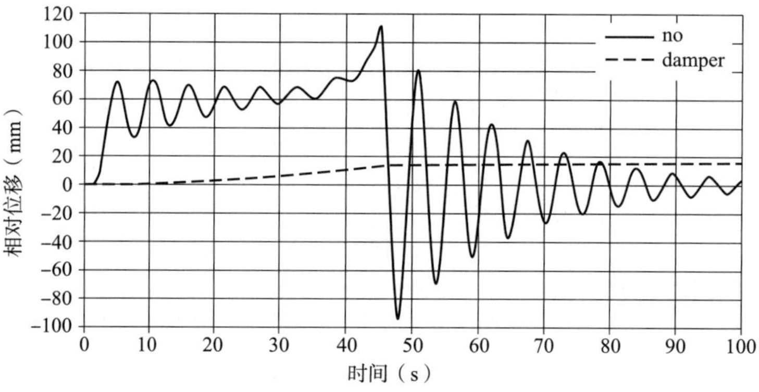


图 12-10　黏滞阻尼器对制动力工况下主梁位移控制效果

从图 12-11 和表 12-1 可见，锁定装置对主梁在刹车荷载作用下的纵向位移控制效果非常有效，基本在±10 mm 以内。

**表 12-1　锁定装置最大出力**

| 锁定装置等效刚度 | 阻尼器编号 | 最大出力(kN) |
|---|---|---|
| 180 kN/mm | 1 | 0 |
| | 2 | 0 |
| | 3 | 1 199 |
| | 4 | 1 199 |

锁定速度的确定以安置锁定装置前后主梁位移发生变化的开始时刻为准，这样可以保证锁定装置的启动点及时有效。从图 12-11 可以看出，锁定装置的有效时间基本确定在 0～2 s

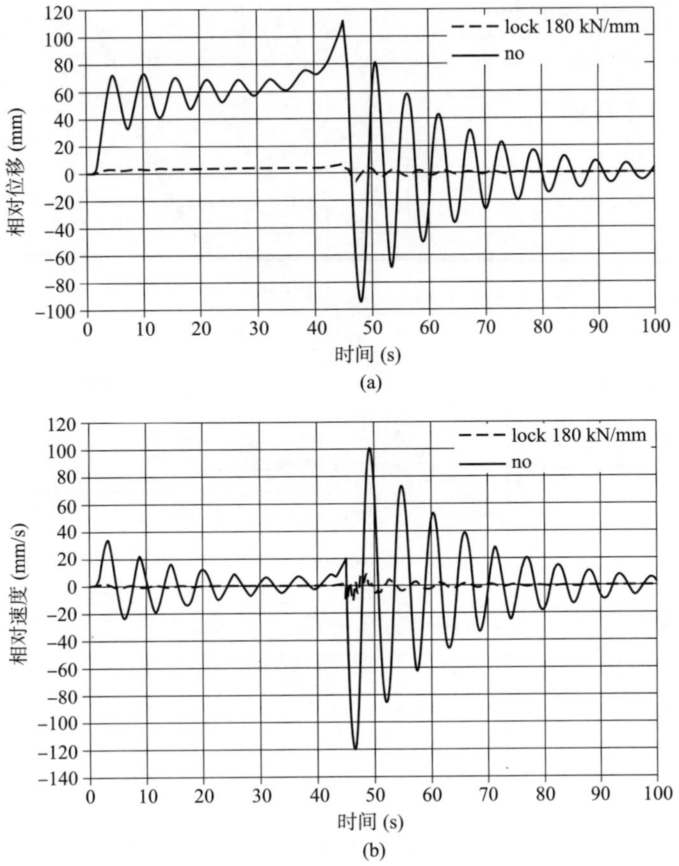


图 12-11　锁定装置对制动力工况下主梁位移及纵向速度控制效果对比

之间，因此将这一段区域放大，如图 12-12 所示，发现主梁纵向位移在刹车荷载作用后 1.2 s 内，安与不安锁定装置的变化不大，但从 1.2 s 后开始加大位移区别，当为 2.32 s 时，主梁纵向位移已经接近 10 mm，因此将锁定速度基本确定在 1.23 s 与 1.39 s 之间。对应这一时间段的锁定速度对比图，对应主梁速度在 0.30～1.56 mm/s 之间，而一般的锁定速度在 0.127～0.25 mm/s之间，为了将锁定效果控制得更好，将锁定装置在尽可能早的时间启动，选择锁定速度为 0.20 mm/s。锁定速度大于一般位于 0.000 254～0.002 54 mm/s 之间的热膨胀速度。

由图 12-13 可以看出，锁定装置在地震(常遇)工况下的出力达到 2 300 kN，而中震工况下已经达到 8 000 kN，如果将锁定装置设计出力提高到 8 000 kN 显得十分不经济。因此设计试采用新型带熔断装置的锁定装置。当出现大风、刹车和小震工况下，锁定装置可以将全桥锁定，中震、大震下该装置率先熔断，结构的保护全部由并列使用的 4 个常规阻尼器承担，这样就避免了地震来临情况下锁定装置的破坏。地震之后，4 个锁定装置可以更换熔断片，恢复全部使用。

经计算发现该锁定装置起到了很好的作用，可将车辆带来的刹车位移控制在±10 mm 以内。选定锁定装置性能见表 12-2。

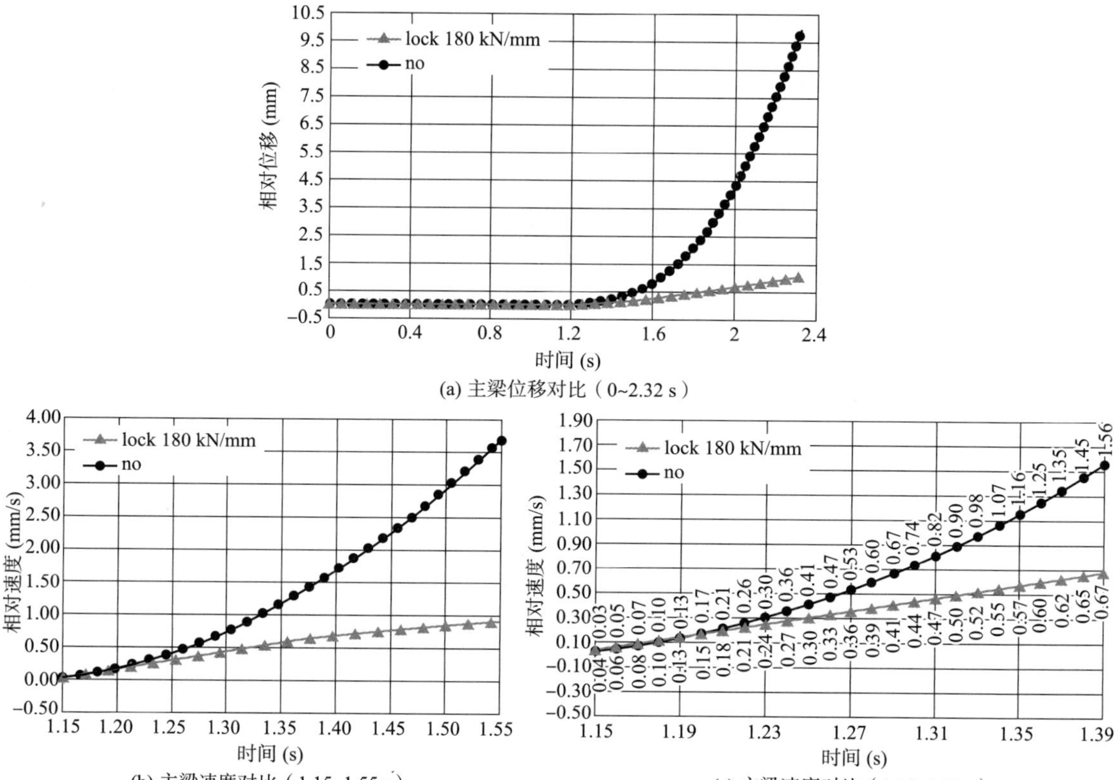


(a) 主梁位移对比（0~2.32 s）

(b) 主梁速度对比（1.15~1.55 s）

(c) 主梁速度对比（1.15~1.39 s）

图 12-12　安置锁定装置前后制动力工况下

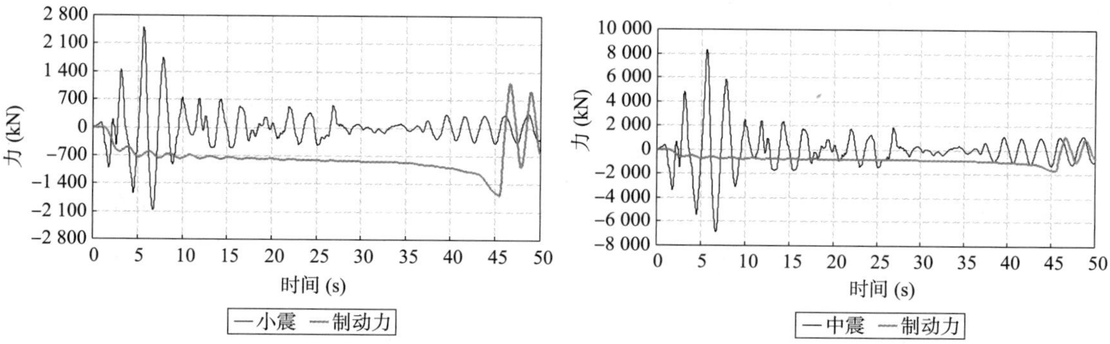


(a) 小震和制动力工况下的出力对比

(b) 中震和制动力工况下的出力对比

图 12-13　锁定装置出力对比

**表 12-2　初步设计的锁定装置**

| 锁定最大力(kN) | 最大冲程(mm) | 锁定速度(mm/s) | 等效刚度(kN/mm) | 使用温度(℃) |
|---|---|---|---|---|
| 1 200 | ±300 | 0.20 | 180 | −5～45 |

## 12.4　锁定装置的减震效果

控制刹车荷载用锁定装置方案见表 12-3，锁定装置的减震效果如图 12-14～图 12-18 所示。

**表 12-3　控制刹车荷载用锁定装置方案**

| 不同方案 | 相关信息 | 梁纵向位移(mm) |
|---|---|---|
| 无锁定装置<br>无阻尼器方案 | 梁与 3 号墩之间纵向无相对约束，梁纵向相对位移最大 | ±112.2 |
| 无锁定装置<br>有阻尼器方案 | 梁、墩之间纵向通过 10 个黏滞阻尼器约束，阻尼器对刹车荷载作用下的桥梁位移有一定的控制作用 | ±15.4<br>(降低 86.3%) |
| 有锁定装置<br>无阻尼器方案 | 梁与 2 号、3 号墩之间锁定装置有效控制梁塔间的相对位移，控制在 10 mm 以内。锁定装置最大受力 1 200 kN | ±6.7<br>(降低 94%) |

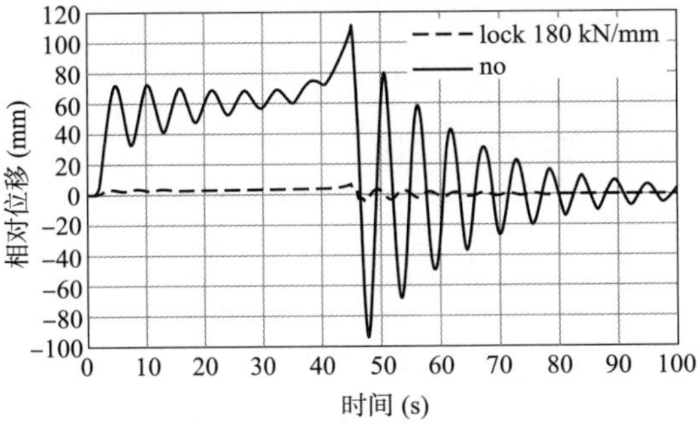


图 12-14　刹车工况下有无锁定装置桥梁纵向位移对比

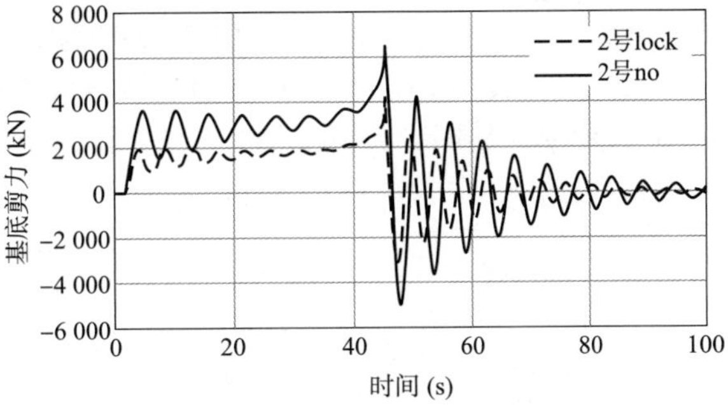


图 12-15　刹车工况下有无锁定装置 2 号墩墩部剪力对比

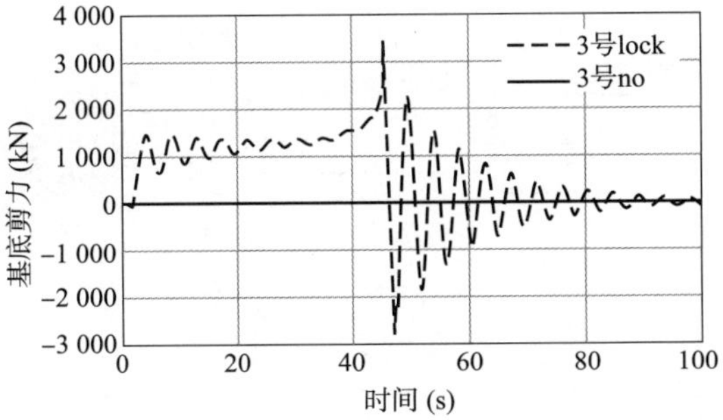


图 12-16　刹车工况下有无锁定装置 3 号墩墩部剪力对比

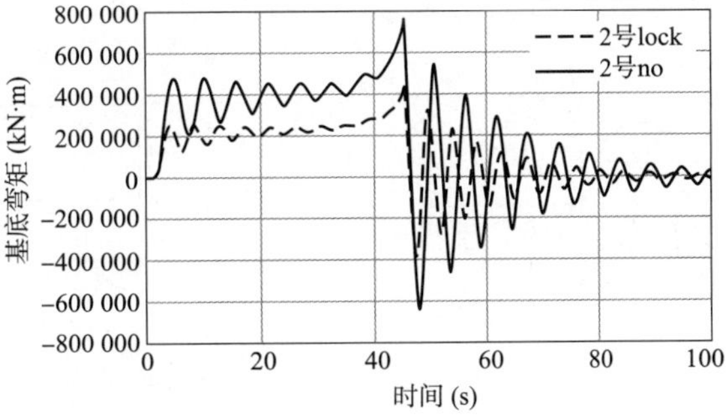


图 12-17　刹车工况下有无锁定装置 2 号墩基底弯矩对比

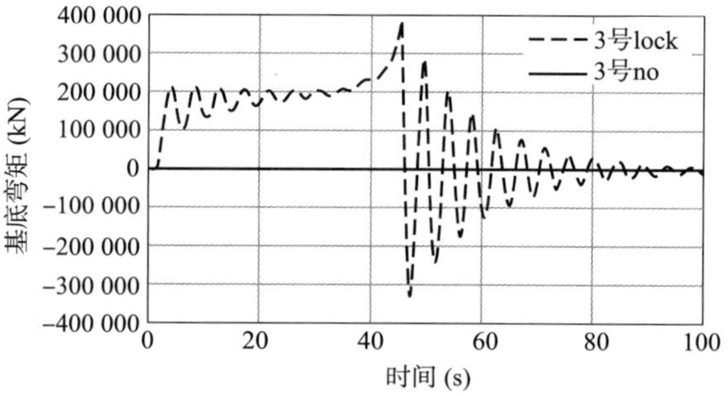


图 12-18　刹车工况下有无锁定装置 3 号墩基底弯矩对比

## 12.5　新型带熔断锁定装置

普通锁定装置串联施加熔断器，这一装置与泰勒公司在美国 Richmond 大桥上的熔断阻尼器完全不同。普通熔断阻尼器上的熔断器在阻尼器开始工作时就发生作用，阻尼器不允许在温度荷载下自由运动。而该新型带熔断锁定装置要允许在温度荷载下自由运动，熔断片和阻尼器缸体有间隙，使其正常发挥锁定装置的功能。

当强烈地震发生时，该装置在超过锁定装置最大力时，也就是超过设定的地震力(2 300 kN)时，熔断片率先熔断，结构的保护全部由并列使用的 4 个常规阻尼器(2 500 kN，±300 mm)承担。新型锁定装置的示意如图 12-19 所示。

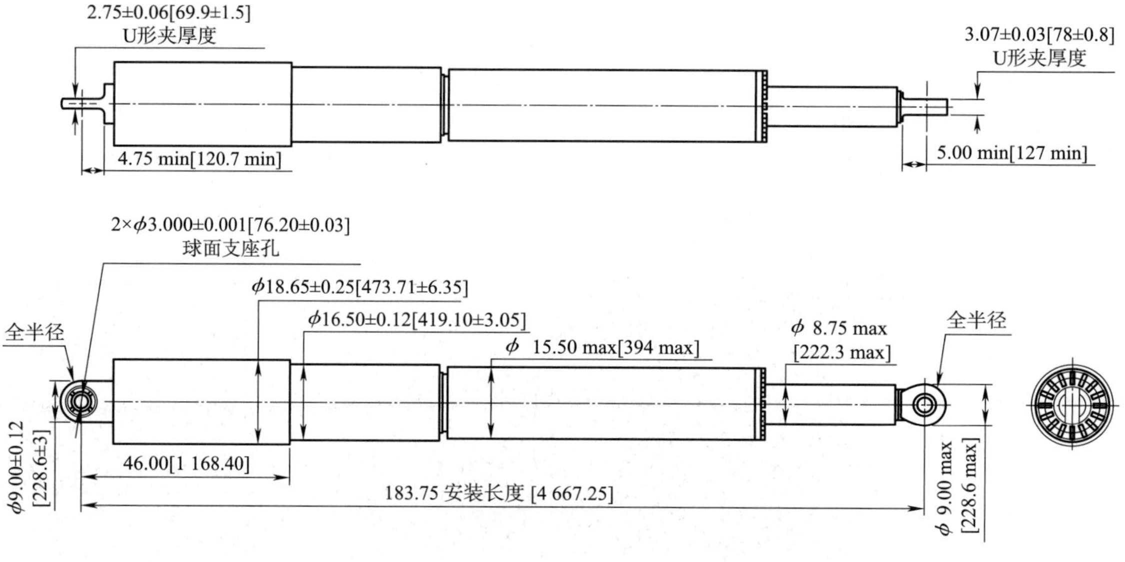


图 12-19　美国泰勒公司新型锁定装置

注："[ ]"内的尺寸单位为 in，"[ ]"外的尺寸单位为 mm。

# 13 韩家沱长江大桥减震设计分析

地震作用对铁路斜拉桥的动力响应非常明显。目前普遍的做法是设置塔梁黏滞阻尼器，减小主梁的纵向位移。列车的制动载荷是另一种影响斜拉桥的动力作用，制动载荷具有幅值低、持续时间长等特点。本文结合渝利铁路韩家沱长江大桥，对该问题进行了深入的理论探讨，提出了一种新型的抗震制动双系统。韩家沱特大桥采用了新型的制动抗震双系统，有效地解决了黏滞阻尼器对于列车行车控制效果不佳，而采用锁定装置在输出力过大的问题；该系统通过附加熔断片的锁定装置控制制动动载，并在结构遭受中震及以上地震时熔断，采用黏滞阻尼器控制地震作用对桥体的动力响应。该系统不以装置在地震作用下的破坏为代价，而只需要更换熔断片。分析结果表明，该双系统对于地震和制动的动力响应都具有很好的控制效果。该独创的被动控制体系对以后的工程具有重要的参考价值。

## 13.1 引　　言

黏滞阻尼器在桥梁上的应用已经跨入一个新的阶段。建设单位、设计院、桥梁研究人员都认识到阻尼器的重要作用，并尝试着在新建和加固大桥中应用阻尼器。特别是在进入21世纪后，经过近十年的努力和发展，阻尼器已经作为大型桥梁的重要组成配套元件。我国桥梁阻尼器的应用已经和世界上其他拥有抗震先进技术的国家一样，成为桥梁抗风、抗震、控制车辆等动力荷载下桥梁振动的重要环节之一。

作为生命线工程的桥梁结构在地震作用下的安全性不同于一般结构，这些结构一旦破坏将会造成救灾工作的巨大困难，使次生灾害加重，造成更大的经济损失。此外，区别于地震作用，制动、牵引荷载对桥体的作用时间和频次较多，但力幅值不大，在长期运行中易引起桥体和附属设施疲劳和稳定性下降。阻尼器在铁路桥梁上应用面临许多复杂性和不确定性，铁路桥梁所面临的诸多动力冲击对阻尼器的发展均提出了更高的要求。

对于同样具有纵飘特性的铁路斜拉桥与公路斜拉桥在受力方面有显著不同，铁路斜拉桥的列车车辆荷载对桥本身的动力影响很大，特别是制动力。如何分别控制制动动载和地震下的冲击这两种完全不同的动载，武汉天兴洲公铁两用斜拉桥研究采用了MR阻尼器与黏滞阻尼器两种阻尼器双重并联于塔梁之间的解决方式。

由于控制制动力与地震作用所需要的装置控制范围不同，如何处理协调这两种显著差异的动力载荷，如何通过设备实现预期的减震(振)目标是整个课题研究关键问题之一。

## 13.2 韩家沱长江大桥减震设计

渝利铁路韩家沱长江大桥全长1 137.49 m，主桥采用(81+135+432+135+81)m钢桁梁斜拉桥结构，结构体系为半飘浮体体系，塔墩固结，塔梁分离。斜拉桥的动力行为受主梁截面特性、塔与主梁刚度比、结构的空间几何布置形式、辅助墩的数目与位置和塔梁连接方式等多种因素的影响。韩家沱长江桥主桥总布置如图 13-1 所示。

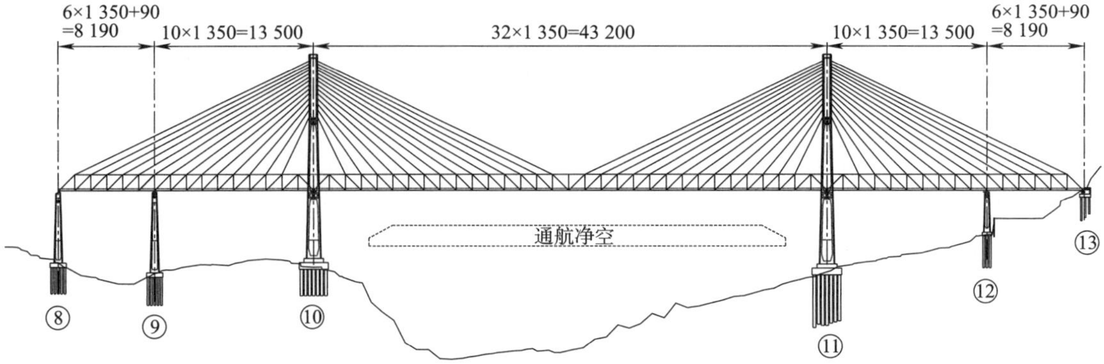


图 13-1　韩家沱长江桥主桥总布置图(单位:cm)

计算采用 Midas 有限元软件,结构建模采用三维空间有限元模型,未考虑引桥部分,主塔采用空间梁单元,主梁、次梁和桥面采用可同时考虑平面内、平面外刚度的空间壳单元;主跨与边跨间的连接采用钢板伸缩缝,建模中假设它们能理想地相对自由滑动;阻尼器采用非线性黏滞消能器单元。

利用时程分析法求解桥体动力反应。对地震荷载作用下的大桥主梁和桥塔的动力反应进行分析。固有频率和结构振型是结构设计的重要参数,模态分析表明,韩家沱大桥具有以下特性:结构第一周期达到 6.09 s,主桥为主梁纵飘体系,结构纵向刚度较弱。主梁在制动和地震荷载的作用下位移过大的可能性高。结构前两阶振型的振动情况如图 13-2 所示。

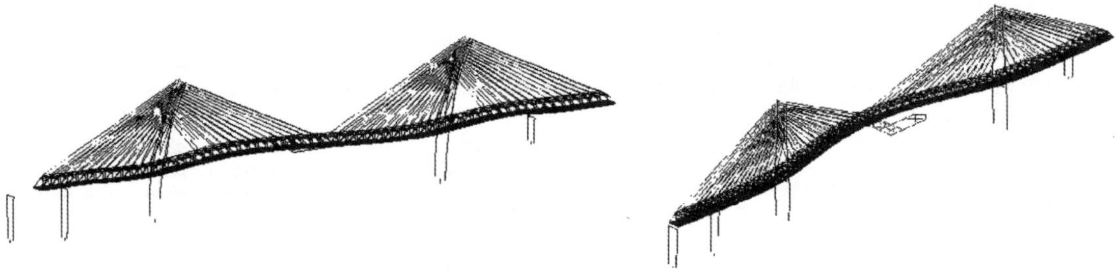

(a) 第一振型主梁纵漂　　(b) 第二振型主梁对称横弯

图 13-2　结构主要振型图

## 13.3　地震波的选择

地震波选取了与桥址场地特征类似的 3 条人工波和 2 条天然地震记录。地震记录选用较为典型的 ElCentro 波(1940 年,持时 53.72 s)和 Taft 波(1952 年,持时 54.38 s)进行计算。人工波根据中国地震局提供的“安评报告”中韩家沱长江双线特大桥场地基岩水平加速度反应谱合成。韩家沱长江双线特大桥工程场地的地震基岩峰值加速度见表 13-1。

**表 13-1 韩家沱长江双线特大桥工程场地的地震基岩峰值加速度**(单位:Gal)

| 地震影响 | 50a63% | 50a10% | 50a2% | 100a63% | 100a10% | 100a3% |
|---|---|---|---|---|---|---|
| 峰值 | 9.5 | 35.1 | 75.6 | 14.1 | 49.5 | 84.9 |

考虑到桥梁结构作为生命线工程,一旦破坏,将会造成救灾工作的巨大困难,使次生灾害加重,造成更大的经济损失。桥梁工程在地震作用下的安全储备必须大于普通结构。在阻尼器选型计算中将抗震等级提高一级(原为 6 度,提高为 7 度),罕遇地震波峰值调整为 210 Gal,设计地震波峰值调整为 100 Gal,多遇地震波峰值调整为 40 Gal。

"安评报告"给出的反应谱如图 13-3 所示。由于该地震反应谱后期衰减很多,而韩家沱大桥自振周期较长,导致地震反应非常微小,特别是在周期 6 s 对应的地震反应已经接近为零。如果按照"安评报告"给出的地震反应谱直接进行合成地震波的模拟,这对韩家沱大桥抗震分析的合理性、安全性都是十分不利的,因此有必要对反应谱进行长周期含量的调整。综合考虑该桥的重要性,参考《铁路工程抗震设计规范》(2009 年版)(GB 50111)反应谱的形状,确定调整的形状和幅度。调整后的地震反应谱如图 13-3 所示。

将调整后的反应谱作为目标谱,对地震加速度时程进行合成。基本原理和方法是将地震危险性分析得到的基岩加速度峰值和反应谱作为合成的目标函数,结合适应本场址地区地震活动特征的强度包络函数,采用拟合目标函数的三角级数迭加法合成基岩地震加速度时程,作为场地地震动反应分析的输入基岩地震动加速度的时程。三角级数迭加法合成基岩地震动加速度时程的基本思路是用一个三角级数值构造一个近似的平稳高斯过程,然后乘以强度包络函数,得到非平稳的基岩加速度时程。合成地震波拟合反应谱与目标反应谱对照合成及人工地震波形如图 13-4 所示。

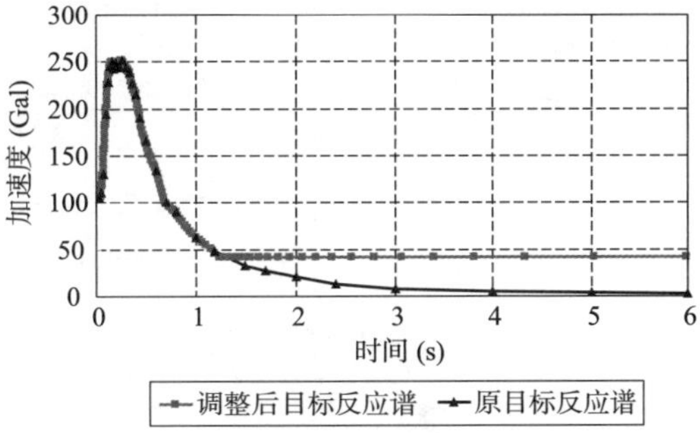


图 13-3 调整后的反应谱和原"安评报告"反应谱对比

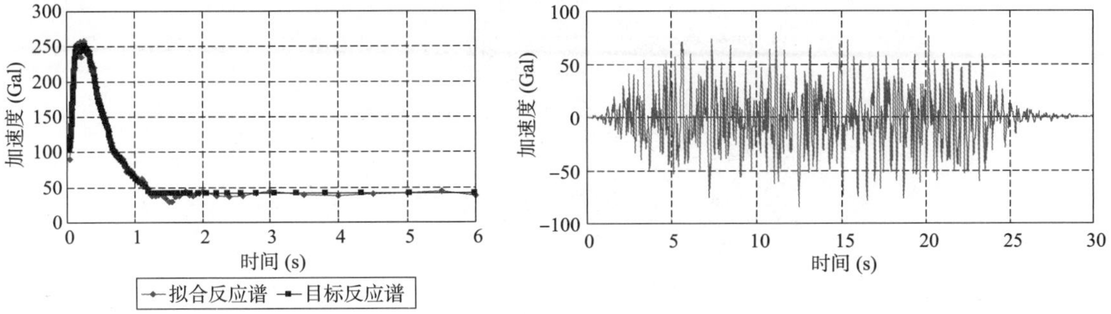


图 13-4 合成地震波拟合反应谱与目标反应谱对照合成及人工地震波形

## 13.4 阻尼器参数优化

对于桥梁上应用阻尼器的计算,目前通常利用时程分析结果采用多参数枚举,通过结构反应确定最终的阻尼器参数。

如图 13-5 所示，计算分析显示，随阻尼系数的变大和速度指数的减小，梁端位移逐渐变小，阻尼器的减震效果逐渐增大；随阻尼系数的变大和速度指数的减小，阻尼器的吨位和冲程升高，意味着阻尼器的造价也随之变大；此外，阻尼系数较小的情况下，随着速度指数的减小，黏滞阻尼器对基底剪力和基底弯矩的减震效果变好；但随着阻尼系数的增大，阻尼器的减震效果出现了效果“反弯点”，可见对于该桥并非阻尼系数越大、速度指数越小对结构反应控制效果越佳。

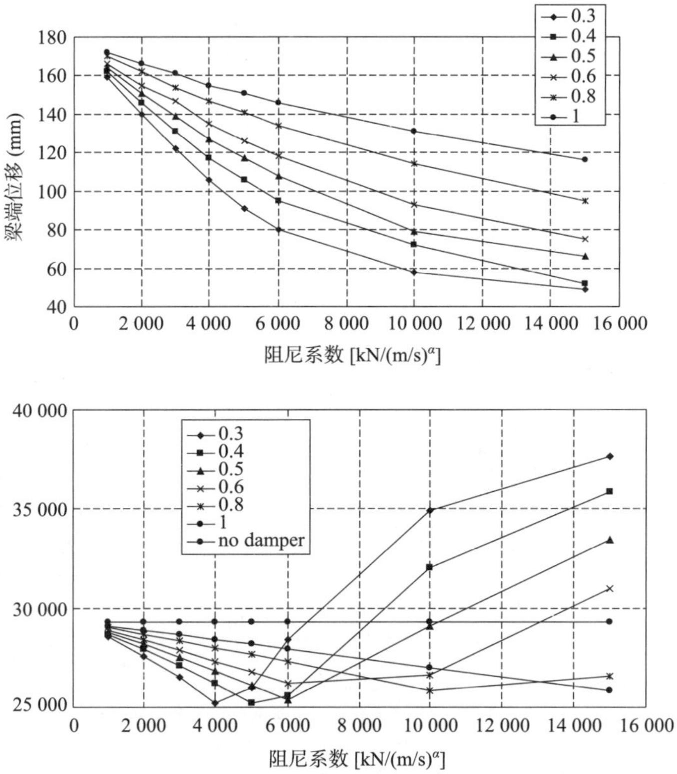


图 13-5　不同阻尼器参数对地震工况下梁端位移及 10 号墩基底剪力的影响

综合以上结果，选取阻尼系数为 3 000 kN/(m/s)$^\alpha$、4 000 kN/(m/s)$^\alpha$ 和速度指数为 0.3、0.4。最终选取的阻尼器参数见表 13-2。

**表 13-2　所需阻尼器的主要参数**

| 编号 | 参　　数 | 数　值 |
|---|---|---|
| 1 | 最大阻尼力(kN) | 2 500 |
| 2 | 最小安全系数 | 1.5 |
| 3 | 冲程(mm) | ±300 |
| 4 | 阻尼系数 $C$[kN/(m/s)$^\alpha$] | 4 000 |
| 5 | 阻尼的速度指数 $\alpha$ | 0.4 |

## 13.5 韩家沱长江大桥制动荷载控制分析

我国行车试验和动态分析均已证明，列车紧急制动停车前的 2 s 时间内，列车轨面的制动力最大值由 50%跃升到 100%的最大制动力，具有十分明显的动力特性。这种动力荷载由于瞬间增大较快，往往造成梁体产生很大的纵向位移、桥墩底部弯矩瞬间增大，影响桥梁的使用和安全。特别对于一些全飘浮体系的铁路斜拉桥还可能造成加速度过大、舒适度超标的问题。另外，不同结构形式的铁路桥梁，受力传递方式和受力特点都不相同，这些动力荷载需要通过各自的桥墩、桥台、梁体和桥上线路共同组成的复合式结构系统传递，车辆荷载的动力分析显得十分复杂，难以通过常规办法准确控制。

### 13.5.1 制动荷载下原结构反应

如图 13-6 所示，由于制动力在行驶方向上对主梁持续作用，大桥主梁在列车制动力作用下的位移响应非常明显，主梁纵向位移峰值出现在停车的瞬间，达到 0.123 m。在列车制动过程中主梁的速度不大，最大只有 0.035 m/s；制动过程结束后，主梁速度增大到 0.105 m/s，主梁速度响应则比较明显。列车制动结束后，主梁自由振动，随桥自身阻尼的作用振动幅度逐渐减小，但持续时间较长。

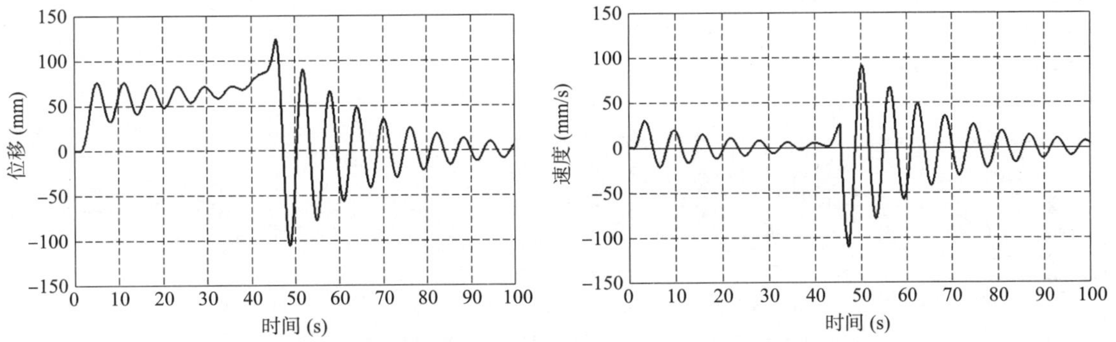


图 13-6 无锁定装置控制下主梁在制动荷载工况下纵向位移和速度图

### 13.5.2 对制动荷载的控制分析

列车制动荷载数值大且发生的概率较大，引起的桥梁位移反应不容忽视。黏滞阻尼器对提高结构阻尼和减小结构的振动反应有很好的效果，但主要针对地震荷载设计，对于由制动荷载引起结构的位移还没有可参考的应用实例。以下分析安置黏滞阻尼器前后制动工况下结构的位移变化。

1. 阻尼器和不同刚度的锁定装置控制效果分析

从图 13-7、图 13-8 和表 13-3 可见，锁定装置的主梁在制动荷载作用下的纵向位移控制效果非常有效，基本在±10 mm 以内。四种刚度不同的锁定装置随着刚度的增加，控制效果也在逐渐变强，但最大出力变化不大。详见图 13-9、图 13-10。

**表 13-3 不同锁定装置方案出力(kN)**

| 序号 \ 等效刚度(kN/mm) | 150 | 180 | 200 | 220 |
|---|---|---|---|---|
| 1 | 1 653 | 1 677 | 1 690 | 1 700 |
| 2 | 1 652 | 1 677 | 1 690 | 1 701 |
| 3 | 1 603 | 1 621 | 1 632 | 1 640 |
| 4 | 1 604 | 1 621 | 1 632 | 1 640 |

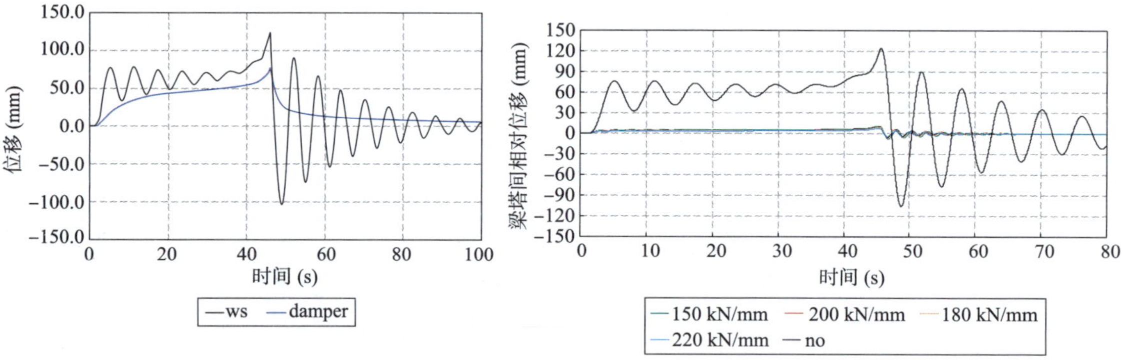


图 13-7　黏滞阻尼器及不同锁定装置对制动力工况下主梁位移控制效果

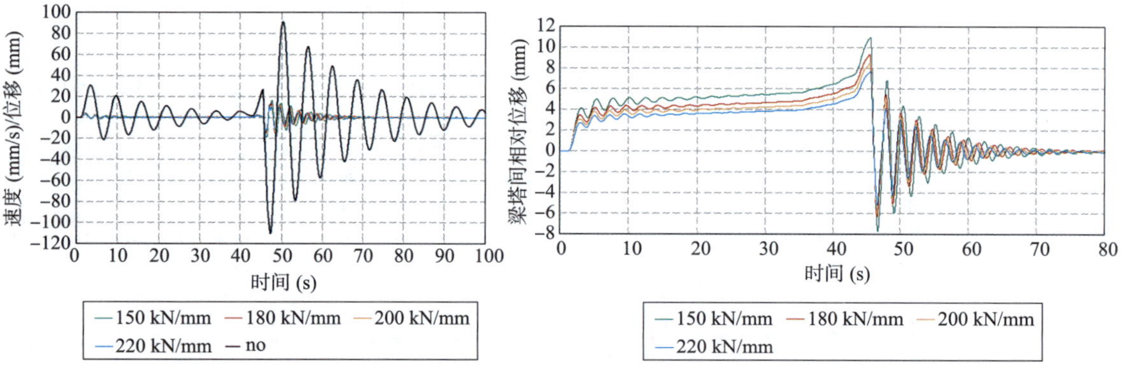


图 13-8　黏滞阻尼器及不同锁定装置对制动力工况下主梁纵向速度控制效果

2. 锁定速度的确定

锁定速度的确定以安置锁定装置前后主梁位移发生变化的开始时刻为准,这样可以保证锁定装置的启动点及时有效。通过分析得到的数据显示,锁定装置的有效时间基本确定在0～2 s之间。在此基础上,可以发现,主梁纵向位移在制动荷载作用后 1.2 s 内,安与不安锁定装置的变化不大,但从 1.2 s 后开始加大位移区别,当为 2.4 s 时,主梁纵向位移已经接近10 mm,因此将锁定速度基本确定在 1.2 s 与 1.4 s 之间。对应这一时间段的锁定速度对比图,对应主梁速度在 0.18～1.5 mm/s 之间,而一般的锁定速度在 0.127～0.25 mm/s 之间,为了将锁定效果控制得更好,将锁定装置在尽可能早的时间启动,选择锁定速度为 0.15 mm/s。锁定速度大于一般位于 0.000 254～0.002 54 mm/s 之间的热膨胀速度。

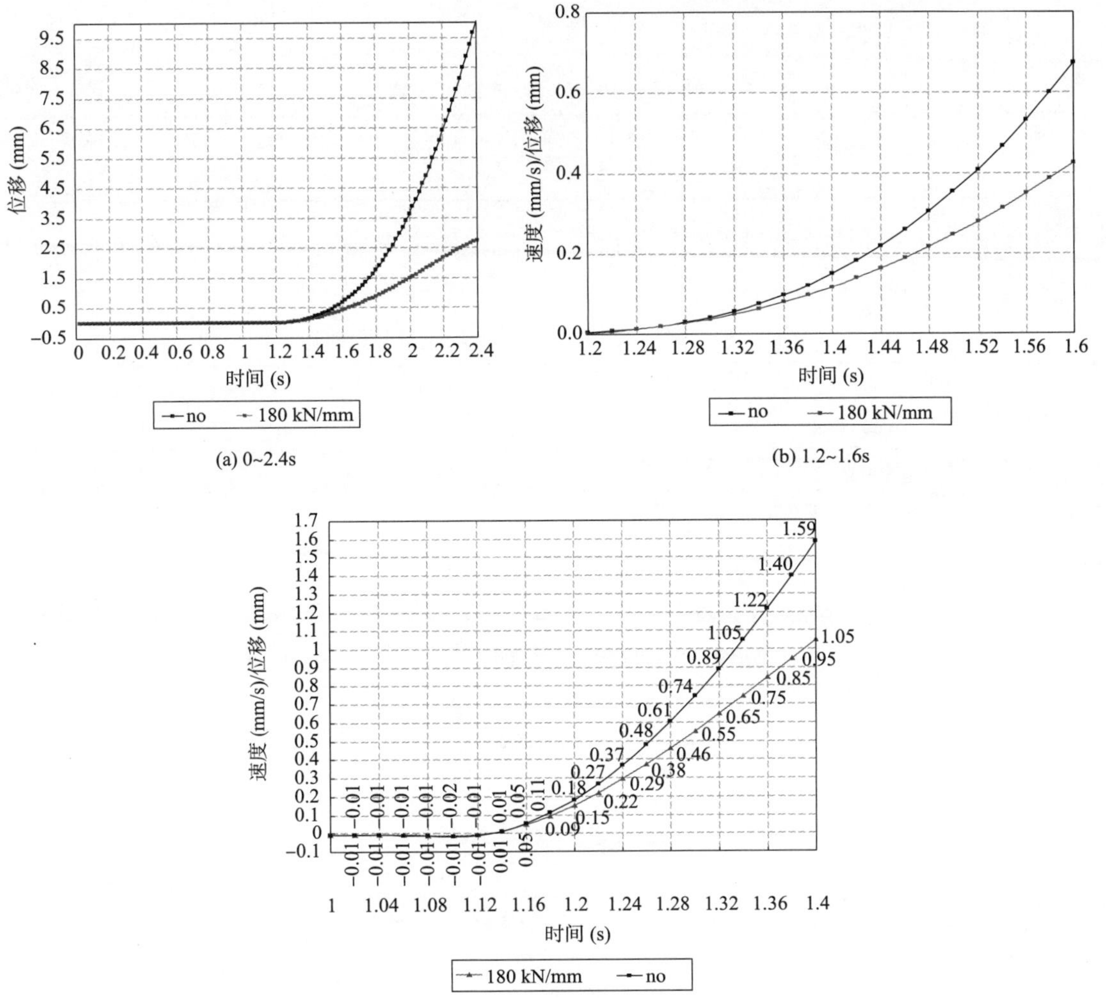


(a) 0~2.4s

(b) 1.2~1.6s

(c) 1~1.4s

图 13-9　安置锁定装置前后制动力工况下主梁位移、速度对比

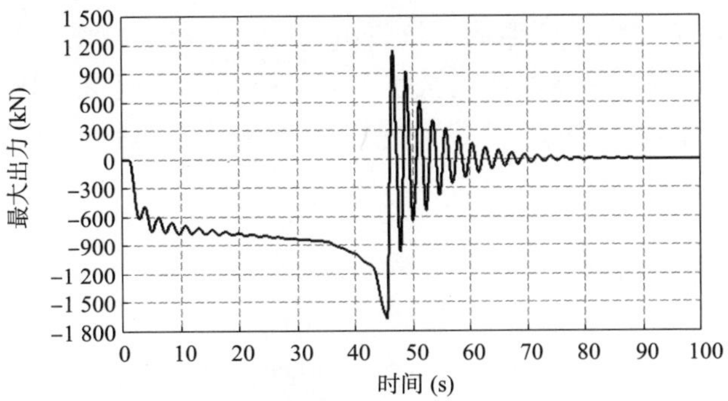


图 13-10　锁定装置制动力工况下出力时程

3. 锁定装置参数及控制效果

选定锁定装置参数见表 13-4。

**表 13-4 初步设计的锁定装置**

| 参数 | 锁定最大力(kN) | 最大冲程(mm) | 锁定速度(mm/s) | 等效刚度(kN/mm) | 使用温度(℃) |
|---|---|---|---|---|---|
| 数值 | 1 750 | ±300 | 0.15 | 180 | −5～45 |

该锁定装置在计算中起到了很好的作用,可将车辆带来的制动位移控制在±10 mm 以内。详见表 13-5、表 13-6。

**表 13-5 锁定装置、阻尼器的制动减震效果对比**

| | | 梁端 | 10 号塔梁相对位移 | 11 号塔梁相对位移 |
|---|---|---|---|---|
| 无控 | 位移(mm) | 126 | 113 | 113.5 |
| 阻尼器 | 位移(mm) | 75 | 67.8 | 67 |
| | 减震率 | 40.50% | 40.00% | 41.00% |
| 阻尼器+锁定装置 | 位移(mm) | 9.9 | 9.3 | 9.2 |
| | 减震率 | 92.10% | 91.80% | 91.90% |

**表 13-6 结构受力在锁定装置、阻尼器的制动减震效果对比**

| | | 10 号墩 | | 11 号墩 | |
|---|---|---|---|---|---|
| | | 基底剪力 | 基底弯矩 | 基底剪力 | 基底弯矩 |
| 无控 | 受力 | 4 623.9 | 614 608 | 4 566.5 | 619 947 |
| 设阻尼器 | 受力 | 3 447.1 | 399 495 | 3 418 | 405 370 |
| | 减震率 | 25.50% | 35.00% | 25.20% | 34.60% |
| 阻尼器+锁定装置 | 受力 | 3 470 | 231 295 | 3 329 | 235 946 |
| | 减震率 | 25.00% | 62.40% | 27.10% | 61.90% |

注:剪力单位为 kN,弯矩单位为 kN·m。

## 13.6 结　论

韩家沱长江大桥研究采用的铁路制动抗震组合控制系统大幅度降低了结构在地震和列车制动情况下的动力响应,提高了结构的耐久性和安全性能。最近几年国家对高速铁路建设的投入巨大,一大批铁路桥梁正在进行设计和施工,该系统的成功研发对类似的工程建设具有重要的参考价值。

# 第四篇

# 铁路桥梁横向振动控制

# 14　桥梁横向减隔震

## 14.1　桥梁设置横向减隔震措施的必要性

现当代桥梁随着材料和技术的不断发展，其跨度变得越来越大，其桥身变得越来越轻盈，这势必会影响桥梁的动力特性，在动力荷载的作用下也往往反应越强烈，也就更容易出现振幅过大导致桥梁倒塌的严重后果。1940 年，风振使华盛顿州塔科马桥损毁，此事故不仅造成人员伤亡，还直接导致悬索桥结构的发展停滞近 30 年。1957 年，武汉长江公铁两用大桥举行通车庆典，五万群众从武昌游行至汉阳时激发了严重的横向摇摆振动，造成人群恐慌，李国豪院士事后研究了这一现象，并指出这不是桥梁横向不稳定所造成的。1995 年，在日本阪神地震中，某些高架桥在强烈的地震冲击作用下，导致墩底横向弯矩过大，发生了整联的横向垮塌。2008 年，在中国汶川发生的里氏 8.0 级大地震中，铁路桥梁、公路桥梁挡块损毁严重，其中百花大桥在地震中发生横向垮塌；震后经调查其主要的震害是由于横桥向向右的平移引起墩底混凝土压溃和系梁连接处破坏。2010 年，宝成铁路德阳至广汉间石亭江大桥由于被洪水袭击发生横向倾斜断裂，此次洪水灾害导致列车机后 5 ~ 17 位车辆脱线，车上约 1 300 人紧急撤离，造成严重的财产损失，所幸无人员伤亡。2017 年，珠海斗门莲溪大桥在一千吨货船的猛烈撞击下，桥梁在伸缩缝处横向位移超过 1 000 mm。随后该桥被封，禁止通行，造成极大的损失。桥梁横向振动破坏案例如图 14-1 所示。

(a) 塔科马桥因风振损毁

(b) 阪神地震高架桥横向垮塌

(c) 汶川地震百花大桥横向垮塌

图　14-1

(d) 洪水冲垮宝成线一铁路桥

(e) 斗门莲溪大桥横向位移

图 14-1　桥梁横向振动破坏案例

现有资料表明，当桥梁联长过长或者横桥向刚度过低时，桥梁主梁就会出现过度的横向振动，甚至将超过纵向地震作用。相对于桥梁的纵向振动，解决横向振动问题更加困难。目前，在地震横向作用的研究缺乏参考文献，横向激励，例如由自然风横向激励、车辆横向激励、人群横向激励、洪水轮船的横向撞击产生的一系列研究尚未完全展开，且并未深入，相对应的减隔震措施仍处于探索阶段。因此，深入开展横向作用下桥梁减隔震的研究，是一个具有深远意义和社会价值的科研课题。

## 14.2　桥梁横向减隔震技术国内外发展概况

对于桥梁横向振动的研究起于 19 世纪，国外学者大多也只是局限于铁路桥梁车桥共振对桥梁横向振动的影响。1844 年，英法工程师对布列坦尼亚桥进行模型试验，得到在重载列车行驶过程中的一系列桥梁动力响应，之后推导了桥梁动力微分方程，这也是铁路桥梁振动性能研究的开端。19 世纪 50 年代，苏联桥梁专家才陆续开始对铁路桥横向振动问题进行一系列研究，而且还在考虑阻尼的情况下，推导了车桥横向振动的微分方程，这也引领了全世界桥梁工程界开始对桥梁横向振动问题展开广泛的讨论和研究。

国内对于桥梁横向作用的研究起步较晚，所能查阅的文献最早可追溯到 20 世纪 60 年代。1966 年，曹玉良、冷延君两人对水毁严重的公路桥进行研究，此桥横向位移 95 cm，最后采用土法施工进行恢复。1977 年，毕旌扬对桥梁横向地震作用进行了研究，计算了横向地震力及其在结构中引起的相应内力。1980 年，华孝良、顾懋清对单肋吊装合龙设置横向缆风索后的横向稳定进行了探讨。1983 年，曹雪琴、吴鹏贤对桁梁桥横向振动实测资料进行了概率统计分析，并根据实测记录提出桁梁桥空间振动振型以及确定横向摇摆力的方法。随后，曹雪琴检算了桁梁桥横向刚度，提出了列车通过时桥梁横向振幅估算公式。1986 年，吴今培提出了利用时间序列分析理论建立了在列车运行条件下的桥梁—车辆系统的动态数学模型，为桥梁振动的模态参数识别寻求新的途径。1991 年，曾庆元等将列车—桥梁视为整体振动系统，其振动特性随列车过桥时间变化，导出系统的横向振动矩阵方程。1992 年，戴正宏、徐君兰对悬索桥横向内力计算有关问题进行了讨论，提出索塔塔顶横向位移的近似计算方法和计算公式，修正了用于悬索桥横向内力计算的膜理论变形协调方程。1996 年，张俊平、刘炎海提出了铁路桥梁横向振动控制的隔震方案及其物理实现，分析了隔震系统动力特性与隔震效率的匹配关系。同年，孙炳楠、孙绍东对大跨度桥梁全耦合颤抖风振响应进行了分析，探讨了横向风振响应值的大小及偏心距对响应的影响。1997 年，范立础提出了一种新型的橡胶减震挡块，使挡块有了耗能的功能。

进入 21 世纪，我国桥梁横向振动的研究进入了高潮。各大高校和研究所纷纷将视线转入了桥梁横向振动的研究之中。2002 年，史良洪对京沪铁路南京段桥梁横向振动问题进行了探索，提出了一系列整治措施。2005 年，顾萍等对 TMD 抑制既有铁路钢桁梁桥横向振动进行了研究，建立车—桥—TMD 系统耦合振动方程，结果表明，TMD 能够有效地抑制铁路钢桁梁桥的横向振动。2006 年，高建敏对提速铁路桥梁横向振动异常进行了探讨，并讨论了对应的加固技术。2007 年，朱亚飞等对铁路桥梁横向振动理论进行了分析与试验研究，提出建立了切合实际的桥梁、轨道、车辆振动及其相互作用的动力学计算模型，结果表明当车辆运行速度大于 70 km/h 时，车桥耦合系统将出现异常的横向振动。同年，耿波对桥梁船撞进行了安全评估，建立了桥梁船撞安全评估流程和合理的评估方法。2009 年，张欣心应用新型阻尼器对桥梁横向振动进行控制，得出运用阻尼器能够安全有效地减小桥梁横向振幅的结论。2010 年，蒋超采用黏滞阻尼器抑制中小跨度铁路钢桥横向振动，得出采用黏滞阻尼器抑制铁路桥梁横向振动是可行的，并且能产生较好的效果。2011 年，刘鹏对在地震作用下桥梁梁体与横向挡块动态碰撞进行了研究。2014 年，沈星等提出了一种桥梁新型横向金属阻尼器。

2010 年至今，桥梁横向减震研究的重点从研究横向振动的规律及机理转向了减小横向振动和位移的装置设计之中，其中出现了多种多样的挡块、支座、阻尼器、限位装置。这也是桥梁横向振动研究的一种历史必然。

对于桥梁横向振动研究发展历程，可归纳为三个关键时间段。19 世纪至 20 世纪 50 年代为起步阶段，主要停留在静力与简单的振动层面；20 世纪 50 年代至 20 世纪末期为平稳发展期，期间提出的很多理论基础和研究方法多停留在公路桥和铁路桥。21 世纪初期为高速发展期，期间各类理论层出不穷，横向激励考虑的较为广泛，桥梁形式也是多种多样，各类控制横向振动和位移的装置也是如春笋般冒出。得益于计算机有限元的普及，桥梁横向振动的数值模拟技术发展非常迅猛。

## 14.3 桥梁横向减隔震基本原理

桥梁横向减隔震一般可分为挡震、隔震、减震三个部分，其中挡振主要以塔梁、墩梁处设置横向挡块实现。在地震作用下，挡块不仅起到横向限位、防落梁的作用，还能保护支座的抗震安全性，常规混凝土挡块破坏机理表现为弯剪破坏模式。

经过漫长岁月的发展，随着理论思想的不断完善，桥梁横向减隔震的设计思路也不断地更新和发展，理念也更加先进。桥梁横向减隔震发展历程可概括为表 14-1 所示。桥梁横向减隔震理论的发展经由静力理论→反应谱理论→动力时程理论→随机振动理论，刚体结构→单自由度→多自由度→三维空间的路线进行。

**表 14-1 桥梁横向减隔震设计思想的发展历程**

| 阶段 | 思想 | 目标 | 优点 | 缺陷 |
|---|---|---|---|---|
| 第一阶段 | 基于强度理论的抗震设计方法 | 增加刚度 | 一般不发生强度破坏 | 硬抗、反应接近震源、材料浪费 |
| 第二阶段 | 基于位移的抗震设计方法 | 坏而不倒 | 减轻地震力、避免类共振、塑性变形耗能 | 地震作用下位移过大,容易激发高阶振型 |
| 第三阶段 | 减隔震 | 隔震、减震、耗能 | 抗震准确、安全可靠、经济、桥梁设计更自由 | 装置耐久性差、需要经常维护 |

桥梁横向减隔震模型的发展先是主要以静力模型,以强度设计为主,其代表主要为挡块模型。随着研究的不断深入以及工程应用的需求,仅仅以强度设计并不能满足要求,对单自由度模型的建立以及振动规律的不断深入理解,以单自由度线性体系在实际地面运动作用下的反应作为基础,对结构进行分析的"拟静力理论"即反应谱理论随即出现。在我国和许多国家都将这种理论写进抗震设计规范里,以指导抗震设计。但反应谱理论的缺陷是明显的,很多大型结构是不规则的、非线性的,仅仅对其简化成单自由度体系来研究,并不能完全地反映桥梁结构的振动反应,所以以多自由度体系为基础的动力时程理论也随后出现;随着电算的普及以及理论的完善,越来越多的大型桥梁需要辅助于动力时程的分析结果,甚至会逐渐替代反应谱理论。当然,地震动、自然风、车振动等一系列振动问题都是随机的,所以随机振动理论的发展也是非常热门的。但在桥梁横向减隔震研究领域,鲜有这方面的表述。桥梁横向减隔震理论模型统计可见表 14-2。

**表 14-2 桥梁横向减隔震理论模型统计**

| 理论模型 | 统一公式 | 相关公式 |
|---|---|---|
| 挡块模型 | $V_{ok}=2V_n$ | 剪切摩擦模型:$V_n=\mu(A_v f_{yf}+A_{vs}+f_{ys})$<br>斜剪破坏模型:$V_n=V_c+V_s$<br>弯矩曲率模型:$\sum C_c+\sum C_s'=\sum T_s$<br>滑移挡块模型:$V_n=(0.89\rho_v f_{vf}+0.70)A_c$ |
| 隔震支座模型 | $[M]\{\ddot{X}\}+[C]\{\dot{X}\}+[K]\{X\}=\{F\}$ | 隔震橡胶支座水平刚度系数:$\frac{K_H(P)}{K_H(P=0)}=p\left(1+\frac{1}{3\lambda^2}\right)\times\frac{1}{\sqrt{1+\frac{1}{\lambda p}}\tan\left(p\sqrt{1+\frac{1}{\lambda p}}\right)-\frac{1}{\lambda}}$ |
| 耗能元件模型 | $E_K+E_D+E_S=E_Q$ | 索—阻尼器:$m\frac{\partial^2 x}{\partial t^2}+c\frac{\partial x}{\partial t}-T\frac{\partial^2 x}{\partial l^2}=F\delta(x_k-a)$<br>梁—阻尼器:$[m]\{\ddot{x}\}+[c]\{\dot{x}\}+[k]\{x\}=\{f\}$ |

## 14.4 横向激励

如果要研究清楚桥梁横向振动规律,那么必然要研究清楚横向激励,桥梁横向激励从总体上来看主要分为地震动、风振、车辆振动、横向冲击。

### 14.4.1 地震动

地震波可分为纵波和横波,其中纵波会造成桥梁上下跳动,横波会造成桥梁水平晃动,另外横波振幅比纵波要大，这是造成桥梁横向破坏的主要原因。地震动既是桥梁抗震设防的依据，又是研究桥梁地震反应的关键。工程结构的破坏一般与地震动三个要素有关，即振幅、频谱、持时。在桥梁抗震设计时，需要对地震动进行估计和模拟，现有地震动估计函数见表14-3。

**表 14-3 地震动估计和模拟**

| 要素 | 提出者 | 衰减估计公式 |
|---|---|---|
| 加速度峰值 | 麦圭尔 | $\ln a_{max}=3.4+0.89M-1.17\ln R-0.2S$ |
| | 胡聿贤 | $\ln a_{max}=1.71+0.657M-2.18\lg(R+30)$ |
| | 阿尔提卡耶夫·科普尼切夫 | $\ln a_{max}=1.70+0.28M-0.80\lg R$ |
| 速度峰值 | 金井清 | $\ln v_{max}=0.61M-\left(1.66+\frac{3.6}{R}\right)\ln R-\left(0.631+\frac{1.83}{R}\right)$ |
| | 麦圭尔 | $\ln v_{max}=-1.00+1.07M-0.96\ln R+0.07j_s$ |
| | 胡聿贤 | $\ln v_{max}=-0.269+0.604M-1.53\lg(R+30)$ |
| 反应谱 | 乔纳尔和波尔 | $\lg S_v(T)=c_1+c_2(M-6)+c_3(M-6)^2-c_4\lg R+c_5R+c_6j_s$ |
| | 胡聿贤 | $\lg S_a(T)=B_0+B_1\lg(R+30)+B_1M$ |
| 持续时间 | 阿尔提卡耶夫·科普尼切夫 | $\lg T_d=-1.30+0.20M+0.501\lg R$ |

对于没有记录地震动衰减关系的地区应采用设计反应谱，利用外地的地震烈度与强震动观测资料得到的烈度与地震动衰减关系，将烈度换算为地震动，从而得到本地的地震动衰减关系。

### 14.4.2 风　　振

对于桥梁的风致灾害主要集中在斜拉桥、悬索桥这一类柔性桥梁。其中最具代表性的风毁桥梁为美国塔科马桥，这次事故之后，经过广泛的研究，学者提出了风致振动的问题，这也标志着对于风的研究进入了动力学的范围，而此之前都是简单地把风对桥梁的作用以风压的形式考虑。

通过对自然风记录与分析，可得出风速是脉动的，具有不定性；但在 8 min 之内，平均风速变化不大；平均风速会随着高度的增加而增大；脉动的分量与平均风速相比较小，即实际风速与平均风速方差较小。正是由于自然风作用的随机性，所以考察桥梁横向振动规律是必要的而且紧迫的。

现有的自然风模拟有谐波叠加法、自回归 AR 模型法、逆 F 变换法、小波分析法。其中给出空间风速场中横向风速时程模拟公式：

$$V(t_{r_1},z_{r_2},x_{r_3})=\mathrm{Re}\left[\sum_{j_1=1}^{N_1}\sum_{j_2=1}^{N_2}\sum_{j_3=1}^{N_3}\sqrt{2S(\frac{j_1}{T},\frac{j_2}{L_z},\frac{j_3}{L_x})\times\frac{1}{T}\times\frac{1}{L_z}\times\frac{1}{L_x}}\cdot\exp(i\theta_{j_1j_2j_3})\prod_{l=1}^{3}\exp(\frac{i\cdot 2\pi r_l j_l}{N_l})\right] \tag{14-1}$$

式中　$r_l=0,1,\cdots,N_l-1,l=1,2,3$；

$L_x,L_z$——湍流积分尺度；

Re ——取实部符号；

$S(n,k_1,k_2)$ ——互谱函数。

风对桥梁作用是非常复杂的气动力学问题，主要有平均风的静力作用与脉动风的抖振和自激振动，其中自激振动中又包含颤振、驰振、涡激共振三类。抖振主要是脉动风中不规则的且无规律的脉动成分使拉索、桥身、高墩产生无规律的但其振幅有限的振动，这会影响结构的疲劳寿命以及增大惯性力使结构内力增大。颤振是桥梁在自然风作用下发生的发散性自激振动，主要会使桥梁产生扭转振动破坏；驰振以竖向弯曲振动破坏形式为主；涡激共振是指通过周期性的旋涡脱落以使桥梁产生有限振幅的现象。

### 14.4.3 车辆振动

由于经济持续发展，我国高铁网全面铺开，列车时速不断增大，提速后的列车对于桥梁横向振动的影响势必增大。车辆造成的横向振动主要是因为轮对的蛇行运动和道路不平顺。当轮对的蛇行激振频率与桥梁横向自振频率接近时，桥梁会发生共振，横向位移达到最大，这种情况应当避免。轮对蛇形波激励采用下式模拟：

$$y_s = A_s\sin\left(\frac{2\pi x}{L_s}+\varphi_s\right)=A_s\sin\left(\frac{2\pi v}{L_s}t+\varphi_s\right)$$

$$L_s = L_w = 2\pi\sqrt{\frac{br_0}{\lambda}} \tag{14-2}$$

式中 $b$ ——左右两轮滚动圆的间距之半；

$r_0$ ——车轮的滚动圆半径；

$\lambda$ ——车轮踏面的锥度；

$v$ ——车辆运行的速度；

$\varphi_s$ ——第 $s$ 个轮对蛇行运动的初相角；

$A_s$ ——轮对蛇行运动的振幅值。

### 14.4.4 横向冲击

桥梁架设的目的一般是跨海、跨江河。那么在大型水域必定会有轮船的行驶，也经常会有轮船撞击大桥桥墩的事故报道；在山谷地区时常会发生洪水、泥石流等地质灾害；这些冲击荷载会使桥墩倾覆、桥身横向偏移。2007 年，广东九江大桥船撞桥段事故造成桥身横向坍塌 200 m，造成 8 人死亡。据统计，武汉长江大桥自建成以来，共被来往船只撞击 76 次，而长江上的大桥共被撞击百余轮次。被山洪、泥石流冲毁的桥梁不计其数。

冲击荷载具有作用时短、能量巨大的特点，加上桥梁横向控制较为薄弱，一旦受到冲击，结局往往是毁灭性的。

## 14.5 横向减隔震措施与装置

由于近些年大型桥梁的不断出现、桥梁外观优美的不断追求以及各交叉学科的不断发展，导致桥梁横向减隔震的控制研究进程不断加快、研究不断深入，各种工法及其减隔震措施和装置不断出现，然而其中大部分的措施和装置只是针对桥梁纵向和竖向的减隔震（其中大部分是针对地震动），传统的减隔震方法和装置已不能满足现状。

### 14.5.1 桥梁横向减隔震措施

传统的抗震措施主要以主体结构构件屈服后的塑性变形能和滞回耗能来耗散振动能量，而这类措施的明显的不足在于只注重结构和构件的延性能力，却忽视了对结构损伤程度的控制。除此之外还有提高主体结构的刚度、优化结构形状、提高气动性能等措施。例如提高柱墩的侧移刚度，选用抗震性能良好的主塔形状以及设置中央稳定板、导流板等。

由于传统的抗震措施并不能完全满足桥梁的横向振动控制的目标，所以根据振源引起桥梁横向振动的一系列振动阶段设置相应的减隔震措施进行桥梁横向振动控制是非常有必要的。所采取的减隔震措施大致可分为以下四个阶段，见表14-4。

**表14-4 桥梁横向减隔震措施与装置**

| 振动阶段 | 减隔震原理 | 减隔震措施 | 对应装置 |
| --- | --- | --- | --- |
| 震源 | 消震 | 消除震源 | 无 |
| 传播过程 | 隔震 | 基底隔震 | 橡胶隔震支座、铅芯隔震支座、摩擦隔震支座 |
| 桥身 | 被动减震 | 耗能减震<br>冲击减震<br>吸振减震 | 橡胶减震挡块、黏滞阻尼器、黏弹性阻尼器、摩擦阻尼器、软钢阻尼、TMD、锁定装置、具有不同功效的液体黏滞阻尼器、其他新型阻尼器 |
| 反应 | 主动减震<br>半主动减震 | 耗能减震<br>吸振减震 | AMD、HMD、变阻尼半主动、变刚度半主动、磁流变阻尼器 |

根据《公路桥梁抗震设计细则》(JTG/T B02-01—2008)中所述，其中，在地震作用下，桥址地区场地可能失效；桥梁下部结构刚度较小，固有周期较长；桥梁位于软弱地区，周期的增大导致地基和桥梁发生共振；支座中可能出现负反力，这四种情况下是不建议采用减隔震设计的。

除此之外，桥梁受到船撞、车撞等横向冲击时应当充分考虑桥梁的防撞系数，减小撞击概率。

### 14.5.2 新型减隔震装置

减隔震装置种类非常多，发展非常迅速，但针对桥梁横向减隔震控制设计的减隔震装置较为少见，其中较为成熟的且在工程实际应用中较为可行的减隔震装置包括橡胶隔震支座、液体黏滞阻尼器等。以下重点介绍几种具有代表性的桥梁横向减隔震装置。

1. 耗能型桥梁抗震挡块

邓开来等学者提出了一种新型的桥用耗能型抗震挡块以控制桥梁的横向振动。在小震的情况下该抗震挡块能保持弹性并限制桥面板横向位移；在大震情况下该挡块屈服耗能，减小桥梁横向的地震响应。该挡块承载力、耗能力充足，适合作限位装置控制桥面板地震时产生的横向位移。

2. 板式橡胶隔震支座系统

2016年，汤虎、李建中两人研究了中小跨径板式橡胶支座梁桥横向抗震性能，他们提出允许上下部结构连接构件“牺牲”的准隔震设计方法。该方法通过对横向限位装置力学性能参数的合理设计、桥梁结构在强震作用下板式橡胶支座的滑移、横向限位装置的损伤或“牺牲”来控制上下部结构间传递的梁体惯性力，保护墩柱和基础等下部结构免遭严重损害；同时有效控制墩梁相对位移，达到横向振动控制的目的。

3. 新型三维多功能隔震支座

2014 年，王维等人开发了一种新型的三维多功能隔震支座(3D-MIB)，利用加速度隔震率对其隔震效果进行评价。该支座可以延长结构水平方向的自振周期，对结构的振型影响较大，并且能有效降低水平加速度峰值，水平加速度隔震率为 50%～70%。该支座的侧移刚度远大于铅芯橡胶隔震支座的侧移刚度，其水平隔震效果较好。

4. 金属阻尼器

2014 年，沈星等在现有钢阻尼器研究成果的基础上，提出了一种适用于桥梁横向的新型金属阻尼器；阐明了该金属阻尼器的力学性能，通过合理的参数选取能够满足桥梁横向抗震性能要求。该新型横向金属阻尼器具有良好的滞回耗能特性，在复杂的接触条件下具有良好的适应能力。

5. 斜拉索阻尼器

斜拉索受到风荷载作用会发生振动，由于其振动一般不会引起结构破坏，但其严重影响斜拉索的耐久性，所以斜拉索减震是必要的。由于斜拉索振动分为面内、面外两个方向，以及斜拉索可以近似看作一根拉杆，还考虑到美观等因素，其阻尼器布置一般采用近梁面布置，这样就可控制斜拉索面内、面外的振动。在斜拉索阻尼器中，较有代表性的为泰勒公司研发的新型斜拉索阻尼器，其散热性能高，耐久性好。

6. 锁定装置

2014 年，颜志华、马良喆、陈永祁三人研究了速度锁定装置在津秦客运专线减震设计中的应用。结果表明速度锁定装置减震效果良好。锁定装置是一种速度型限位装置，当桥梁运动到某一特定速度时启动，约束连接结构之间的相对位移。锁定装置并不能耗散能量，只起到限制振动的作用。桥用速度锁定装置，能够有效减小、转移和限制地震动、自然风、车辆振动带来的桥梁各部分间的运动和碰撞，对于桥梁横向振动控制效果显著。

7. 具有不同功效的液体黏滞阻尼器

熔断阻尼器是一种比一般的液体黏滞阻尼器多一个金属熔断装置的阻尼器，它可以控制在风荷载、小地震作用下连接体不发生相对运动，但在大风、强震作用下能够迅速参与抗震耗能。限位阻尼器最早由中交公路设计公司和同济大学提出，随后由陈永祁、马良喆应用在苏通长江大桥的分析上，主要目的是为了防止预想不到的静力荷载和特大风载使桥梁产生超量位移。

8. 其他阻尼器

磁流变阻尼器是属于半主动减震的一种装置，利用磁流变液在不同磁场下固液变化提供阻尼。磁流变阻尼器在桥梁上的应用也较为广泛，但其受外界因素的干扰较为严重，这是其发展的桎梏。形状记忆合金作为桥梁挡块已在国外有一些应用，该装置能提供充足的耗能性能，并能大幅消除桥面板发生振动后的残余变形。但由于形状记忆金属的成本较高，目前国内桥梁工程中并无实际的应用。

## 14.6 案例分析

### 14.6.1 工程概况

某斜拉桥主桥桥跨布置为(85＋120＋120＋85)m，结构采用半飘浮体系。主塔采用花瓶形，斜拉索采用高强平行钢丝索，全桥共设置 48 对。根据桥梁结构的总体构造布置和边界条件，本节采用 MIDAS Civil 有限元程序建立了该桥的空间有限元模型(图 14-2)。有限元计算模型以顺桥向为 $X$ 轴，横桥向为 $Y$ 轴，竖向为 $Z$ 轴。桁梁、主塔、墩柱均采用梁单元模拟，斜拉索采用桁架单元。非线性动力模型主要考虑了横向黏滞阻尼器的耗能效应。

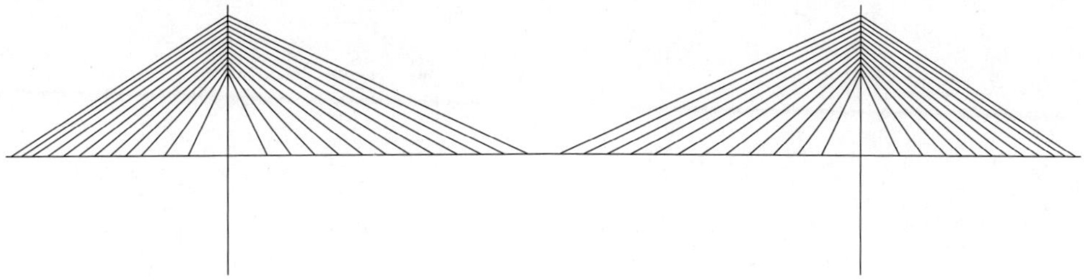

图 14-2　主桥计算模型

时程反应分析采用 50 年超越概率 2% 的地震波 6 条，根据安评报告调整地震波峰值为 $A_{max}=401$ Gal，地震动输入如图 14-3 所示。

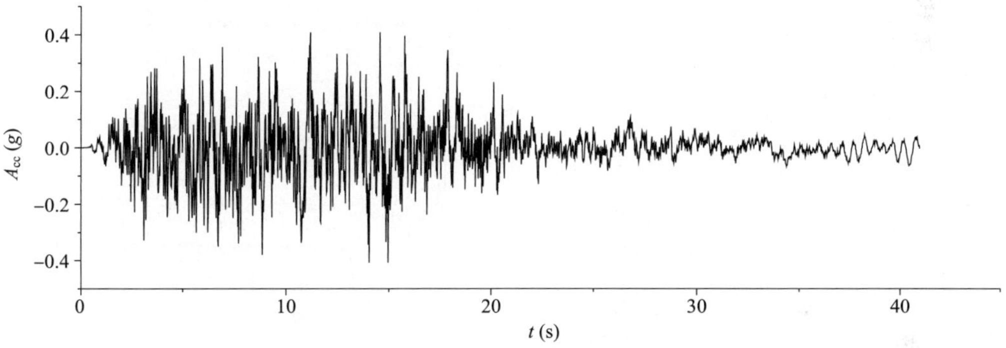


图 14-3　E2 第 1 组地震波

### 14.6.2　阻尼器力学参数优化

经过分析与对比，当桥塔处预设横向支座时，但梁端仍有较大摆动，所以两侧桥台应设置横向阻尼器进行位移控制。阻尼系数和速度指数见表 14-5。在地震作用下进行不同阻尼器参数的交叉计算分析，得到结果如图 14-4 所示。

**表 14-5　阻尼器参数分析工况表**

| 阻尼系数 $C$ [kN/(m/s)$^{\alpha}$] | 0 | 1 000 | 2 000 | 3 000 | 4 000 | 5 000 |
|---|---|---|---|---|---|---|
| 速度指数 $\alpha$ | 0.3 | 0.3 | 0.3 | 0.3 | 0.3 | 0.3 |
| | 0.5 | 0.5 | 0.5 | 0.5 | 0.5 | 0.5 |
| | 0.7 | 0.7 | 0.7 | 0.7 | 0.7 | 0.7 |

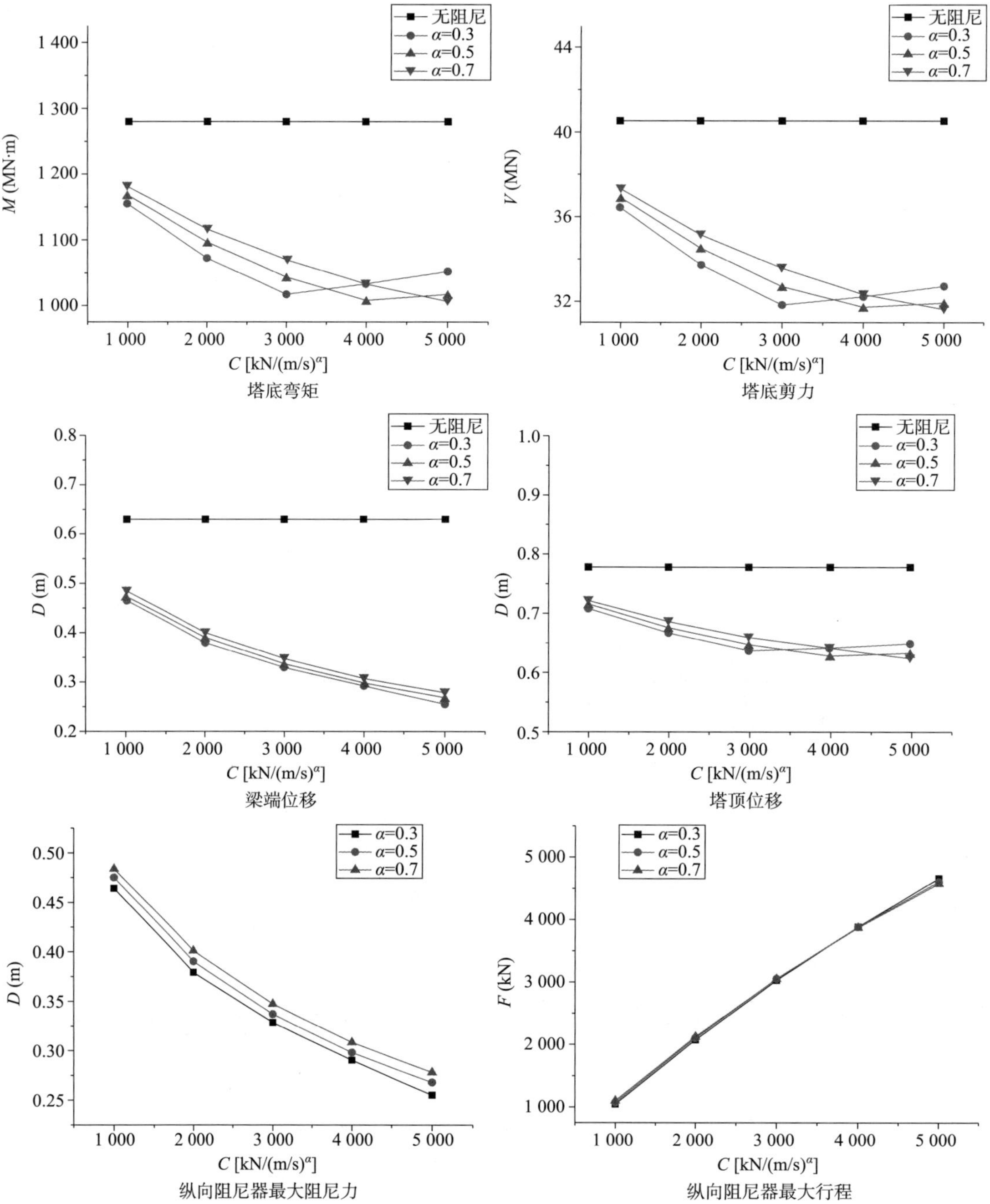


图 14-4 减震结构计算结果及阻尼器性能表现

### 14.6.3 结 论

综合分析结果，由图 14-4 可得出：

（1）无附加阻尼的桥梁在地震动作用下，梁端、塔顶的横向位移较大，同时塔底的弯矩和剪力也非常大，这对结构的横向减震控制提出了更高的要求。

(2)较小的速度指数对减小位移是有利的,但速度指数过小会令主塔内力增大;对阻尼系数来说,阻尼系数增大结构位移会减小,但超过某一临界值后效果不再显著,主塔内力随着阻尼系数增大而增大。

(3)通过对各阻尼参数下的塔顶位移、梁端位移、塔底弯矩和塔底剪力综合比较,阻尼器速度指数取 0.3,阻尼系数取 3 000 较为合适,此时,塔底剪力和弯矩相对较小,位移的减小量也基本达到最大。先选择最优的阻尼参数进行桥梁结构减震控制,并与无减震措施的原结构进行梁端位移对比,如图 14-5 所示,可得出,加设附加黏滞阻尼器可明显减小梁端位移。

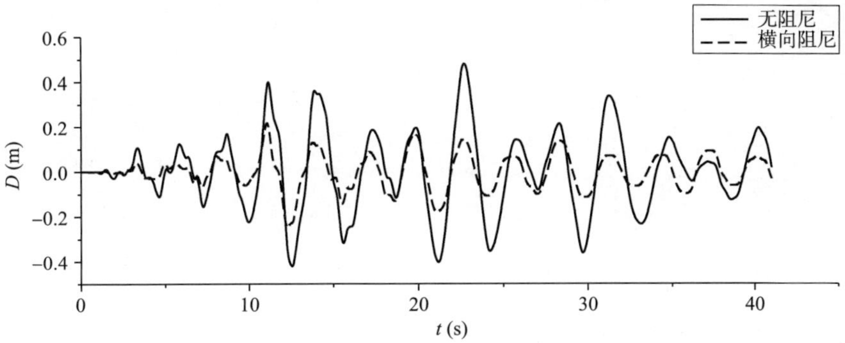


图 14-5 E2 第 1 组地震波梁端位移时程

(4)阻尼器的最大阻尼力随着阻尼系数 $C$ 增大而变化不大;阻尼器的最大行程随着阻尼系数的增大而减小,且阻尼器的最大行程随着速度指数的增大而增大。

## 14.7 展 望

桥梁横向减隔震的研究不断有新的有工程意义的结论出现,也渐渐步入发展的关键期。现如今桥梁横向减隔震研究存在的问题、亟需解决的问题也非常多,根据工程实际和学术研究,笔者提出以下几点建议。

(1)横向激励的研究大多集中在地震动方面,对于风雨振、车振等激励造成的桥梁横向振动并未深入地开展研究。然而风雨振、车振相较于地震动都频繁地作用于桥梁结构之上,其造成构件疲劳、结构耐久性的问题是十分棘手的,因此对于一些幅度小但作用较为频繁的小振应加大研究力度和深度。

(2)对于桥用横向减隔震的装置大多都是直接套用桥梁纵向、竖向的减隔震装置,其适用性较差,防震抗震效果并不理想,甚至有时会出现与预期效果相反的效果。因此,应大力开发针对桥梁横向减隔震控制的装置,特别是研发一些针对小振的减隔震装置。

(3)随着科技的进步,国际、国内的桥梁也向着高大长的趋势发展,高大长的桥梁对于横向激励较为敏感,因此控制一些特大桥的横向振动显得尤为紧迫,特别是一些斜拉桥、悬索桥的飘浮、半飘浮梁随着跨度增加,其柔度也增加,对其振动控制较为复杂,同样的,斜拉索、悬索桥主缆也存在同样的问题。因此,对高大长桥梁进行横向振动控制具有深远的工程实际意义。

(4)桥用减隔震装置层出不穷,但真正具有工程意义、学界争议较少的减隔震装置并不多,主要以液体黏滞阻尼器为主,其他隔震器、减震器不是造价高,就是达不到很好的实际效果。

因此，减隔震装置多样化研究也是非常必要的。

（5）在现有实际的桥梁减隔震控制中，减隔震装置之间并无形成联系，形成系统，造成减隔震装置原本是为了抗震，而在使用中参与了一些车振、风雨振的控制，导致减隔震装置过快地消耗寿命，最终起不到抗震的作用。因此，应将研究方向投向减隔震装置系统的研究，研制“小震靠小器，大震靠大器”的减隔震系统，真正做到让减隔震装置系统各部分各司其职。

# 第五篇

# 铁路桥梁用阻尼器测试

# 15 云南龙江大桥液体黏滞阻尼器测试

液体黏滞阻尼器以其高效的减震性能在众多的减震产品中脱颖而出，目前在我国已经得到较为广泛的应用，但对这类阻尼器的性能要求、质量控制及动力测试所作的研究和探讨所见不多。本章依托于云南龙江大桥阻尼器测试项目，根据美国泰勒公司为龙江大桥提供制作的液体黏滞阻尼器，以龙江大桥为例说明了美国对液体黏滞阻尼器的测试要求，即产品预检验、原型测试和质量验收测试。

## 15.1 引　　言

黏滞阻尼器以其减震性能优良、相对稳定可靠的优点，在土木结构工程中应用越来越多，如一些特别重要的国家基础设施和千米级跨江、跨海的桥梁结构。当前，在液体黏滞阻尼器的制造上，有两个大多数生产厂家难于解决的难题：保证液体黏滞阻尼器在长期动力荷载作用下不漏油；保证液体黏滞阻尼器满足设计参数的要求。漏油是不合格阻尼器最常见也是最致命缺陷。当在动力荷载作用下，内部超高压就会使得阻尼器的性能极不稳定，长此发展下去，阻尼器就缺少了进行能量转化的介质，相当于在开放的环境下过滤空气。抗震阻尼器一旦在地震发生时失去作用，不仅原来的设置目的达不到，可能还会产生预想不到的后果。例如不均匀受力扭转破坏、变形大引起伸缩缝破坏。正是由于这两个难题的存在，国际上一些液体黏滞阻尼器厂商的产品频繁发生质量问题。

阻尼器漏油现象在国内也很普遍，几乎没有一个厂商能够提供较为完整合格的阻尼器测试检验报告。阻尼器的产品检验和测试不仅是质量保证问题，还关系到这项技术能否在我国获得长久发展和关乎耗能减震结构安全的关键问题。对结构工程师来说，阻尼器的精确性、可靠性、耐久性及一致性在工程应用中是一个必须要重点考虑的问题。为保证阻尼器产品的基本性能，对其提出明确的产品性能要求及进行严格测试是很有必要的，这也是检验阻尼器是否符合具有精确性、可靠性、耐久性的重要手段，是消能减震设计中一个重要的环节。在土木工程上采用液体黏滞阻尼器这项技术起源于美国，并在美国得到了很好的发展；当前，美国在黏滞阻尼器的检验和测试方面取得了一些较为成功的经验，本章将美国的一些测试内容方面给予介绍。

## 15.2 阻尼器的检验测试

阻尼器作为结构的关键保护系统，平时在没有经历较大动荷载的情况下很难看出所起到的作用，一旦承受地震荷载、大风荷载等较大动荷载，阻尼器性能若达不到有关标准，结构就会受到难以预料的破坏。所以，安装前的产品性能测试检验尤为重要。

对于阻尼器的测试，美国规范已明确提出阻尼器产品要经过产品资格预检测、产品原型测试及出厂检测三种测试。为了证明产品的可用性，上述的三种测试应缺一不可。

### 15.2.1 产品预检测

产品预检验测试是由国家有关权威机构和部门针对各类减隔震装置的生产厂家进行的评估和鉴定，评估产品能否在土木工程的各种环境下正常工作。20 世纪 90 年代，美国对金门大桥工程采用黏滞阻尼器的对比检验和 HITEC(美国高速公路创新技术评估中心)进行的多种减隔震装置的大型对比试验是两次非常重要的产品预检验，测试后给出的鉴定报告对阻尼器在今后工程上的应用有着重要的指导意义。此次预检验测试，让工程师们深刻了解阻尼器所具有的特性，为后续阻尼器研究的深入开展起到至关重要的作用。

### 15.2.2 产品原型测试

原型测试是批量生产前，对工程上拟采用的阻尼器产品进行实物检验，检验生产厂商对具体工程项目所生产的产品是否满足设计要求。一般针对工程所进行的原型测试都根据相应的工程结构设计和工程现场实际情况制定。美国的 AASHTO 规范和 ASECE-07 规范都要求，作为具体工程阻尼器产品必须完成产品原型检验测试。如果已做过产品预检测，则产品原型测试复杂程度可以低于预检验测试。目前，在我国还没有统一作过预检测的产品，将预检测的相关内容结合到原型测试中一起完成，也是可取的办法，例如我国的苏通大桥、江阴大桥。当前，国内厂商用一些小规模振动台的模型试验来证明产品的参数和可靠性，根据阻尼器在国内外工程应用中的破坏实例都证明了小样品的测试是不能代替原型产品试验的。当然，美国相应规范也规定，如果过去做过同样或接近产品的原型测试并合格等情况下，也可以用来取代某工程的原型测试。

### 15.2.3 出厂检验

产品的质量验收测试由生产商在产品封装完成出厂前自行完成，这是在阻尼器应用到结构之前最为重要的测试环节，是产品合格满足设计的基本保障。对于这部分测试，美国规范如 ASCE-7、FEMA 系列规程都做了明确说明，出厂的每个产品都必须经过严格的出厂检验，以保证用到结构上的每个产品都能满足设计要求。每个产品也由此建立了产品的试验档案，方便以后的维修检测。

## 15.3 龙江大桥阻尼器的检测

### 15.3.1 工程概况

云南龙江大桥为双塔单跨钢箱梁悬索桥，保山岸索塔高度为 169.688 m，腾冲岸索塔高度为 129.703 m。大桥全长2 470.58 m，主跨长为1 196 m；抗震等级按Ⅷ度设防；采用双向四车道高速公路标准，设计行车速度 80 km/h；桥面离江面 280 m，最高的索塔顶到江面 470 m，桥面宽 33.5 m。跨越保山市龙陵县的龙川江河谷，是保山至缅甸密支那公路的重点控制性工程。该桥设置的黏滞阻尼器为速度相关型耗能装置，对于悬索桥而言，一般需要将阻尼器设置在发生变形最大的桥塔之间。经过优化，最终在每一侧桥塔下共设置四套阻尼器，阻尼器设置在钢箱梁底板与桥塔下横梁之间，尽量使阻尼器均匀分布在钢箱梁底部，以便提供更大的横桥向扭转力矩。

### 15.3.2 泰勒公司测试设备简介

泰勒公司在做测试时所采用的设备情况见表 15-1。

(1)动力测试设备：采用泰勒公司动力伺服系统进行检验，58 通道 Labview 数据平台，其试验设备装置如图 15-1 所示。

(2)温控设备：采用 11.6 $m^3$ 温控箱，测试温度范围为－73～148℃，用于改变阻尼器环境温度，测试动力性能变化情况。

**表 15-1 动力测试设备能力**

| 项目 | 最大出力(kN) | 最大行程(mm) | 最大速度(mm/s) |
|---|---|---|---|
| 模式 1 | 6 672 | ±500 | 889 |
| 模式 2 | 1 334 | ±635 | 2 286* |

* 最大速度不能在出力最大时获得。

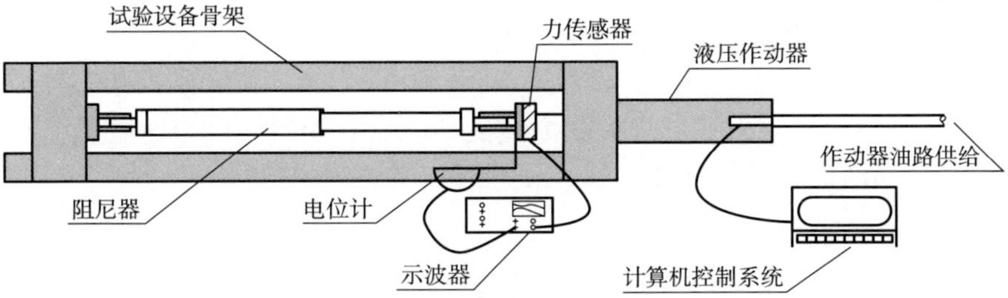


图 15-1 测试设备装置图

### 15.3.3 阻尼器测试要求

根据前文所述，参照美国规范，设计者结合龙江大桥阻尼器及连接件的特殊性，提出了阻尼器的测试要求，即应分别进行产品原型测试和出厂检验两项测试，测试地点位于泰勒装置地震测试设备工厂。如无特殊说明，以下动力测试均按下述位移加载方式施加。

加载频率 $f$ 与加载振幅 $A$ 之间的关系按式计算：

$$A = \frac{V}{2\pi f} \tag{15-1}$$

加载方式为余弦加载，加载位移 $u$ 按式(15-2)计算：

$$u = A\cos(2\pi f t) \tag{15-2}$$

(1)在原型检验测试中提出针对阻尼器对各种频率输入的反应性能试验、温度测试(8 h 热稳定)、最大速度循环测试和疲劳能力试验。除非另外标明，否则所有参数限制在 20℃±6℃的正常环境条件下。各测试工况要求见表 15-2。

表 15-2 龙江大桥阻尼器原型测试工况

| 工况 | 试验说明 | 频率/循环周数 | 振幅 | 名义阻尼力和速度 | 温度/阻尼器个数 |
|---|---|---|---|---|---|
| 1 | 0.3 Hz 频率测试 | 0.3 Hz/3 周 | 446 mm | 2 850 kN@0.84 m/s | 20℃/1 个 |
| 2 | 0.5 Hz 频率测试 | 0.5 Hz/3 周 | 267 mm | 2 850 kN@0.84 m/s | 20℃/1 个 |
| 3 | 1.0 Hz 频率测试 | 1.0 Hz/3 周 | 134 mm | 2 850 kN@0.84 m/s | 20℃/1 个 |
| 4 | 2.0 Hz 频率测试 | 2.0 Hz/3 周 | 67 mm | 2 850 kN@0.84 m/s | 20℃/1 个 |
| 5 | −20℃温度测试 | 1.34 Hz/1 周 | 100 mm | 2 850 kN@0.84 m/s | 20℃/1 个 |
| 6 | 50℃温度测试 | 1.34 Hz/1 周 | 100 mm | 2 850 kN@0.84 m/s | 20℃/1 个 |
| 7 | 最大速度循环测试 | 1.34 Hz/5 周 | 100 mm | 2 850 kN@0.84 m/s | 20℃/1 个 |
| 8 | 疲劳测试 | 0.003 2 Hz/100 000 周 | 3 mm | 2 850 kN@0.002 m/s | 20℃/1 个 |

(2)出厂检验中分别提出了静压力检验测试、全冲程测试、慢速运动测试和动力性能测试，测试工况见表 15-3。除非另外标明，否则所有参数限制在 20℃±6℃的正常环境条件下。对阻尼器出厂检验测试各工况作以下说明：

①静压力检验测试：阻尼器油缸和管道在设计阻尼力的 1.5 倍安全系数下，恒定 1 h，不得出现可见的物理损伤、损坏、变形或液体泄漏迹象。本试验需考虑温度影响，温度在 20℃。

②全冲程测试：每只装置将通过全冲程装置循环(±1 000 mm)，阻尼器的总行程满足设计值的要求，阻尼器任何部分不得有黏结、屈服或永久变形的迹象。

③慢速性能测试：每只装置将在±10 mm 冲程下进行三个循环，记录阻尼力和位移的关系。要求阻尼器不漏油，阻力不大于设计阻尼力的 10%。

④动力性能测试：要求在简谐振动荷载下，位移量±100 mm，速度为最大设计速度的 50%、75%和 100%时分别对阻尼器进行动力测试；同时，在速度为 100%最大设计速度，位移量在±200 mm 范围内进行动力性能测试。要求做一个完整的装置循环过程，并给出相应的参数和相关曲线图。

表 15-3 龙江大桥阻尼器出厂检验测试工况

| 工况 | 试验说明 | 频率/循环周数 | 振幅 | 名义阻尼力和速度 | 温度/阻尼器个数 |
|---|---|---|---|---|---|
| 1 | 静压力检验测试 | — | — | — | 20℃/8 个 |
| 2 | 全冲程测试 | — | 1 000 mm | — | 20℃/8 个 |
| 3 | 慢速性能测试 | 0.05 Hz/3 周 | 10 mm | 220 kN@0.000 5 m/s | 20℃/8 个 |
| 4 | 50%速度性能测试 | 0.67 Hz/1 周 | 100 mm | 2 345 kN@0.42 m/s | 20℃/8 个 |
| 5 | 75%速度性能测试 | 1 Hz/1 周 | 100 mm | 2 614 kN@0.63 m/s | 20℃/8 个 |
| 6 | 100%速度性能测试 | 1.34 Hz/1 周 | 100 mm | 2 850 kN@0.84 m/s | 20℃/8 个 |
| 7 | 100%速度性能测试 | 0.67 Hz/1 周 | 200 mm | 2 850 kN@0.84 m/s | 20℃/8 个 |

注："—"表示无此项。

通过上述测试基本上可以反映阻尼器在使用阶段是否可以达到预期的动力性能，也可以反映出是否满足大桥在运营过程中所能遇到的某些极限工况的要求。

### 15.3.4 阻尼器原型检测结果

1. 频率测试

单出杆阻尼器存在一定的频率范围，在截止频率范围内表现为纯黏滞特性；对于双出杆阻尼器，由于油腔内活塞杆体积不会引起腔内油液体积变化，从理论上来说，阻尼器动力特性受截止频率变化的影响较小，如果阻尼器设计合理，即使加载频率较快，也能表现为存黏滞特性。龙江大桥阻尼器测试的频率设置范围，结合该阻尼的使用目的和结构的基本动力特性来考虑，测试的频率为 0.3 Hz、0.5 Hz、1.0 Hz 及 2.0 Hz。由于图表较多，图 15-2 只列出了 0.3 Hz 和 0.5 Hz 频率荷载作用下的阻尼器行程、速度、出力的时程曲线及阻尼器的滞回曲线。

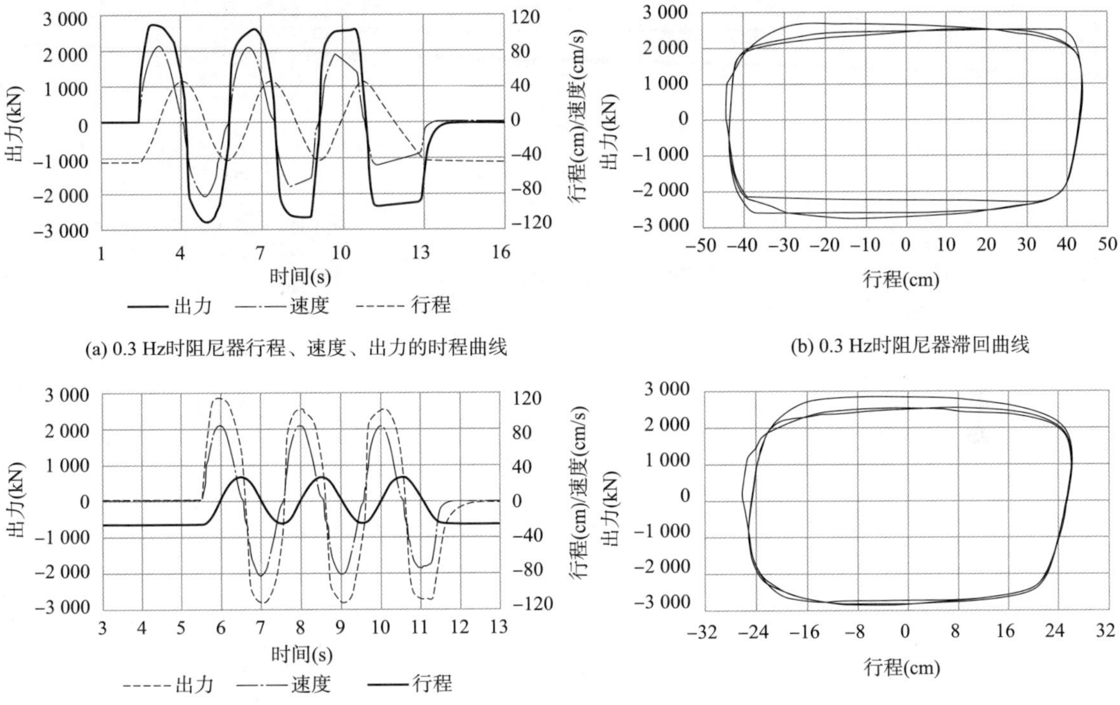


(a) 0.3 Hz时阻尼器行程、速度、出力的时程曲线

(b) 0.3 Hz时阻尼器滞回曲线

(c) 0.5 Hz时阻尼器行程、速度、出力的时程曲线

(d) 0.5 Hz时阻尼器滞回曲线

图 15-2 阻尼器频率测试

2. 温度测试

黏滞阻尼器的阻尼力主要由内部介质高速运动下的惯性流和低速运动的黏性剪切流共同组成，其中低速下的黏性剪切特性受温度的影响较大，在室温下得到的数据并不具有普遍性，掌握阻尼器在极限温度下的性能变化十分必要。龙江大桥阻尼器原型试验，分别在−20℃和50℃的极限温度下进行了单周期最大速度循环测试，由于篇幅限制图 15-3 只列出了 50℃情况下单周期最大速度循环测试曲线图结果表明：阻尼器在未来长期的使用过程中，不同温度对阻尼器的性能和减震影响都不大。

3. 动力最大负荷测试

特定温度条件下，在余弦波作用下以最大速度 84.2 cm/s 循环三周，此项测试用于检验在达到最大负荷时，阻尼器是否正常工作。图 15-4 给出了阻尼器的测试曲线。结果表明：阻尼器在满负荷作用下具有良好的减震性能。

4. 疲劳测试

设置在桥梁上的阻尼器需要承受车辆荷载和脉动风荷载等长期低周荷载作用，据有关估算，阻尼器在服役期限内由于上述荷载导致的低周小变形循环次数可高达数十万次。图 15-5

给出了 10～100 s 和 249 910～250 000 s 的循环曲线。

根据测试结果可知，阻尼器在经过高达 10 万次的疲劳测试后输出力基本没有下降，阻尼器也未发生任何损坏。

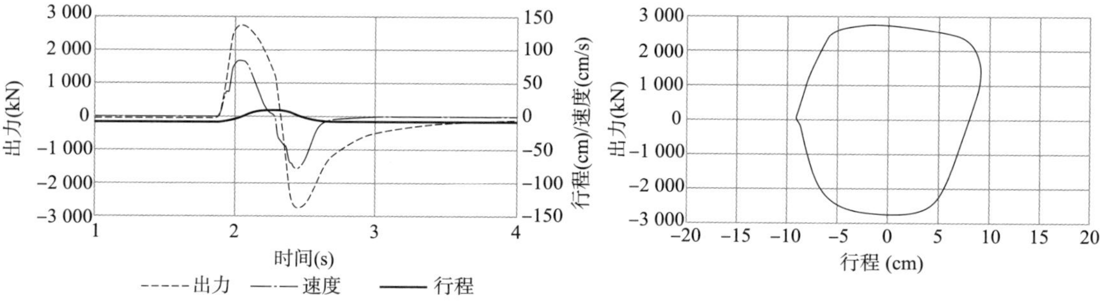

(a) 50℃时阻尼器行程、速度、出力的时程曲线

(b) 50℃时阻尼器滞回曲线

图 15-3　极端温度下阻尼器做最大速度循环测试

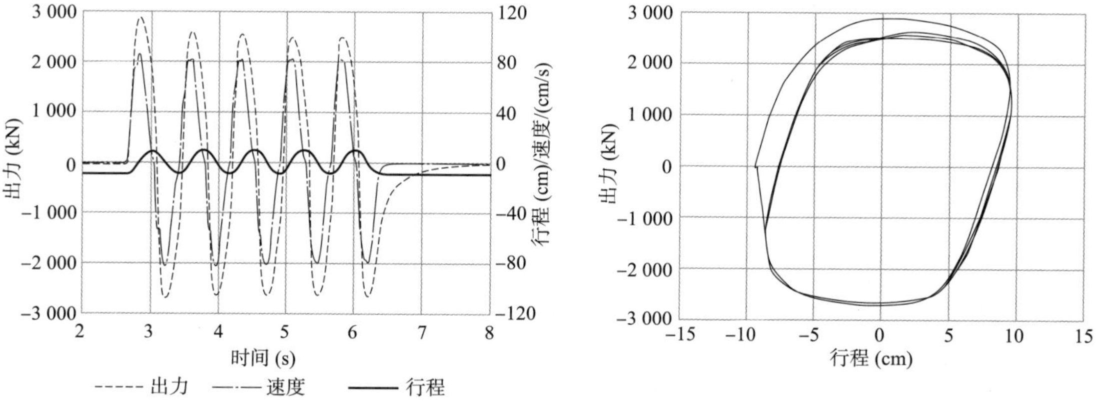

(a) 阻尼器行程、速度及出力时程曲线

(b) 阻尼器滞回曲线

图 15-4　阻尼器动力最大负荷测试

### 15.3.5　阻尼器出厂检测结果

1. 静压力测试

在所有测试开始之前，对设备施加初始内部静压，大小相当于 1.5 倍的额定荷载对应的内部压力，并在无干扰的环境下保持一定时间。测试在室温下进行，压力通过设备额外施加在阻尼器上。没有可见的物理损伤、损坏、变形或液体泄漏迹象，此项测试足够证明阻尼器能够保持良好的性能工作 35 年以上。

2. 全冲程测试

将阻尼器水平放置在图 15-1 所示的装置中，对每个阻尼器进行±1 000 mm 全冲程测试，由于测试设备最大行程为±635 mm，不能连续进行测试，但最后均录像进行证明。

3. 慢速力循环测试

每只装置水平固定在液压测试仪上，如图 15-1 所示。在常温条件下，每只装置将在±10 mm 冲程和低于 10%的最大阻尼荷载力下进行三个循环。由于每个阻尼器均进行了测试，图表较多，图 15-6 只列出了(S/N001)(其中一只阻尼器的测试)测试下阻尼器的测试时程曲线。

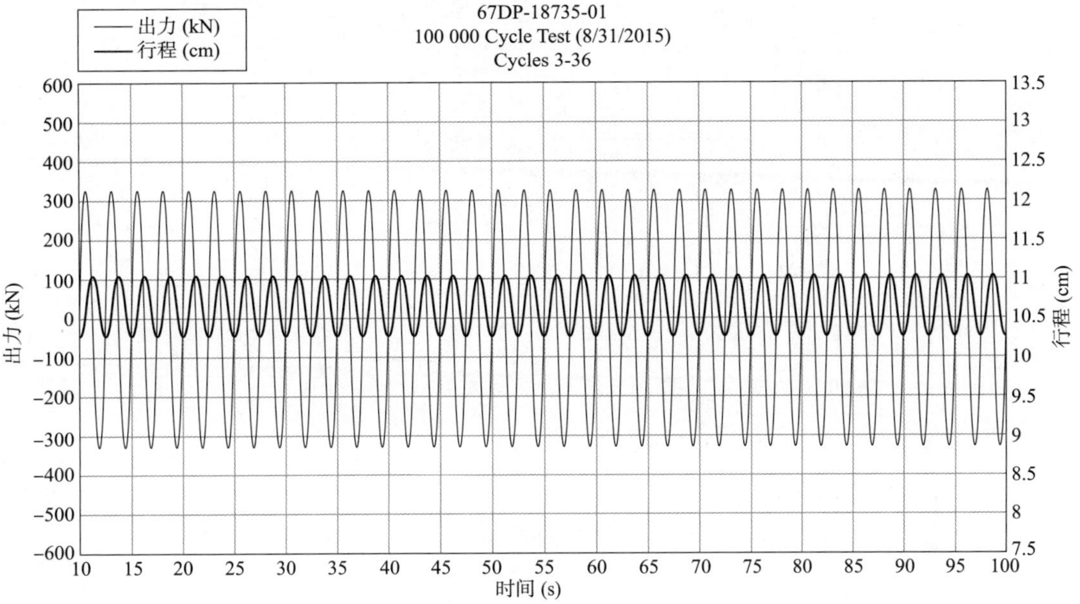


(a) 10~100 s循环时程曲线

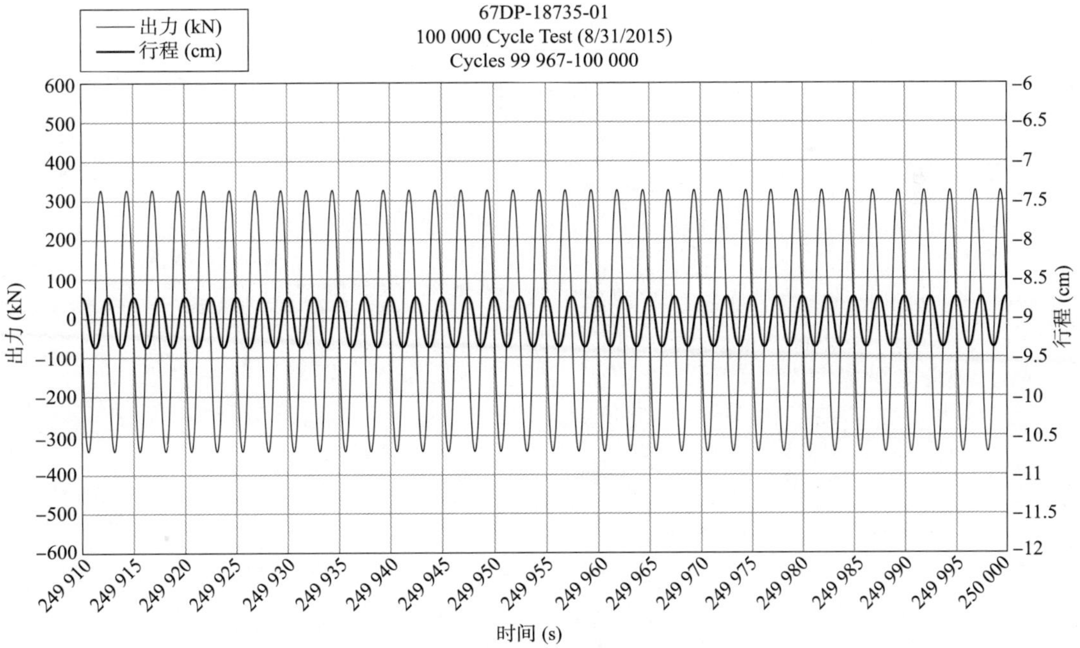


(b) 249 910~250 000 s循环时程曲线

图 15-5　阻尼器部分周期疲劳测试时程曲线

4. 速度相关性能测试

装置水平固定在液压测试仪上，如图 15-1 所示，将进行在表所示速度下一个完整周期的

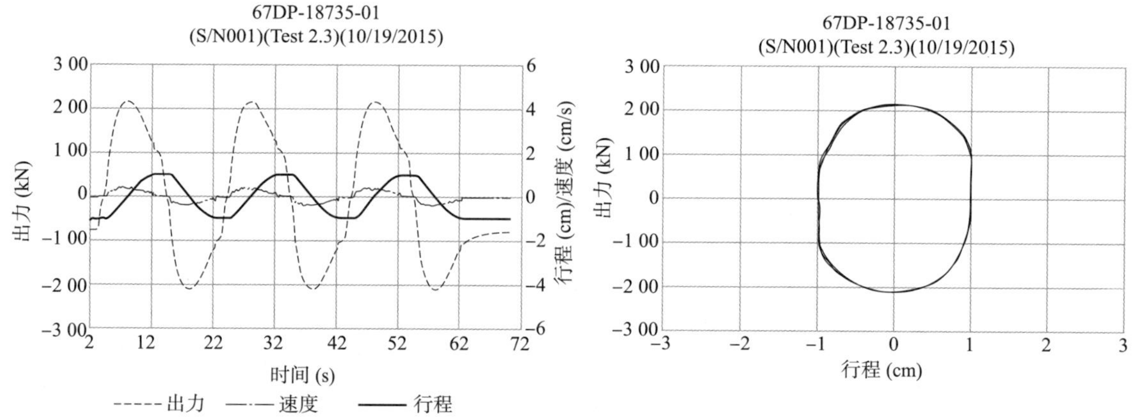


(a) 低荷载下阻尼器行程、速度及出力时程曲线　　(b) 阻尼器滞回曲线

图 15-6　阻尼器慢速性能测试

余弦循环。数据将绘制于力—冲程图上。力、速度和位移的时间数据亦将绘出，由于每个阻尼器均进行了测试，图表较多，图 15-7 只列出了(S/N001)(其中一只阻尼器的测试)测试下阻尼器的测试时程曲线。结果表明，阻尼器在动力荷载作用下符合设计要求。

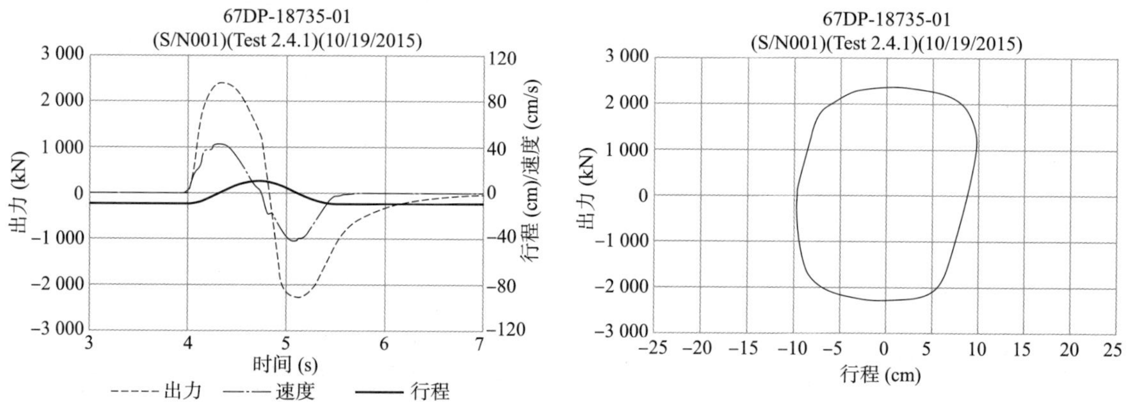


(a) 0.5倍的最大速度荷载下阻尼器行程、速度及出力时程曲线　　(b) 0.5倍的最大速度荷载下阻尼器滞回曲线

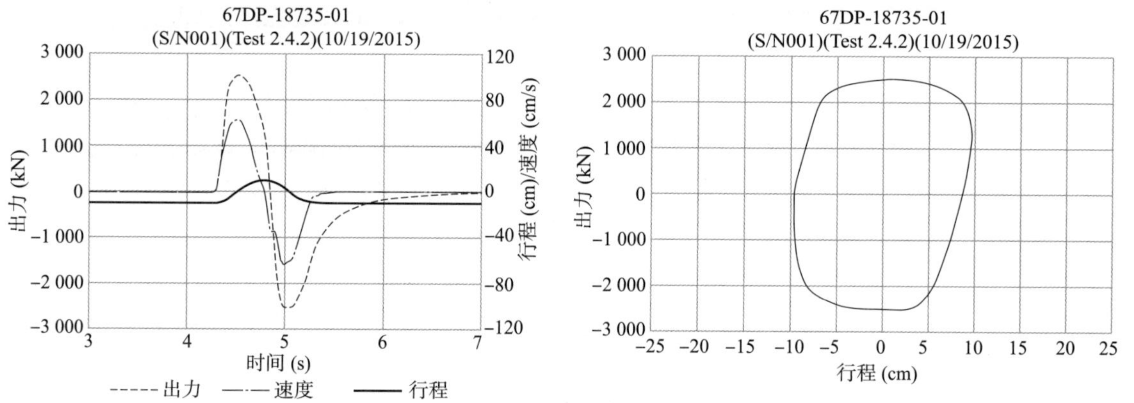


(c) 0.75倍的最大速度荷载下阻尼器行程、速度及出力时程曲线　　(d) 0.75倍的最大速度荷载下阻尼器滞回曲线

图　15-7

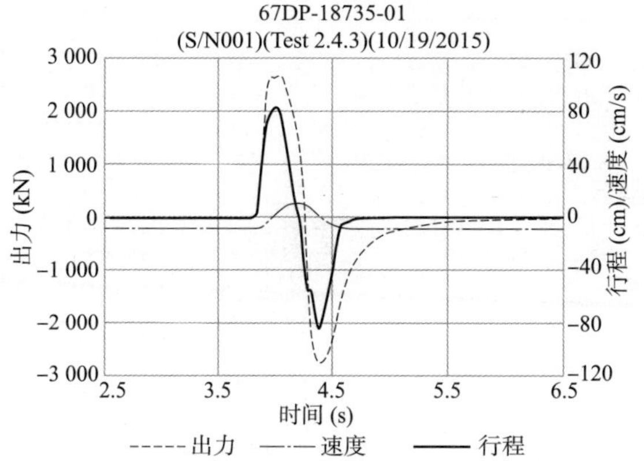


(e) 最大速度荷载下阻尼器行程、速度及出力时程曲线

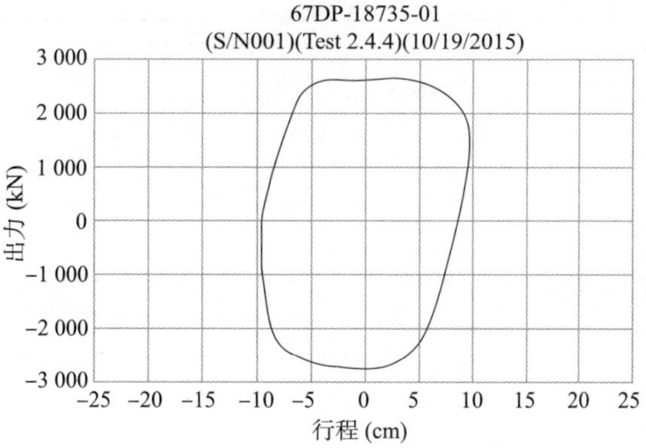


(f) 最大速度荷载下阻尼器滞回曲线

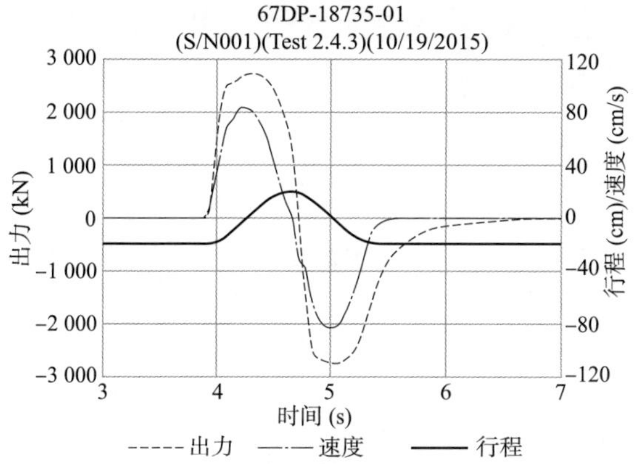


(g) 最大速度荷载下阻尼器行程、速度及出力时程曲线

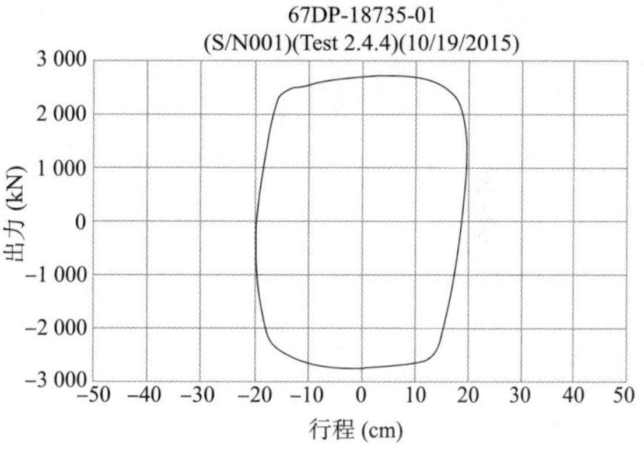


(h) 最大速度荷载下阻尼器滞回曲线

图 15-7 阻尼器动力性能测试

### 15.3.6 阻尼测试结果关系验证

黏滞阻尼器在工程领域是一种量化性的产品，其原型产品的性能必须与相关有限元程序模型化数字模拟单元一致，而且在多变的环境下应具有一定的稳定性能。根据以上测试数据来验证阻尼器在不同频率、不同温度和最大速度循环测试下是否符合设计要求的关系曲线。

$$F = Cv^{\alpha} \tag{15-3}$$

式中 $C$ 取 3000 $\text{kN}/(\text{m/s})^{0.3}$；$\alpha$ 取 0.3。

1. 阻尼器原型测试验证

对龙江大桥拟采用的阻尼器产品进行了实物检测，表 15-4～表 15-6 为检验测试后所得到数据和与理论数据的差异大小。图 15-8 为原型测试阻尼器关系验证测试统计图。

**表 15-4 不同频率荷载循环测试下阻尼器最大出力与理论出力相差百分比**

| 循环 | 频率 | 拉伸冲程 | | | | 压缩冲程 | | | |
|---|---|---|---|---|---|---|---|---|---|
| | | 最大速度 (mm/s) | 最大出力 (kN) | 理论出力 (kN) | 相差百分比 | 最大速度 (mm/s) | 最大出力 (kN) | 理论出力 (kN) | 相差百分比 |
| 1 | 0.3 Hz | 83.7 | 2 694 | 2 844 | 5% | −82.4 | −2 796 | 2 831 | 1% |

续上表

| 循环 | 频率 | 拉伸冲程 | | | | 压缩冲程 | | | |
|---|---|---|---|---|---|---|---|---|---|
| | | 最大速度（mm/s） | 最大出力（kN） | 理论出力（kN） | 相差百分比 | 最大速度（mm/s） | 最大出力（kN） | 理论出力（kN） | 相差百分比 |
| 1 | 0.5 Hz | 83.6 | 2 857 | 2 843 | 0% | −83.2 | −2 844 | 2 839 | 0% |
| | 1 Hz | 83.7 | 2 851 | 2 844 | 0% | −86.5 | −2 827 | 2 872 | 2% |
| | 2 Hz | 78.8 | 2 931 | 2 793 | 5% | −68.5 | −2 461 | 2 678 | 8% |
| 2 | 0.3 Hz | 82.7 | 2 551 | 2 834 | 10% | −72 | −2 640 | 2 718 | 3% |
| | 0.5 Hz | 83.5 | 2 528 | 2 842 | 11% | −81.8 | −2 819 | 2 825 | 0% |
| | 1 Hz | 82.2 | 2 560 | 2 829 | 9% | −84.4 | −2 761 | 2 851 | 3% |
| | 2 Hz | 79.4 | 2 499 | 2 799 | 11% | −71.3 | −2 443 | 2 710 | 10% |
| 3 | 0.3 Hz | 74 | 2 536 | 2 741 | 7% | −48.6 | −2 339 | 2 416 | 3% |
| | 0.5 Hz | 82.3 | 2 538 | 2 830 | 10% | −74.7 | −2 758 | 2 749 | 0% |
| | 1 Hz | 83.1 | 2 488 | 2 838 | 12% | −81.7 | −2 758 | 2 824 | 2% |
| | 2 Hz | 79.1 | 2 485 | 2 796 | 11% | −71.7 | −2 416 | 2 715 | 11% |

**表 15-5　极端温度循环测试下阻尼器最大出力与理论出力相差百分比**

| 温度 | 压缩冲程 | | | | 拉伸冲程 | | | |
|---|---|---|---|---|---|---|---|---|
| | 最大速度（cm/s） | 最大出力（kN） | 理论出力（kN） | 出力相差百分比 | 最大速度（cm/s） | 最大出力（kN） | 理论出力（kN） | 出力相差百分比 |
| −20℃ | 79.8 | 2 694 | 2 804 | 4% | −71.3 | −2 771 | −2 710 | 2% |
| 50℃ | 83.7 | 2 739 | 2 844 | 4% | −78.6 | −2 759 | −2 791 | 1% |

**表 15-6　最大速度循环测试下阻尼器最大出力与理论出力相差百分比**

| 循环 | 压缩冲程 | | | | 拉伸冲程 | | | |
|---|---|---|---|---|---|---|---|---|
| | 最大速度（cm/s） | 最大出力（kN） | 名义出力（kN） | 出力相差百分比 | 最大速度（cm/s） | 最大出力（kN） | 名义出力（kN） | 出力相差百分比 |
| 1 | 85.4 | 2 886.4 | 2 861 | 1% | −83 | −2 710.7 | −2 837 | 5% |
| 2 | 82.1 | 2 621.7 | 2 828 | 8% | −82.7 | −2 650.4 | −2 834 | 7% |
| 3 | 82 | 2 559.4 | 2 827 | 10% | −82 | −2 649.2 | −2 827 | 7% |
| 4 | 82.4 | 2 491.7 | 2 831 | 14% | −80.5 | −2 648.9 | −2 811 | 6% |
| 5 | 82.9 | 2 502 | 2 836 | 13% | −80.7 | −2 662.7 | −2 813 | 6% |

2. 阻尼器出厂检验测试阻尼验证

每个阻尼器均要进行出厂测试，表 15-7 为 8 套阻尼器在性能测试中所得到的数据和与理论数据的差异大小。

测试所采用的谐波相关参数及测试结果见以上各表，根据各种工况测试结果绘制的阻尼力—速度曲线如图 15-9 所示。可见，所测试的阻尼器均能满足与理论公式所得值相比误差不超过 15％的要求。

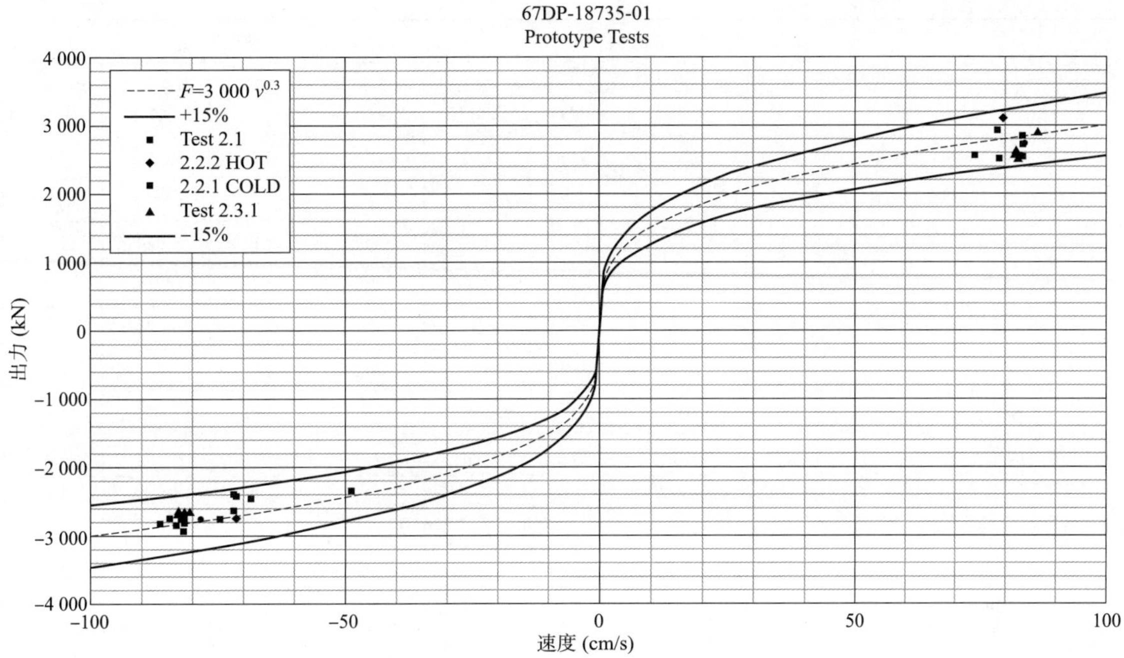


图 15-8 原型测试阻尼器关系验证测试统计

**表 15-7 阻尼器出厂性能测试最大出力与理论出力相差百分比**

| 阻尼器编号 | 最大速度百分比 | 冲程(m) | 压缩冲程 | | | | 拉伸冲程 | | | |
|---|---|---|---|---|---|---|---|---|---|---|
| | | | 最大速度(cm/s) | 最大出力(kN) | 理论出力(kN) | 出力相差百分比 | 最大速度(cm/s) | 最大出力(kN) | 理论出力(kN) | 出力相差百分比 |
| 1 | 50% | ±0.1 | 42.2 | 2 365 | 2 316 | 2% | −42.4 | −2 280 | −2 319 | 2% |
| | 75% | ±0.1 | 62.7 | 2 515 | 2 608 | 4% | −63.3 | −2 530 | −2 615 | 3% |
| | 100% | ±0.1 | 83.1 | 2 660 | 2 838 | 7% | −84.7 | −2 762 | −2 854 | 3% |
| | 100% | ±0.2 | 83.6 | 2 711 | 2 843 | 5% | −82.9 | −2 763 | −2 836 | 3% |
| 2 | 50% | ±0.1 | 41.5 | 2 397 | 2 304 | 4% | −41.7 | −2 239 | −2 308 | 3% |
| | 75% | ±0.1 | 60.5 | 2 537 | 2 580 | 2% | −59.9 | −2 461 | −2 572 | 5% |
| | 100% | ±0.1 | 80.3 | 2 775 | 2 809 | 1% | −80.7 | −2 699 | −2 813 | 4% |
| | 100% | ±0.2 | 84.3 | 2 797 | 2 850 | 2% | −81.2 | −2 806 | −2 818 | 0% |
| 3 | 50% | ±0.1 | 41.7 | 2 330 | 2 308 | 1% | −42.3 | −2 331 | −2 318 | 1% |
| | 75% | ±0.1 | 62.3 | 2 553 | 2 603 | 2% | −63.4 | −2 639 | −2 617 | 1% |
| | 100% | ±0.1 | 82.8 | 2 759 | 2 835 | 3% | −84.8 | −2 911 | −2 855 | 2% |
| | 100% | ±0.2 | 83.2 | 2 765 | 2 839 | 3% | −82.2 | −2 891 | −2 829 | 2% |
| 4 | 50% | ±0.1 | 40.6 | 2 412 | 2 289 | 5% | −41.7 | −2 306 | −2 308 | 0% |
| | 75% | ±0.1 | 60.7 | 2 544 | 2 583 | 2% | −58.3 | −2 531 | −2 552 | 1% |
| | 100% | ±0.1 | 78.9 | 2 769 | 2 794 | 1% | −74.4 | −2 733 | −2 745 | 0% |
| | 100% | ±0.2 | 83.9 | 2 817 | 2 846 | 1% | −81.5 | −2 807 | −2 821 | 0% |

续上表

| 阻尼器编号 | 最大速度百分比 | 冲程(m) | 压缩冲程 | | | | 拉伸冲程 | | | |
|---|---|---|---|---|---|---|---|---|---|---|
| | | | 最大速度(cm/s) | 最大出力(kN) | 理论出力(kN) | 出力相差百分比 | 最大速度(cm/s) | 最大出力(kN) | 理论出力(kN) | 出力相差百分比 |
| 5 | 50% | ±0.1 | 41.9 | 2 263 | 2 311 | 2% | −42.2 | −2 296 | −2 316 | 1% |
| | 75% | ±0.1 | 63.5 | 2 500 | 2 618 | 5% | −61.7 | −2 588 | −2 595 | 0% |
| | 100% | ±0.1 | 84.1 | 2 742 | 2 848 | 4% | −79.7 | −2 822 | −2 803 | 1% |
| | 100% | ±0.2 | 82.7 | 2 772 | 2 834 | 2% | −79.7 | −2 762 | −2 803 | 1% |
| 6 | 50% | ±0.1 | 41 | 2 340 | 2 296 | 2% | −41.3 | −2 252 | −2 301 | 2% |
| | 75% | ±0.1 | 59.9 | 2 459 | 2 572 | 5% | −56.4 | −2 484 | −2 526 | 2% |
| | 100% | ±0.1 | 78.2 | 2 702 | 2 787 | 3% | −72.3 | −2 698 | −2 722 | 1% |
| | 100% | ±0.2 | 83 | 2 706 | 2 837 | 5% | −76.5 | −2 750 | −2 768 | 1% |
| 7 | 50% | ±0.1 | 41.1 | 2 414 | 2 298 | 5% | −41.5 | −2 322 | −2 304 | 1% |
| | 75% | ±0.1 | 59.6 | 2 508 | 2 569 | 2% | −54.6 | −2 531 | −2 502 | 1% |
| | 100% | ±0.1 | 79.6 | 2 775 | 2 802 | 1% | −73.2 | −2 768 | −2 732 | 1% |
| | 100% | ±0.2 | 83.8 | 2 766 | 2 845 | 3% | −79.4 | −2 840 | −2 799 | 1% |
| 8 | 50% | ±0.1 | 39.6 | 2 370 | 2 272 | 4% | −39.9 | −2 283 | −2 277 | 0% |
| | 75% | ±0.1 | 57.7 | 2 494 | 2 544 | 2% | −52.7 | −2 491 | −2 476 | 1% |
| | 100% | ±0.1 | 79.1 | 2 768 | 2 796 | 1% | −72.7 | −2 775 | −2 726 | 2% |
| | 100% | ±0.2 | 84.6 | 2 762 | 2 853 | 3% | −80.4 | −2 837 | −2 810 | 1% |

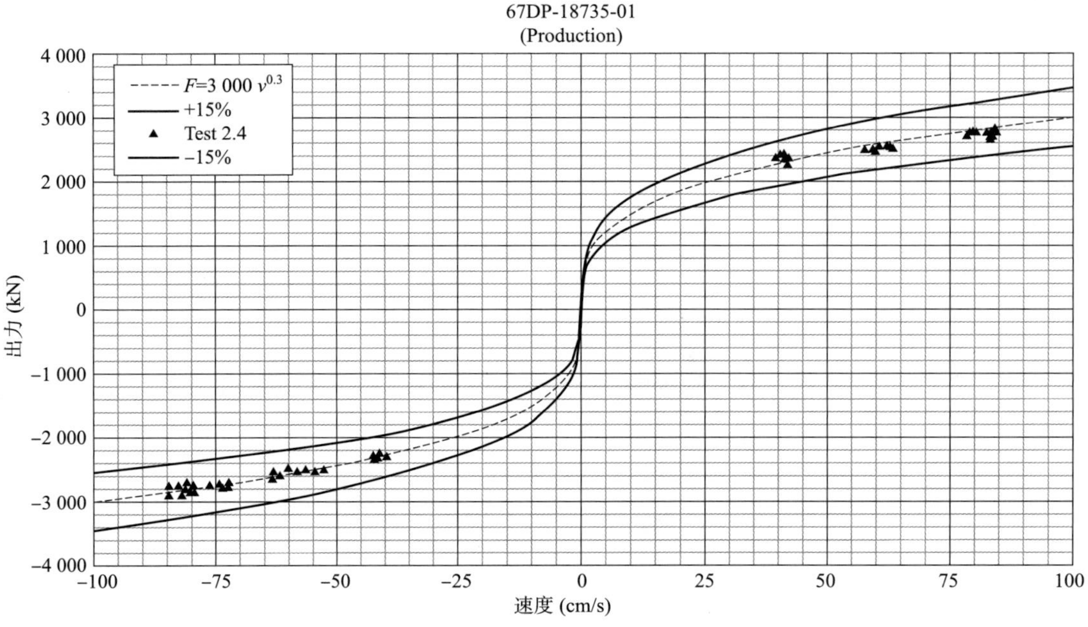


图 15-9　8 套阻尼器出厂性能测试关系验证统计

## 15.4 结论及建议

龙江大桥阻尼器的测试对预先评估阻尼器在今后长期使用过程中的安全可靠性非常重要，在通过产品的原型检测和产品的出厂检测测试后，可以认为阻尼器在安装就位后可以按预期的设计正常工作，并正常工作35年以上。目前，阻尼器已成功安装在大桥上，其减震效果拭目以待。近年来随着保护装置的应用普及，结构保护系统的失效问题逐渐增多，这为目前结构保护系统的进一步发展带来了很大阻碍。黏滞阻尼器从其发展到现在，最大的问题就是阻尼器的漏油，当前国内已建工程上采用的黏滞阻尼器漏油问题普遍比较严重。一旦阻尼器发生漏油，就缺少了进行能量转化的介质，阻尼器达不到设置目的或许还会起到相反作用。因此，桥梁减震阻尼器迅速得到应用的情况下，本书建议应尽早建立相关已建桥梁所用阻尼器的检验测试规程。龙江大桥进行了比较完整的原型检验测试和出厂检验测试，阻尼器的检测可以作为一个参考实例。同时，希望广大工程师们重视阻尼器的检验测试，也希望阻尼器供应商能够负责地提供阻尼器的完整检测报告。

# 16　社棠渭河特大桥阻尼器测试

## 16.1　阻尼器测试计划

根据动力计算所得到的相关阻尼器参数，参照国内外阻尼器测试规范的有关要求，结合设计者对天水社棠渭河特大桥阻尼器性能和连接件的特殊要求，提出了阻尼器的测试计划，本项目阻尼器测试进行了完整的验收检验测试。全部进行的测试有外形测试、耐压测试和动力循环测试，只随机挑选一个阻尼器进行测试的项目有超载高压测试、慢速位移最大阻尼力测试、频率测试、温度测试、缸底过载试验和耐久性测试。通过上述测试基本上可以反映阻尼器在使用阶段是否可以达到预期的动力性能，是否可以满足大桥在运营过程中所能遇到的某些极限工况的要求。测试地点均在泰勒设备公司地震测试设备工厂。

## 16.2　阻尼器检测结果

如无特殊说明，以下动力测试均按下述位移加载方式施加。

加载频率 $f$ 与加载振幅 $A$ 之间的关系按式(16-1)计算：

$$A=\frac{V}{2\pi f} \tag{16-1}$$

加载方式为余弦加载，加载位移 $u$ 按式(16-2)计算：

$$u=A\cos(2\pi ft) \tag{16-2}$$

### 16.2.1　阻尼器测试项目

1. 静压测试

对每个阻尼器内部各部件施加 15 000 psi(103.4 MPa)的压强不少于 5 min，这实际上达到了阻尼器极限额定荷载的 1.5 倍。没有可见的物理损伤、损坏、变形或液体泄漏迹象。

2. 动力循环测试

将阻尼器水平放置在液压测试仪上，根据上述关系式对每个阻尼器进行动力循环测试，测试相关项目见表 16-1。出力符合 $F=Cv^{\alpha}$ 的要求，误差均在±15%范围内，不允许有结构损害、屈服、损坏、永久变形或漏液迹象，相关测试结果如图 16-1、图 16-2 所示。

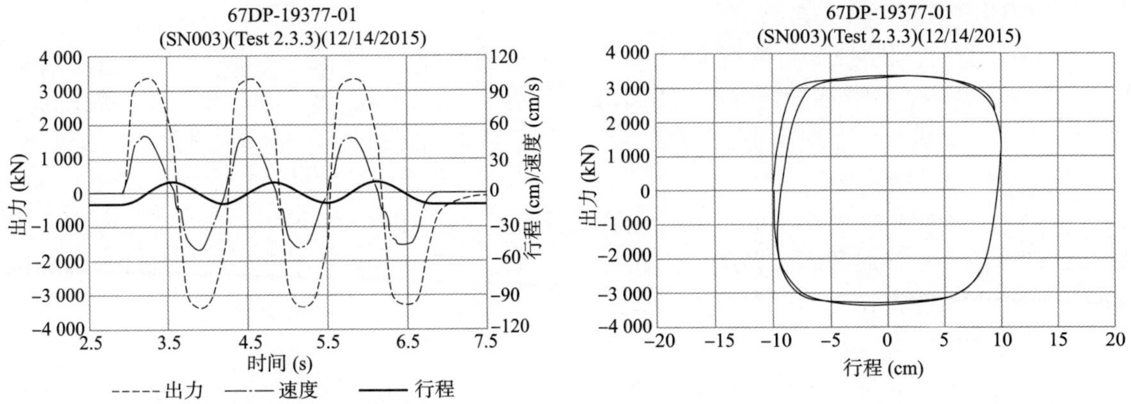


(a) 0.5倍的最大速度荷载下阻尼器行程、速度及出力时程曲线　　(b) 0.5倍的最大速度荷载下阻尼器滞回曲线

图 16-1　型号一阻尼器动力性能测试

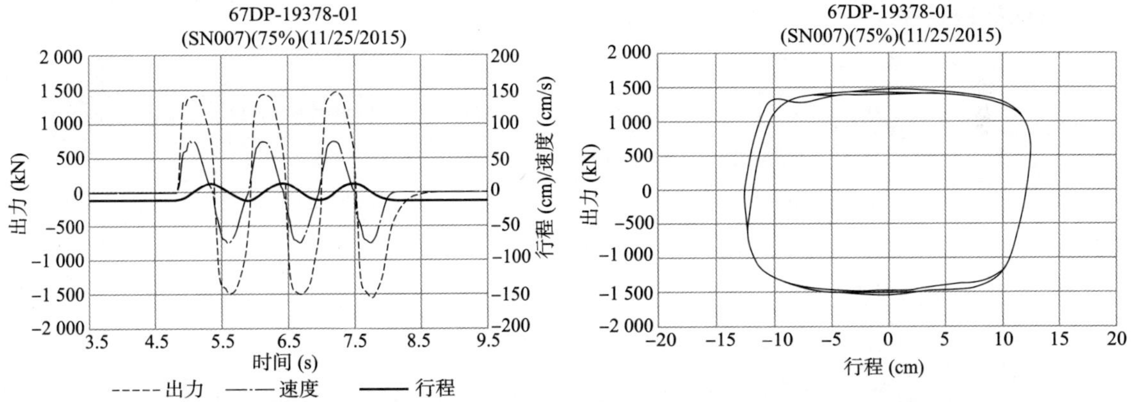


(a) 0.5倍的最大速度荷载下阻尼器行程、速度及出力时程曲线　　(b) 0.5倍的最大速度荷载下阻尼器滞回曲线

图 16-2　型号二阻尼器动力性能测试

**表 16-1　阻尼器动力循环测试**

| 测试工况 | 测试个数 | 循环次数 | 型号一 | | | 型号二 | | |
|---|---|---|---|---|---|---|---|---|
| | | | 速度百分比 | 速度(m/s) | 理论出力(kN) | 速度百分比 | 速度(m/s) | 理论出力(kN) |
| 2.3.1 | 所有 | 3 | 100% | 1 | 4 000 | 100% | 1 | 1 500 |
| 2.3.2 | 一个 | 3 | 75% | 0.75 | 3 669 | 75% | 0.75 | 1 376 |
| 2.3.3 | 所有 | 3 | 50% | 0.5 | 3 250 | 50% | 0.5 | 1 218 |
| 2.3.4 | 一个 | 3 | 25% | 0.25 | 2 639 | 25% | 0.25 | 990 |

3. 超高压测试

随机挑选一个阻尼器，对每个阻尼器内部各部件施加 20 000 psi(137.9 MPa)的压强不少于 3 min，这实际上达到了阻尼器极限额定荷载的 2 倍。没有可见的物理损伤、损坏、变形或液体泄漏迹象。

4. 慢速位移最大阻尼力测试

随机挑选一个阻尼器，将阻尼器水平固定在液测试仪上，装置应在低速下通过全冲程(±450 mm)循环。装置冲程需要的力应小于10%装置最大额定力(4 000 kN)。本测试可以结合测试⑤一并进行。不应有弯曲黏结、屈服、永久变形、漏液或零件再扭转迹象。

5. 缸底过载试验

随机选择的阻尼器应水平固定在液压测试仪上。100%设计力静荷载(4 000 kN)应作为冲程端部压缩和拉伸时的底部荷载应用。装置可以使用任何需要的速度运行到底部。本测试也可以结合测试④进行。测试结果不应有结构损害、损坏、变形或漏液迹象。

6. 温度测试

黏滞阻尼器的阻尼力主要由内部介质高速运动下的惯性流以及低速运动的黏性剪切流共同组成，其中低速下的黏性剪切特性受温度的影响较大，在室温下得到的数据并不具有普遍性，掌握阻尼器在极限温度下的性能变化十分必要。随机挑选一个阻尼器进行温度试验：阻尼器水平固定在液压测试仪上，分别在极限温度－20℃、50℃荷载作用下进行单周最大速度循环测试，具体测试见表16-2。

**表16-2 温度测试**

| 型号 | 工况 | 试验说明 | 频率/循环周数 | 振幅 | 名义阻尼力和速度 | 温度/阻尼器个数 |
|---|---|---|---|---|---|---|
| 型号一 | 1 | －20℃温度测试 | 1.59 Hz/1周 | 100 mm | 4 000 kN@1.0 m/s | －20℃/1个 |
| | 2 | 50℃温度测试 | 1.59 Hz/1周 | 100 mm | 1 500 kN@1.0 m/s | 50℃/1个 |
| 型号二 | 3 | －20℃温度测试 | 1.59 Hz/1周 | 100 mm | 1 500 kN@1.0 m/s | －20℃/1个 |
| | 4 | 50℃温度测试 | 1.59 Hz/1周 | 100 mm | 1 500 kN@1.0 m/s | 50℃/1个 |

7. 频率测试

单出杆阻尼器存在一定的频率范围，在截止频率范围内表现为纯黏滞特性；对于双出杆阻尼器，由于油腔内活塞杆体积不会引起腔内油液体积变化，从理论上来说，阻尼器动力特性受截止频率变化的影响较小，如果阻尼器设计合理，即使加载频率较快，也能表现为存黏滞特性。天水社棠渭河特大桥阻尼器测试的频率设置范围，结合该阻尼的使用目的和结构的基本动力特性来考虑，测试的频率为0.5 Hz、0.75 Hz、1.0 Hz及2.0 Hz，具体测试见表16-3。

**表16-3 频率测试**

| 型号 | 工况 | 试验说明 | 频率/循环周数 | 振幅 | 名义阻尼力和速度 | 温度/阻尼器个数 |
|---|---|---|---|---|---|---|
| 型号一 | 1 | 0.5 Hz频率测试 | 0.5 Hz/3周 | 318 mm | 4 000 kN@1.0 m/s | 20℃/1个 |
| | 2 | 0.75 Hz频率测试 | 0.75 Hz/3周 | 212 mm | 4 000 kN@1.0 m/s | 20℃/1个 |
| | 3 | 1.0 Hz频率测试 | 1.0 Hz/3周 | 159 mm | 4 000 kN@1.0 m/s | 20℃/1个 |
| | 4 | 2.0 Hz频率测试 | 2.0 Hz/3周 | 80 mm | 4 000 kN@1.0 m/s | 20℃/1个 |
| 型号二 | 5 | 0.5 Hz频率测试 | 0.5 Hz/3周 | 318 mm | 1 500 kN@1.0 m/s | 20℃/1个 |
| | 6 | 0.75 Hz频率测试 | 0.75 Hz/3周 | 212 mm | 1 500 kN@1.0 m/s | 20℃/1个 |
| | 7 | 1.0 Hz频率测试 | 1.0 Hz/3周 | 159 mm | 1 500 kN@1.0 m/s | 20℃/1个 |
| | 8 | 2.0 Hz频率测试 | 2.0 Hz/3周 | 80 mm | 1 500 kN@1.0 m/s | 20℃/1个 |

8. 疲劳测试

设置在桥梁上的阻尼器需要承受长期低周循环车辆荷载的作用，据有关估算，阻尼器在服役期限内由于上述荷载导致的低周小变形循环次数可高达数十万次。随机挑选一个阻尼器进行耐久性测试：阻尼器应水平固定在液压测试仪上。装置应通过±5 mm 位移循环至少10 000次。循环速度预期比设计最大速度慢且依靠测试装置的能力。第9 998次循环的力应在第2次循环力的15%以内。当由于设备限制需要时测试可暂停。测试结果不应有结构损害、屈服、永久变形或漏液迹象，测试结果如图 16-3 所示。

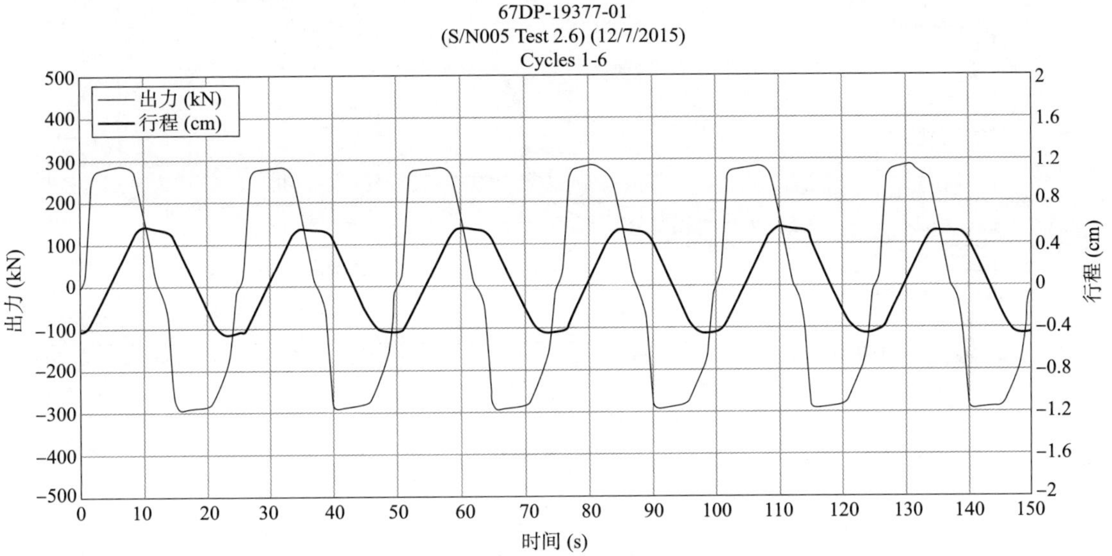


(a) 阻尼器测试前5圈循环时程曲线

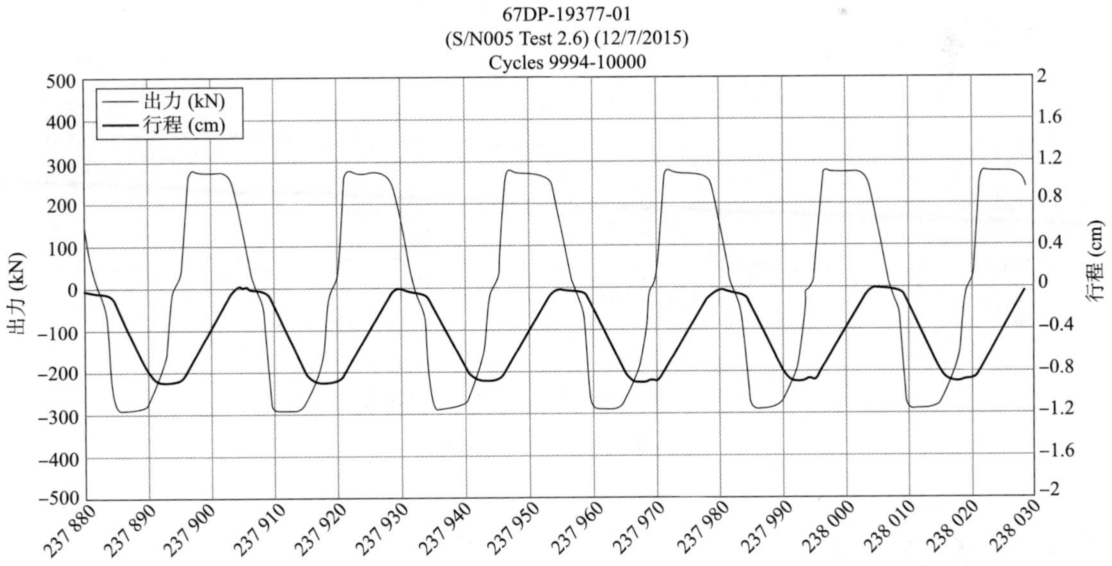


(b) 阻尼器测试后5圈循环时程曲线

图 16-3 疲劳测试曲线

### 16.2.2 阻尼器测试结果关系验证

图 16-4 为根据各工况的测试结果绘制的阻尼力-速度曲线图。可见，对于各种温度和频率下，所测试的阻尼器均能满足与理论公式计算误差不超过 15%的规定。

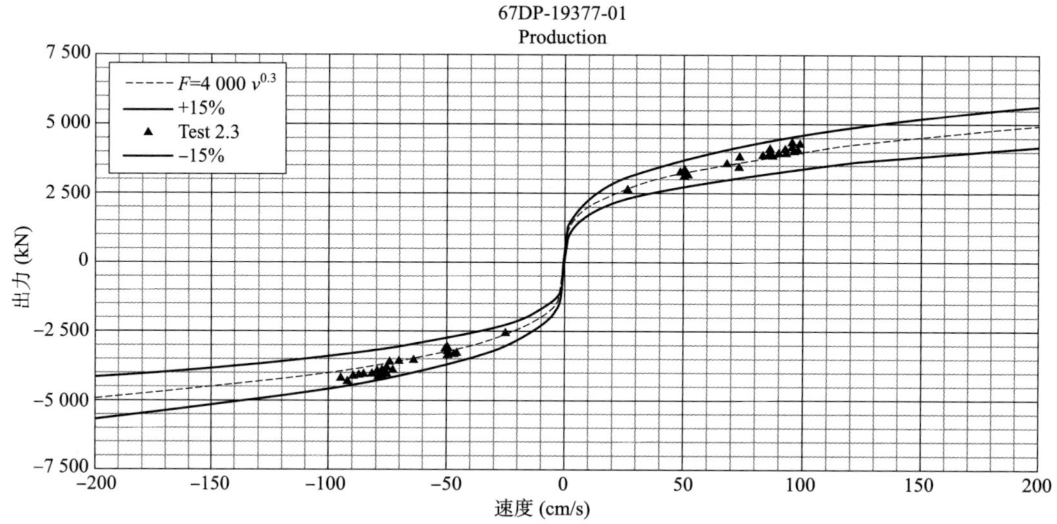


(a) 4 000 kN阻尼器关系验证测试曲线

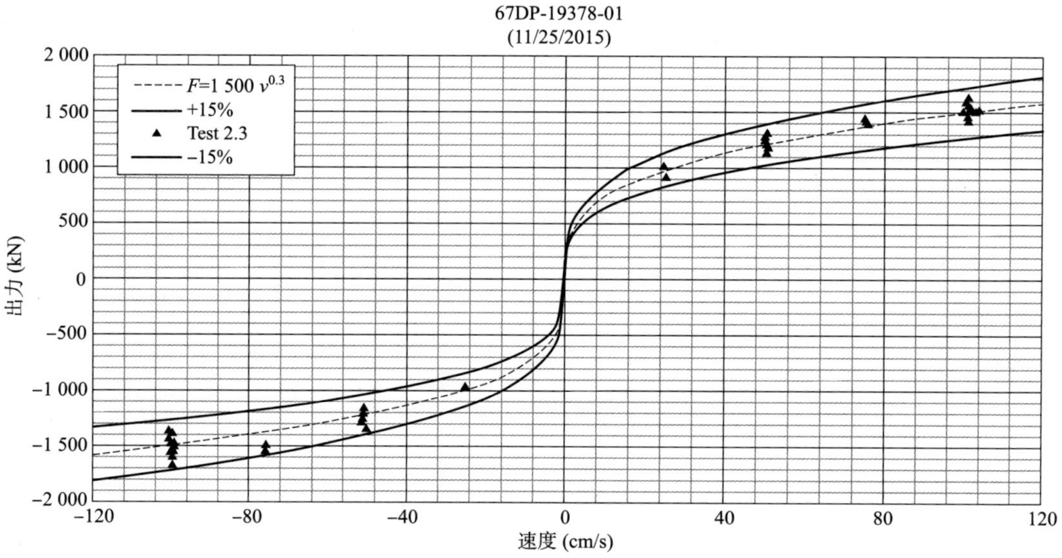


(b) 1 500 kN阻尼器关系验证测试曲线

图 16-4 阻尼关系验证曲线

## 16.3 结论及建议

宝兰线天水社棠渭河特大桥阻尼器的测试对预先评估阻尼器在今后长期使用过程中的安全可靠性非常重要，在通过产品验收测试后，可以认为阻尼器在安装就位后可以按预期的设计正常工作，并正常工作 35 年以上。桥梁是高速铁路线上的重要基础设施，特别是大跨和高架桥梁在高速铁路上占有相当大的比例，采用阻尼器帮助铁路桥梁提高抗震性能的方法已经得到铁路桥梁界的认可。在桥梁减震阻尼器迅速得到应用的情况下，本书希望广大工程师们重视阻尼器的检验测试，也希望阻尼器供应商能够严格负责地提供阻尼器的完整检测报告，为我国阻尼器工程的健康发展创造一个良好环境，也为我国基础性建设的安全性做到尽职尽责的把关。

# 参考文献


[1] 中华人民共和国交通运输部. JT/T 926—2014 桥梁用黏滞流体阻尼器[S]. 北京：人民交通出版社，2014.

[2] Ente Nazionale Italiano di Unificazione（UNI）. EN 15129—2009 Anti-seismic devices[S]. Milano：UNI，2009.

[3] The American Association of State Highway and Transportation Officials(AASHTO). LRFD Bridge Construction Specifications(3rd Editon)[S]. Washington，D. C. ：AASHTO，2010.

[4] Pekcong，Mander J B，Chen S S. The Seismic Response of a 1∶3 Scale Model R. C. Structure with Elastomeric Spring Dampers[J]. Earthquake Spectra，1995，11 (2)：249-267.

[5] 陈永祁，耿瑞琦，马良喆. 桥梁用液体黏滞阻尼器的减震设计和类型选择[J]. 土木工程学报，2007(7)：55-61.

[6] 马良喆，曹铁柱，陈永祁. 具有特殊功能的液体黏滞阻尼器的设计与使用[J]. 桥梁工程与技术，2010(6)：18-26.

[7] 中华人民共和国建设部，中华人民共和国国家质量监督检验检疫总局. GB 50111—2006 铁路工程抗震设计规范(2009 年版)[S]. 北京：中国计划出版社，2009.

[8] 中华人民共和国住房和城乡建设部. CJJ 166-2011 城市桥梁抗震设计规范[S]. 北京：中国建筑工业出版社，2011.

[9] 陈永祁. 桥梁地震保护系统[M]. 北京：中国铁道出版社，2012.

[10] 中铁第一勘察设计院集团有限公司. 阻尼器在高烈度地震区大跨桥梁中的应用研究[R]. 西安：中铁第一勘察设计院集团有限公司，2013.

[11] Tsopelas P and Constantinou M C. NCEER-Taisei Corporation Research Program on Sliding Seismic Isolation Systems for Bridge：Experimental and Analytical Study of a System Consisting of Sliding Bearings and Fluid Restoring Force/Damping Devices，Report NCEER-94-0014[R]. Buffalo，NY：National Center for Earthquake Engineering Research，1994.

[12] Tsopelas P and Constantinou M C. Study of Elastoplastic Bridge Seismic Isolation Systems [J]. Journal of Structural Engineering，ASCE，1997，123(4)：489-498.

[13] American Association of State Highway and Transportation Officials. AASHTO LRFD Bridge Design Specifications [M]. Washington，D. C. ：American Association of State Highway and Transportation Officials，2004.

[14] 汪正兴，王波，李东超. 土木工程结构振动控制技术及其应用研究[J]. 桥梁建设，2009(S2)：13-18.

[15] 王志强，葛继平. 粘滞阻尼器和 Lock-up 装置在连续梁桥抗震中应用[J]. 石家庄铁道学院学报，2006，19(1)：5-9.

[16] 刘荣桂，邓程远，蔡东生，等. 非线性粘滞阻尼器对大跨 CFRP 索斜拉桥抗震性能影响研究[J]. 桥梁建设，2011(2)：18-22.

[17] 吴陶晶，李建中，管仲国. 减隔震装置作用机理及其在大跨度连续梁桥中的应用[J]. 结构工程师，2009，25(4)：102-107.

[18] 许广，阎维明. 大跨度连续梁桥中 Lock-up 装置计算模型的改进[J]. 防灾减灾工程学报，2007，27(S1)：292-296.

[19] 吴斌暄，王磊，王歧峰. 使用非线性粘滞阻尼器的桥梁在地震反应中的响应分析[J]. 公路交通科技，2007，24(10)：76-80.

[20] 雷俊卿，李宏年，冯东. 铁路桥梁列车制动力的试验研究与计算分析[J]. 工程力学，2006(3)：134-140.

[21] 马良喆,陈永祁. 大型结构使用的锁定装置及其发展[J]. 桥梁工程与技术,2010(1):31-37.
[22] 马良喆,曹铁柱,陈永祁. 具有特殊功能的液体黏滞阻尼器的设计与使用[C] //中国公路学会桥梁和结构工程分会. 2010 年全国桥梁学术会议论文集,2010:198-207.
[23] Freeman S A, Nicoletti J P, Tyrell J V. Evaluations of Existing Buildings for Seismic Risk-A Case Study of Puget Sound Naval Shipyard, Bremerton, Washington [J]. Proceedings of U. S. National Conference on Earthquake Engineering, Berkeley, 1975:113-122.
[24] Chopra A K, Goel R K. A Modal Pushover Analysis Procedure for Estimating Seismic Demands for Buildings [J]. Earthquake Engineering and Structural Dynamics, 2002, 31(3), 561-582.
[25] Goel R, Chopra A K. Extension of Modal Pushover Analysis to Compute Member Forces [J]. Earthquake Spectra, 2004, 21(1):125-139.
[26] Chopra A K, Goel R K. A Modal Pushover Analysis Procedure to Estimate Seismic Demands for Unsymmetric-plan Buildings [J]. Earthquake Engineering and Structural Dynamics , 2004, 33 (8): 903-927.
[27] Jan T S, Ming W L, Ying C K. An Upper-bound Pushover Analysis Procedure for Estimating the Seismic Demands of High-rise Buildings [J]. Engineering Structures, 2004, 26(1):117-128.
[28] Poursha M, Samarin E T. The Modified and Extended Upper-bound(UB) Pushover Method for the Multi-mode Push over Analysis of Unsymmetric-plan Tall Buildings [J]. Soil Dynamics and Earthquake Engineering, 2015, 71:114-127.
[29] Paraskeva T S, Kappos A J, Sextos A G. Extension of Modal Pushover Analysis to Seismic Assessment of Bridges [J]. Earthquake Engineering and Structural Dynamics, 2006, 35(10):1269-1293.
[30] 魏标,李建中. 非规则梁桥的模态推倒分析[J]. 振动与冲击,2011,30(2):110-114.
[31] 怀华锋,张少勇,盛光祖. 基于模态 Pushover 分析的高墩桥梁地震需求研究[J]. 中外公路,2012,32(1):152-159.
[32] 曾森,高龙涛,陈少峰,等. 钢管混凝土拱桥多振型组合 Pushover 方法可行性例证[J]. 土木工程学报,2016,49(1):80-85.
[33] Krawinkler H, Seneviratna GDPK. Pros and Cons of a Pushover Analysis of Seismic Performance Evaluation [J]. Engineering Structure, 1998, 20(4):452-464.
[34] Building Seismic Safety Council. NEHRP Commentary on the Guidelines for the Rehabilitation of Buildings [R]. Washington D. C. :Federal Emergency Management Agency, 1997.
[35] Fahjan Y, Ozdemir Z. Scaling of Earthquake Accelerograms for Non-linear Dynamic Analysis to Match the Earthquake Design Spectra [C] //The 14th World Conference on Earthquake Engineering, Beijing, China, 2008.
[36] European Committee for Standardization (CEN). Eurocode 8: Design of Structures for Earthquake Resistance—Part 2:Bridges(EN1998-2:2004)[S]. Brussels:CEN, 2004.
[37] Applied Technology Council. Seismic Evaluation and Retrofit of Concrete Building[R]. Redwood City: ATC, 1996.
[38] Constantinou M C, Whittaker A S, Kalpakidis Y, 等. 桥梁地震保护系统[M]. 陈永祁,马良喆编译及校对. 北京:中国铁道出版社,2012.
[39] 颜志华,马良喆,陈永祁. 速度锁定装置在津秦客运专线减震设计中的应用[J]. 桥梁建设,2014,44(1):95-100.
[40] 马良喆,陈永祁,陈频志. 乌锡线黄河特大桥减震设计和阻尼器应用[J]. 桥梁工程与技术,2011(5):55-59.
[41] 李宏年,夏禾,韩仁海. 铁路桥梁轨面制动力时程曲线研究[J]. 铁道学报,1995(3):121-126.

[42] 阴存欣. 铁路桥梁在列车纵向制动作用下的动力反应分析[J]. 中国铁道科学,2000(2):9-18.
[43] 林元培. 斜拉桥[M]. 北京:人民交通出版社,2004.
[44] 蒋超,郑久建. 采用黏滞阻尼器抑制中小跨度铁路钢桥横向振动的研究[D]. 秦皇岛:燕山大学,2010.
[45] 瞿伟廉,刘嘉,涂建维,等. 天兴洲公铁两用斜拉桥主梁纵向列车制动振动反应分析[J]. 地震工程与工程振动,2008(1):130-138.
[46] 娄平,严伯雩,秦和见,等. 移动荷载作用下铁路桥梁振动分析[J]. 湘潭师范学院学报,2005(2):1-4.
[47] 马良喆,陈永祁. 大型结构使用的锁定装置及其发展[J]. 桥梁工程与技术,2010(1):36-40,51.
[48] 陈永祁,刘锡荟,龚思礼. 拟合标准反应谱的人工地震波[J]. 建筑结构学报,1981,2(4):34-42.
[49] 陈永祁. 工程结构用液体黏滞阻尼器的结构构造和速度指数[J]. 钢结构,2008(9):48-52.
[50] 马大炜,钱立新. 高速铁路桥梁制动载荷研究[J]. 铁道学报,2000(5),116-120.
[51] 陈永祁,马良喆. 粘滞阻尼器在实际工程应用中相关问题讨论[J]. 工程抗震与加固改造,2014,36(3):6-9.
[52] American Society of Civil Engineers(ASCE). ASCE/SEI 7-05 Minimum Design Loads for Buildings and Other Structures[S]. Reston:ASCE,2006.
[53] The American Association of State Highway and Transportation Officials(AASHTO). LRFD Bridge Construction Specifications(Interim Edition):Section 32 Shock Transmission Units [S]. Washington,D. C. :AASHTO,2002.
[54] 申俊昕,刘斌,李翠,等. 云南龙江大桥主桥结构设计及整体分析[J]. 桥梁建设. 2014,44(1):89-93.
[55] 黄林根,徐斌,王心方. 桥梁减震装置(大吨位阻尼器)的开发应用[J]. 城市道桥与防洪,2004,11(6). 106-109.
[56] Huang Lingen,Xu bin,Wang Xinfang. The Researching and Application of Anti-earthquake Device for Bridge[J]. Urban Road Bridges and Flood Control,2004,11(6):106-109.
[57] Civil Engineering Research Foundation St,Highway Innovative Technology Evaluation. Summary of Evaluation Findings for the Testing of Seismic Isolation and Energy Dissipating Devices[R]. Reston:American Society of Civil Engineers,1999.
[58] 马良喆,陈永祁. 油阻尼器与黏滞阻尼器的性能差异探讨[J]. 工业建筑,2013(1):203-210.
[59] 陈永祁. 工程结构用液体黏滞阻尼器的漏油原因分析[J]. 钢结构,2008(9):53-58.
[60] 陈永祁. 工程结构用液体黏滞阻尼器的结构构造和速度指数[J]. 钢结构,2008(9):48-52.
[61] 陈永祁. 桥梁工程液体黏滞阻尼器设计与施工(配盘)[M]. 北京:中国铁道出版社,2012.
[62] 马良喆,陈永祁. 金属密封无摩擦阻尼器介绍及工程应用[J]. 工程抗震与加固改造,2009,31(5):46-51.
[63] 姚攀峰. 砌体结构抗高烈度地震的探讨[J]. 建筑结构,2009,39(S):653-655.
[64] Chen Yongqi,Geng Ruiqi,Ma Liangzhe. Design and Selection of Fluid Viscous Devices for Shock Control of Bridges[J]. China Civil Engineering Journal,2007(7):55-61.
[65] Constantinou M C,Soong T T,Dargus G F. Passive Energy Dissipation Systems in Structural Engineering [J]. Structural Safety,1998,20(2):197-198.
[66] 刘军龙. 双出杆空隙式粘滞流体阻尼器的定型化设计与实验研究[D]. 哈尔滨:哈尔滨工业大学,2004.